NOV 0 6 2008

SCHAUM'S
outlines

Spanish
Vocabulary

Mr. Schmitt has authored or co-authored the following books, all of which are published by Schaum, McGraw-Hill or Glencoe, McGraw-Hill.

SCHAUM

Schaum's Outlines Series

German Grammar
German Vocabulary
Italian Grammar
Italian Vocabulary
Spanish Grammar

Schaum's Communicating Series

Communicating in French (Novice/Elementary Level)
Communicating in French (Intermediate Level)
Communicating in French (Advanced Level)
Communicating in German (Novice/Elementary Level)
Communicating in German (Intermediate Level)
Communicating in German (Advanced Level)
Communicating in Spanish (Novice/Elementary Level)
Communicating in Spanish (Intermediate Level)
Communicating in Spanish (Advanced Level)

Schaum's Special Purpose Books in the different disciplines

en español

Ciencia Política y Relaciones Internacionales
Comercio y Marketing
Derecho y Criminología
Economía y Finanzas
Educación y Docencia
Finanzas y Contabilidad
Medicina y Servicios Médicos
Turismo y Hostelería
Sociología y Servicios Sociales

en français

Commerce et Marketing
Droit et Criminologie
Économie et Finance
Finance et Comptabilité
Médecine et Soins Médicaux
Sociologie et Services Sociaux
Tourisme et Hôtellerie

Glencoe, McGraw-Hill

Bienvenidos: Levels 1, 2, 3
¡Buen viajé: Levels 1, 2, 3
¡Así se dice: Levels 1, 2, 3, 4
¿Cómo te va?: Levels Intro, A, B
El español para nosotros: Levels 1, 2
Bienvenue!: Levels 1, 2, 3
Bon voyage!: Levels 1, 2, 3
Invitation to Languages

SCHAUM'S
outlines

Spanish Vocabulary

Third Edition

Conrad J. Schmitt

Former Editor-in-Chief
Foreign Language Department
McGraw-Hill

Schaum's Outline Series

New York   Chicago   San Francisco   Lisbon   London
Madrid   Mexico City   Milan   New Delhi   San Juan
Seoul   Singapore   Sydney   Toronto

The McGraw·Hill Companies

CONRAD J. SCHMITT was Editor-in-Chief of Foreign Languages, ESL and Bilingual materials with McGraw-Hill. Prior to joining McGraw-Hill, Mr. Schmitt taught languages at all levels of instruction, from elementary school through college. He has taught Spanish at Montclair State University, Upper Montclair, New Jersey; French at Upsala College, East Orange, New Jersey; and Methods of teaching a foreign language at the Graduate School of Education, Rutgers University, New Brunswick, New Jersey. He also served as Coordinator of Foreign Languages for the Hackensack, New Jersey Public Schools. Mr. Schmitt presently devotes his full time to lecturing and writing.

Schaum's Outline of
SPANISH VOCABULARY

1 2 3 4 5 6 7 8 CUS CUS 0 1 4 3 2 1 0 9 8

ISBN 978-0-07-154391-0
MHID 0-07-154391-0

Sponsoring Editor: Anya Kozorez
Production Supervisor: Tama L. Harris
Editing Supervisor: Frank Kotowski, Jr.

Library of Congress Cataloging-in-Publication Data

Schmitt, Conrad J.
  Schaum's outline of Spanish vocabulary/Conrad J. Schmitt.—3rd ed.
    p. cm.—(Schaum's outline series)

ISBN-13: 978-0-07-154391-0
ISBN-10: 0-07-154391-0

1. Spanish language—Conversation and phrase books—English.
I. Title. II. Title: Outline of Spanish vocabulary.
PC4121.S345 2008
468.3'421—dc22

96-35001

PREFACE

The purpose of this book is to provide the reader with the vocabulary needed to converse effectively in Spanish about everyday topics. Although the book contains a review of common, basic words that the reader has probably encountered in his or her early study of Spanish, the aim of *Spanish Vocabulary* is to enrich a student's knowledge of the language by providing words that seldom appear in typical textbooks but that are essential for communicating comfortably about a given situation.

Unlike a bilingual dictionary, *Spanish Vocabulary* provides the reader with a great deal of guidance in selecting the proper word(s) for expressing exactly what he or she wishes to say. Anyone not completely fluent in Spanish often finds a bilingual dictionary frustrating. For example, look up the word "bunch" and you'll find as entries *ramo, racimo, ristra, montón, puñado, atado, mazo, manojo, grupo, conjunto.* You may still be at a loss as to which word you need. *Spanish Vocabulary* alleviates this frustration by indicating the specific words used to express such ideas as a bunch of flowers, a bunch of grapes, a bunch of carrots, a bunch of teenagers.

The content of each chapter is focused on a real-life situation, such as making a telephone call, traveling by plane or train, staying at a hotel, or shopping for food. In order to enable readers to build and retain the new vocabulary, the book affords many opportunities to use the new words. Each chapter is divided into subtopics. The student acquires a few new words about a specific topic and is immediately directed to practice them in a multitude of exercises. Answers are provided so the student can make prompt self-correction.

Extensive notes inform the reader of other ways to say the same thing. Spanish is spoken in many countries of the world, but the same words are not necessarily used in all areas of the Spanish-speaking world. This is particularly true for common, frequently used words. Whenever possible, a note will indicate which word would be the most universally understood.

In case the student should also wish to use this book as a reference tool, at the end of each chapter there is a Spanish to English reference list that contains the key words presented in that chapter. A topical reference list of key words from English to Spanish appears immediately after the answers to exercises. In addition, at the very end of the book there is a Spanish to English and English to Spanish glossary that contains all key words introduced in the book. A special list of all foods appears in the Appendix.

Spanish Vocabulary can be used as a review text or an enriching companion to any basic text.

Conrad J. Schmitt

CONTENTS

Contents

Contents

CHAPTER 1: Air travel
CAPÍTULO 1: Viajando en avión

GETTING AN E TICKET

Note: Some procedures in acquiring an e-mail ticket on line differ but the most basic ones indicated here will give you the vocabulary you need.

Para *sacar (comprar) un billete (boleto)** electrónico los
   pasajeros pueden ir *on line** (*en línea*).   online

Pueden consultar *el sitio* de la línea aérea.   site

Si quieren buscar todas las *opciones disponibles*   available options
   en una variedad de líneas pueden usar el sitio de un *consolidador*.   consolidator

Regional Variations	
*to buy a ticket	*Sacar un billete* is used in Spain. *Comprar un boleto* is used throughout Latin America.
*on line	You will hear, see and use both *on line* and *en línea*.

1. Complete.

Hoy en día los boletos _____ son más populares y corrientes que los boletos conven-
₁
cionales de papel. Dentro de poco se va a descontinuar por completo el uso de _____
₂
de papel. Los pasajeros pueden _____ para comprar su boleto _____. Pueden
₃   ₄
consultar _____ de la línea aérea o si quieren tener más _____ pueden consultar
₅   ₆
el sitio de un _____.
₇

RESERVING ON LINE

Si un(a) pasajero(a) quiere hacer una reserva (reservación*) on line
   (en línea) tiene que entrar (escribir) su nombre y su dirección.

Si tiene *una tarjeta de viajero frecuente** puede introducir su número.   frequent flier card
Debe introducir también su:
  número de tarjeta de viajero frecuente *si está disponible*.   if available

  nombre _____

  dirección_____

  zona (código) postal_____

  *aeropuerto de salida*_____   fecha_____   departure airport, date

  *aeropuerto de llegada*_____   arrival airport

El (la) pasajero(a) tiene que introducir el número de la tarjeta
  con que va a pagar.
Además tiene que poner su *fecha de caducidad*.   expiration date
Saldrán otras opciones en *la pantalla*.   screen
Tiene que *pulsar** *las opciones* que necesita: press the options
    hora que quiere salir
    clase en que quiere viajar

clase económica	economy class
clase preferente (ejecutiva)	business class
primera clase	first class
tarifas* disponibles	available fares
de la más económica	
a la más cara	

Además de toda la información de arriba, el boleto*
electrónico provee la siguiente información:

su número de confirmación	confirmation number
la tarifa y otros *cargos*	fare, charges
restricciones de cada tarifa	fàre restrictions
política de reembolso	refund policy

Regional Variations

*reservation	You will hear both the word *reserva* and *reservación*.
*press	The two most common words for "to press" on a computer are *pulsar* and *oprimir*.
*frequent flier	The names of frequent flier clubs vary from airline to airline.
*round trip	A round trip ticket is *un billete de ida y vuelta*; or *un boleto de ida y regreso*. In Mexico and some other areas you will hear un *redondo. Un boleto sencillo (de ida solo)* is one way.
*fare	Another word for *tarifa* is *el pasaje*.

---

2. Answer.
1. ¿Puede un pasajero usar su computadora para comprar un boleto electrónico?
2. ¿Tiene que ir en línea?
3. ¿Puede ir al sitio de la línea aérea?
4. ¿Puede ir al sitio de un consolidor?
5. ¿Qué ventajas (advantages) le puede dar el consolidador?
6. ¿Tiene el pasajero que introducir el número de la tarjeta de crédito con que va a pagar la tarifa?
7. ¿Cuál es otra información que tiene que introducir el pasajero?

3. Identify the following.
1. el aeropuerto de donde sale el avión
2. el aeropuerto adonde llega el avión
3. manera de pagar
4. costo o coste, o precio de un boleto aéreo
5. último día que se puede usar una tarjeta de crédito
6. una tarifa alta
7. una tarifa baja
8. tres clases de servicio disponibles abordo de un avión

4. Go on line. Pull up an airline with a Spanish-speaking site and fill in the information for a make-believe trip. Don't press the button to buy it. —¡No pulse el botón (la opción) para comprarlo!

BOARDING PASS ONLINE

Tarjeta de embarque (pasabordo) en línea

Si su computadora tiene una *impresora* es posible	printer,
imprimir su boleto para tener *una copia dura*.	print, hard copy
Muchas líneas le permiten imprimir también *su tarjeta de*	
embarque (*su pasabordo*) veinticuatro horas antes de su salida.	boarding pass
Otras líneas le asignan *un asiento* cuando hace su reservación.	seat

5. Give a related word.
   1. imprimir
   2. copiar
   3. embarcar
   4. abordo
   5. asignación
   6. sentarse
   7. confirmar

6. Give an alternative word or expression.
   1. sacar un billete
   2. de ida y vuelta
   3. pulsar
   4. la tarifa
   5. on line
   6. una reservación

GETTING TO THE AIRPORT

En el aeropuerto hay dos *terminales*.	terminals
La terminal *A* es para *vuelos internacionales*.	international flights
La terminal *B* es para vuelos *nacionales*.	domestic, national
Podemos ir al aeropuerto en taxi.	
Podemos *tomar un autobús**.	take a bus
Los autobuses salen de *la terminal** (estación) en la ciudad.	city terminal

Regional Variations

*bus   There is no one way to say "bus" in Spanish. In Spain a bus is almost always *un autobús*. In many Latin American countries, however, *autobús* refers to a long-distance bus, which is usually fancier and more comfortable than a regular bus. Such a bus in Spain is commonly referred to as *un autocar*. A regular bus in Mexico is a *camión*, the word for "truck" in most other areas. In the Canaries and the Spanish-speaking islands of the Caribbean a bus is *una guagua*. In Colombia the shortened version, *el bus*, is commonly used. In Peru and Uruguay people tend to say *el ómnibus*. In Guatemala the word *camioneta* is used. In many countries there are small municipal buses and they are called *micros*. In Argentina municipal buses are usually referred to as *colectivos*. This word in most countries is used for a taxi that is inexpensive and can be shared by many people.

*terminal   *La terminal* has come to be used as a shortened version of *la estación terminal*. *El terminal* is a battery or computer terminal. Gender will sometimes vary.

7. Complete.

No quiero ir al aeropuerto en taxi. El taxi cuesta mucho. Yo prefiero ir en _____ Los
                                                                                    1
autobuses salen de la _____ en la ciudad. Hay un servicio muy conveniente y frecuente.
                          2
Los autobuses _____ cada quince minutos de la estación en el centro de la ciudad.
                    3

8. Complete.

— ¿A qué terminal va Ud., señor?

— ¿Hay más de una _____ en el aeropuerto?
                        1

— Sí, señor. Hay dos. La terminal *A* es para _____ internacionales y la _____
                                                      2   3
B es para vuelos _____.
                        4

— Pues, yo voy a Nueva York. Es un _____ internacional. Quiero ir a la
                                          5
_____ *A*, por favor.
      6

CHECKING IN FOR AN INTERNATIONAL FLIGHT

— Antes de ir a *la puerta de embarque* y antes de *abordar el avión*, los pasajeros tienen que *presentarse* en el mostrador de la línea aérea.	boarding gate; board the plane, check in
— El agente tiene que *revisar* los documentos.	check

Fig. 1-1

— Allí está *el mostrador de la línea aérea*   airline counter
  (compañia de aviación).
— Hay *una fila (cola)* larga.   long line
— El agente quiere ver *el boleto (el billete)* electrónico.   ticket
— Tiene que ver *el pasaporte* y *el visado (la visa)*   passport, visa
  cuando necesario.

9. Complete.

Cuando llegamos a un aeropuerto, tenemos que ir al _____ de la línea aérea. Por lo
general hay una _____ larga de gente que espera en el _____. En el mostrador
tenemos que mostrarle nuestro _____ al agente. Si hacemos un _____ internacional, el agente tendrá que ver nuestro _____ también.

(numbers under blanks: 1, 2, 3, 4, 5, 6)

SPEAKING WITH THE AIRLINE AGENT (FIG. 1-2)

— Su billete, por favor.
— *Aquí lo tiene*, señorita.   here it is
— ¿Ud. va a Madrid? Me permite ver su pasaporte, por favor.
— ¿Prefiere usted un *asiento en la ventanilla*?   window seat
— No, en *el pasillo*, por favor.   on the aisle

Fig. 1-2

— Tiene Ud. el asiento *C* en *la fila* veintidós.	row
— ¿Cuántas *maletas* lleva Ud.?	suitcases
— Dos.	
— Favor de ponerlas en *la báscula*.	scale
— ¿Y lleva Ud. *equipaje de mano*?	hand luggage
— Solamente este *maletín*.	briefcase
— Muy bien. El equipaje de mano tiene que *caber debajo*	
del asiento enfrente de Ud. o en el compartimiento superior.	fit under the seat in front of you; overhead compartment

Aquí tiene Ud. una *etiqueta* para su maletín.   label, tag
— Gracias.

— Muy bien. Todo está en orden. Aquí tiene Ud. su *tarjeta*	boarding card; flight
de embarque (pasabordo) — *vuelo* 430 a Madrid, asiento	baggage claim stubs
C en la fila 22. Y aquí tiene sus *talones* para el equipaje.	checked
Ud. tiene dos maletas *facturadas* a Madrid. Ud. las puede	claim
reclamar (recoger) en Madrid. Anunciarán *la salida*	departure
de su vuelo dentro de media hora.	
Favor de pasar por *el control de seguridad*.	security control
Después tiene que pasar por *inmigración (control de pasaportes)*.	passport control

10. Complete.
1. El señor Bosch va de Nueva York a Madrid. Hace un vuelo _____.
2. Él está en el _____ de la línea aérea.
3. Él habla con la agente de la línea aérea. Ella quiere ver su _____. Como hace un vuelo internacional, ella quiere ver su _____ también.
4. El asiento *C* en la _____ 22 está en el _____, no está en el centro ni en la _____.
5. En los aviones el _____ _____ _____ tiene que caber debajo del asiento enfrente del pasajero. El señor Bosch no tiene problema. Él lleva solamente un _____.

6. La agente le da una _____ para su maletín.
7. Es necesario tener una _____ _____ _____ para abordar un avión.
8. El señor Bosch sale en el _____ 430 a Madrid. Tiene el _____ *C* en la _____ 22 en el _____.
9. El señor Bosch ha facturado dos maletas a Madrid. Él tiene sus dos _____ y puede _____ sus maletas en Madrid.
10. El pasajero tiene que poner (colocar) todo su equipaje de mano debajo del _____ enfrente de él o en el _____ _____ .
11. Si el equipaje no cabe _____ del asiento o en el compartimiento _____, lo tiene que _____.

11. Answer on the basis of Figs. 1-3 and 1-4.
1. ¿Dónde está la señora?
2. ¿Con quién habla?
3. ¿Qué le da al agente?
4. ¿Dónde quiere sentarse la señora?
5. ¿Cuántas maletas lleva la señora?
6. ¿Lleva equipaje de mano?
7. ¿Qué lleva?

Fig. 1-3

Fig. 1-4

8. ¿Puede caber debajo del asiento el maletín?
9. ¿Qué le da la agente a la señora?
10. ¿En qué vuelo sale ella?
11. ¿Adónde va ella?
12. ¿Qué asiento tiene?
13. ¿Dónde está el asiento?
14. ¿Cuántas maletas ha facturado la señora?
15. ¿Dónde puede reclamar sus maletas?

12. Choose the appropriate word.
1. Los pasajeros tienen que mostrar su pasaporte porque hacen un vuelo _____.
    (*a*) largo (*b*) internacional (*c*) nacional
2. El asiento *C* está en _____. (*a*) la sección (*b*) la ventanilla (*c*) el pasillo
3. Para identificar mi equipaje, de mano voy a ponerle _____. (*a*) esta etiqueta
    (*b*) este asiento (*c*) este maletín
4. Para abordar el avión, es necesario tener _____. (*a*) una etiqueta (*b*) un talón
    (*c*) una tarjeta de embarque
5. Mi asiento está en _____ 22. (a) la sección (b) la fila (c) el mostrador

CHECKING IN FOR A LOCAL OR DOMESTIC FLIGHT*

Si el pasajero tiene un boleto electrónico puede sacar su tarjeta de
   embarque en las máquinas *de self check-in* (*autofacturación*).   self check-in
Tiene que *pulsar la opción* que necesita en *la pantalla* de la máquina.   press the option, screen
Luego debe insertar en *la ranura* la tarjeta de crédito con que hizo   slot
   (*efectuó*) el pago.

O puede introducir su *código de reserva* (*número de confirmación*).   confirmation number
Su tarjeta de embarque saldrá automáticamente de la máquina.
Luego tiene que presentar identificación personal a un miembro
   de personal en tierra quien facturará su equipaje.   ground personnel

---

Regional Variations

The most common term for a domestic flight is *un vuelo nacional*. You will, however, also hear *un vuelo doméstico*. In Argentina it is *un vuelo de cabotaje*.

---

13. Match.
   1. pasabordo   a. número de confirmación
   2. oprimir la opción   b. personal de tierra
   3. introducir   c. pulsar la opción
   4. código de reserva   d. tarjeta de embarque
   5. personal terrestre   e. insertar

LISTENING TO ANNOUNCEMENTS

Una salida

    La compañía de aviación anuncia *la salida* de su vuelo   departure
430 con *destino* a Madrid. Les rogamos a los pasajeros   destination
que pasen por *el control de seguridad*. *Embarque* inmediato   security check; boarding
por *la puerta* número ocho.   gate

14. Complete.
   1. _____ anuncia una salida.
   2. Anuncian la _____ de un vuelo.
   3. Anuncian la salida del _____ 430.
   4. Anuncian la salida de su vuelo 430 _____ _____ _____ Madrid.
   5. Los pasajeros tienen que pasar por el _____ _____ _____.
   6. Van a inspeccionar su equipaje en el _____ _____ _____.
   7. Los pasajeros van a embarcar por la _____ número ocho.
   8. El _____ es inmediato.

15. Complete.
   1. El avión va a salir. Están anunciando la _____.
   2. El vuelo va a Madrid. El _____ es Madrid.
   3. Van a inspeccionar el equipaje de los pasajeros. Los pasajeros tienen que pasar
      por el _____ _____ _____.
   4. Los pasajeros del vuelo 430 tienen que embarcar por la _____ número _____.

Una llegada

    Su atención, por favor. La compañía de aviación anuncia
la llegada de su vuelo 129 *procedente de* Las Palmas, Canarias.   arrival; arriving from
Los pasajeros van a *desembarcar* por la puerta número 10.   disembark, deplane

16. Complete.
   _ No comprendí el anuncio. ¿Están anunciando la salida de nuestro vuelo?
   _ No, no. Están anunciando la _____ de otro vuelo.
                            1
   _ ¿Qué vuelo es?
   _ Es el _____ 129 _____ Las Palmas.
          2   3

17. Give the opposite of each of the following.
  1. la llegada
  2. con destino a
  3. embarcar

SOME POSSIBLE PROBLEMS

Hay una *demora* (*un retraso*).	delay
El vuelo sale con un retraso (una demora) de una hora.	
No sale *a tiempo*.	on time
Hay un problema *técnico* (*mecánico*).	technical, mechanical
Otro vuelo no va a salir. Ha sido *anulado* (*cancelado*).	cancelled
La señorita Salas es pasajera del vuelo anulado.	
La han confirmado en otro vuelo.	
Pero no es un vuelo *sin escala*.	non-stop
Tiene que *cambiar* (*transbordar, trasbordar*) en Guayaquil.	change planes
Tiene una hora para hacer su *conexión* (*trasbordo*).	connection
El señor Valdés *perdió* su vuelo.	missed
No puede tomar *el próximo* vuelo.	next
El vuelo está *completo* (*lleno*).	full
No hay más asientos *disponibles* (*libres*).	available, free

18. Complete.
  1. El tren no sale a tiempo. Hay una _____.
  2. Sale con una _____ o un _____ de media hora.
  3. Hay peor situación con otro vuelo. No va a salir. Está _____.
  4. Han _____ a los pasajeros en el vuelo anulado en otro vuelo pero no es un vuelo _____ y los pasajeros tienen que _____ en Guayaquil.
  5. Tienen una hora en Guayaquil para su _____.
  6. El señor Valdés llegó tarde al aeropuerto y _____ su vuelo.
  7. No puede tomar el próximo vuelo porque está _____. No hay asientos _____.

Un viaje en avión

La señora Molina llega al aeropuerto y ve que hay dos terminales. De una salen los vuelos nacionales y de la otra salen los vuelos internacionales. Como ella va a hacer un vuelo internacional, ella se dirige a la terminal internacional. Enseguida ella va al mostrador de la línea aérea con que vuela. Ella le muestra su boleto electrónico a la agente. La agente quiere ver su pasaporte también. Todo está en orden. La señora le entrega su equipaje a la agente. Ella tiene dos maletas. La agente pone los dos talones al dorso de su tarjeta de embarque y le explica a la señora Molina que puede reclamar (recoger) su equipaje al llegar a Bogotá, su destino. La agente le da también una etiqueta para poner en el maletín que va a llevar abordo. La agente le recuerda que su equipaje de mano tiene que caber debajo del asiento o en el compartimiento superior. La agente le explica que la computadora (el ordenador) no indica que tiene un asiento reservado. Pero no hay problema. El vuelo no está completo y hay muchos asientos disponibles, aun en el pasillo. La agente le da a la señora su tarjeta de embarque. Le dice que tiene el asiento *C* en la fila 25. El vuelo 215 con destino a Bogotá va a salir de (por) la puerta número seis. La señora quiere saber si es un vuelo sin escala. No, no lo es. Hace una escala en Panamá pero los pasajeros en tránsito no tienen que cambiar de avión. El mismo avión sigue a Bogotá.

En cuanto sale del mostrador, la señora oye el anuncio: «La compañía de aviación anuncia la salida de su vuelo 215 con destino a Panamá, Bogotá, y Lima. Embarque inmediato por la puerta número seis.»

19. Complete.
1. Hay dos _____ en el aeropuerto. Una es para _____ internacionales y la otra es para vuelos _____.
2. La _____ trabaja en el _____ de la compañía de _____.
3. Los pasajeros tienen que mostrarle su _____ a la agente y si hacen un viaje internacional tienen que mostrar su _____ también.
4. La señora le entrega su _____ a la agente. Ella tiene dos maletas.
5. La agente pone los _____ en el dorso de su tarjeta de embarque. La señora necesitará los _____ para reclamar su equipaje en Bogotá.
6. La señora va a llevar un _____ abordo. El equipaje de _____ tiene que caber _____ _____ asiento.
7. La señora Molina quiere sentarse en el _____.
8. La computadora no indica un asiento reservado para la señora pero no importa. El avión no está _____ y hay muchos _____ disponibles.
9. La señora mira su _____ de embarque. Ve que tiene el _____ C en la _____ 25.
10. El vuelo a Bogotá va a hacer una _____ en Panamá pero la señora Molina no tiene que _____ de avión.
11. Anuncian el _____ inmediato del vuelo 215 con _____ _____ Lima con escalas intermedias en Panamá y Bogotá.
12. Los pasajeros en el vuelo 215 tienen que pasar por la _____ número seis.
13. Su vuelo sale a tiempo. No hay un _____ y no está _____ . ¡Qué suerte!

20. Answer.
1. ¿ Adónde llega la señora Molina?
2. ¿ Cuántas terminales hay en el aeropuerto?
3. ¿ Por qué hay dos?
4. En la terminal internacional, ¿adónde va la señora?
5. ¿ Qué quiere ver la agente?
6. ¿ Cuántas maletas factura la señora?
7. ¿ Dónde pone los talones la agente?
8. ¿ Dónde puede reclamar su equipaje la señora?
9. ¿ Qué lleva la señora abordo?
10. ¿ Dónde tiene que caber el equipaje de mano?
11. ¿ Tiene un asiento reservado la señora?
12. ¿ Por qué no hay problema?
13. ¿ Qué asiento tiene la señora?
14. ¿ De qué puerta va a salir el vuelo?
15. ¿ Es un vuelo sin escala?

21. Complete.

La señora Molina va a volar en el _____ 215 con _____ a Bogotá. El vuelo
va a hacer una _____ en Panamá pero la señora no tiene que _____ de avión.
Ella tiene el _____ C en la _____ 25 en el _____ .

22. Answer.
1. ¿ El avión va a salir a tiempo o con una demora?
2. ¿ Por qué hay una demora?
3. ¿ Es muy largo el retraso?
4. ¿ Han anulado otro vuelo?
5. ¿ Por qué lo han anulado?

23. Give another word or expression.
1. sacar un billete
2. en línea
3. oprimir
4. un boleto de ida y regreso
5. un boleto sencillo
6. la tarifa
7. la tarjeta de embarque
8. una reserva
9. un retraso
10. completo

Key Words

el aeropuerto   airport
el (la) agente   agent
anular   to cancel
el asiento   seat
asignar   to assign
la auto-facturación   self check-in
la báscula   scale
el billete electrónico   electronic ticket
el boleto electrónico   electronic ticket
caber   to fit
cambiar de avión   to change planes
el cargo   charge
en línea   on line
caro   expensive
la clase ejecutiva   business class
el código   postal/zip code
la compañía de aviación   airline company
el compartimiento superior   overhead compartment
completo   full
con destino a   destination, going to
una conexión   connection
el consolidador   consolidator
el control de pasaportes   passport control
el control de seguridad   security control
la copia dura   hard copy
debajo de   under
delante de   in front of
la demora   delay
depositar   to check, leave
de retraso   late, delayed
disponible   available
económico   inexpensive
clase económica   economy class
el embarque   boarding, embarcation

el equipaje   luggage
el equipaje de mano   hand luggage
la escala   stop (airplane)
la etiqueta   label, tag for identification purposes
la facturación   check-in
facturar   to check through
la fecha de caducidad   expiration date
la fila   line, row
la impresora   printer
imprimir   to print
internacional   international
la línea aérea   airline
la llegada   arrival
lleno   full
la maleta   suitcase
el maletín   briefcase
la máquina automática   automatic machine
el mostrador   counter
nacional   domestic, national
el número de confirmación   confirmation number
el pasaje   fare passage
el (la) pasajero(a)   passenger
el (la) pasajero(a) en tránsito   transit passenger
el pasabordo   boarding pass
el pasaporte   passport
el pasillo   aisle
perder   to miss
el personal de tierra   ground personnel
el peso   weight
la política   policy
el precio   price
presentarse   to check in
el problema   problem
procedente de   arriving from

la puerta   gate
la ranura   slot
reclamar   reclaim
redondo   round trip
recoger   to pick up, claim
el reembolso   reimbursement, refund
las restricciones   restrictions
el retraso   delay
revisar   to check
la salida   departure
sin escala   non-stop

el sitio   site
el talón   baggage claim
la tarifa   fare
la tarjeta de embarque   boarding pass
la terminal   terminal
transbordar   to change planes
verificar   to check, verify
la visa   visa
el visado   visa
el vuelo   flight

CHAPTER 2: On the airplane
CAPÍTULO 2: En el avión

WELCOME ON BOARD (FIG. 2-1)

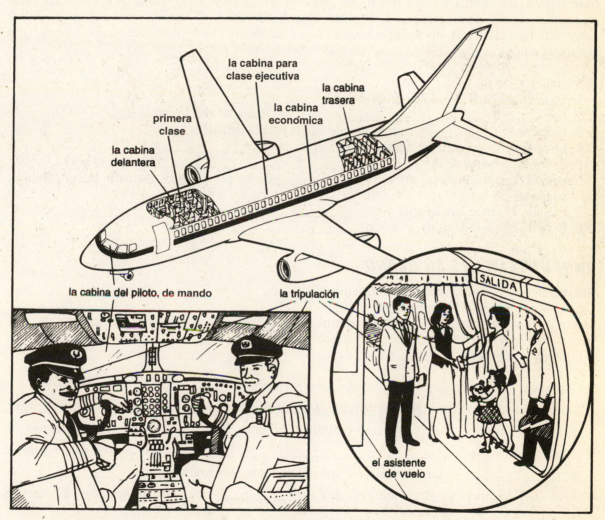

la cabina para clase ejecutiva

la cabina trasera

primera clase

la cabina económica

la cabina delantera

la cabina del piloto, de mando

la tripulación

SALIDA

el asistente de vuelo

Fig. 2-1

El piloto (el comandante) y *su tripulación* se ocupan de	crew
la seguridad de los pasajeros.	safety
Los asistentes de vuelo* trabajan en el avión.	flight attendants
Ellos *les dan la bienvenida* a los pasajeros.	welcome
La cabina delantera es para primera clase.	forward cabin
La cabina trasera (*principal*) es para la clase económica.	rear cabin (main)
Entre estas dos cabinas hay otra	
para los pasajeros de *clase ejecutiva*.	business class

Los pasajeros no pueden entrar en *la cabina del piloto* durante el vuelo.   cockpit
El avión va a *despegar* de Nueva York.   take off
El avión va a *aterrizar* en Madrid.   land

Regional Variations

*flight attendant   The most widely used term for flight attendant is *el (la) asistente(a) de vuelo. El (la) aeromozo(a) and el (la) sobre-cargo(a)* are also frequently heard. *La azafata* is used in Spain and refers only to a female flight attendant. The person in charge is often called *el jefe (la jefa) de cabina.*

Note: Today international airlines vary in the classes of service they offer. Almost all international carriers have economy and business class. Business class has a variety of names. Some airlines are doing away with first class and others are adding a "super" economy class which like business class has a variety of names.

1. Complete.
   1. Todo el personal abordo de un avión es la _____.
   2. Los _____ _____ _____ trabajan con los pasajeros.
   3. La cabina _____ es más grande que la cabina delantera.
   4. Los pasajeros en clase económica viajan en la cabina _____.
   5. Se prohíbe entrar en la _____ _____ _____ durante el vuelo.
   6. Para la tripulación de un avión, la _____ de los pasajeros es una parte importante de su trabajo.
   7. Cuando el vuelo empieza, el avión _____.
   8. Cuando el vuelo termina, el avión _____.

ANNOUNCEMENTS ON BOARD

Nuestro *tiempo de vuelo* será aproximadamente   flying time
   ocho horas y (con) veinte minutos.
Vamos a *volar* a *una altura* de doce mil metros.   fly; altitude
Vamos a volar a *una velocidad* de mil trescientos   speed
   kilómetros *por hora*.   an hour

2. Complete.
   Señores y señoras. El comandante Vargas y toda su _____ les damos la _____ abordo de nuestro vuelo 281 con destino a Madrid. Vamos a _____ dentro de cinco minutos. Nuestro _____ _____ _____ de Nueva York a Madrid será _____ siete horas con treinta minutos. Volaremos a una _____ de doce mil metros y alcanzaremos una _____ de mil trescientos kilómetros _____ _____.

SAFETY ON BOARD (FIG. 2-2)

En (el) *caso de* (una) *emergencia*:   in case of emergency
El chaleco salvavidas está debajo de su asiento.   life vest
En el caso de un cambio de (en la) presión de aire,
   la máscara de oxígeno se caerá automáticamente.   oxygen mask
Hay dos *salidas de emergencia* en la cabina delantera   emergency exits
   y dos en la parte trasera del avión.

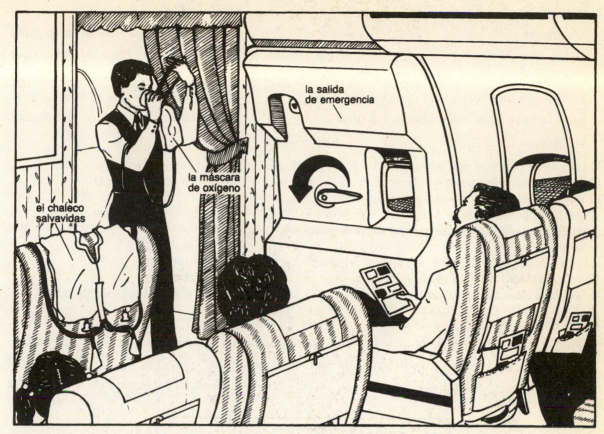

la salida
de emergencia

la máscara
de oxígeno

el chaleco
salvavidas

Fig. 2-2

Hay también cuatro salidas de emergencia *sobre las alas*.	over the wings
Los pasajeros tienen que *permanecer sentados*.	remain seated
Tienen que permanecer sentados durante	
el despegue y el aterrizaje.	takeoff; landing
Durante el despegue y el aterrizaje los pasajeros	
tienen que *abrocharse el cinturón de seguridad*.	fasten their seat belts
Durante el vuelo también deben *mantener*	keep the seat belts fastened
los cinturones abrochados.	
La señal (El aviso) de no fumar está iluminada	no smoking sign, lit
durante todo el vuelo.	
Se prohíbe fumar también en *los aseos*.	toilets
A veces el avión puede encontrar alguna	
turbulencia inesperada.	unexpected turbulence
Cuando hay turbulencia, el avión *brinca*.	bounces, bumps

3. Answer.
1. ¿ Dónde están los chalecos salvavidas en el avión?
2. Si hay un cambio de presión de aire en el avión ¿qué se caerá?
3. ¿ Dónde hay salidas de emergencia en el avión?
4. ¿ Se puede fumar durante el vuelo?
5. ¿ Se permite fumar en los aseos?

4. Complete.

Durante el _____ y también durante el _____ los pasajeros a bordo de un avión
                         1   2
tienen que permanecer _____. No pueden andar por el avión. No sólo tienen que
                                    3
permanecer sentados, tienen que abrocharse el _____ _____ _____.
                                                                                            4
Es también una buena idea mantener el _____ abrochado durante todo el vuelo. No se
                                                       5
sabe cuándo el avión encontrará alguna _____ inesperada. Cuando hay turbulencia,
                                                          6
el avión _____.
                 7

No se puede poner *el equipaje de mano* en los pasillos.	carry-on luggage
El equipaje de mano tiene que *caber debajo del asiento*.	fit under the seat
Si no cabe debajo del asiento, tiene que caber en *los compartimientos (sobre la cabeza) superiores*.	overhead compartments
Durante el despegue y el aterrizaje, hay que poner *el respaldo del asiento* en posición vertical.	seat back
Hay que poner *la tableta* en su posición original.	tray table
Entre los asientos hay *un descansabrazos*.	arm rest
En la clase ejecutiva hay *una butaca-cama*.	seat that makes into a bed

5. Complete.

Muchos pasajeros llevan equipaje de mano abordo del avión. Pero no pueden poner su equipaje
en los _____. Todo equipaje de mano tiene que _____ o debajo del
              1   2
_____ o en los _____ superiores. Es una regla de seguridad. Y durante el
     3   4

el compartimiento superior

el respaldo del asiento

debajo del asiento

Fig. 2-3

_____ y el _____, el _____ de su asiento tiene que estar en
    5   6   7
_____ vertical. Y hay que poner la _____ en su posición original. Entre los asien-
    8   9
tos hay un _____ para la comodidad de los pasajeros.
              10

COMFORTS AND AMENITIES ON BOARD (FIG. 2-4)

Durante el vuelo:
Servimos *bebidas y meriendas*.   drinks; snacks
Hay *periódicos y revistas*.   newspapers; magazines
Les ofrecemos una *comida*.   meal
Antes del aterrizaje *serviremos el desayuno*.   we will serve breakfast
Hay también *mantas** y *almohadas*.   blankets; pillows
En *el bolsillo del asiento*, hay *bolsas para el mareo*.   seat pocket; airsickness bags
Durante el vuelo les ofrecemos una variedad de alternativas de
  entretenimiento: entertainment
    música estereofónica   stereophonic music
    videojuegos   video games
    películas   movies
Una *pantalla táctil le* permite seleccionar sus programas favoritos.   touch screen
Los *auriculares* (*audífonos*) están en *el bolsillo en la espalda del*   headsets; seat pocket
  asiento delante de usted.

Regional Variations

*blanket   The most commonly used word for blanket is *manta*. You will also hear *cobija*, *frazada* and in Puerto Rico *frisa*.

Fig. 2-4

6. Complete.

1. Durante el vuelo los asistentes de vuelo sirven _____ y _____.
2. Si el pasajero quiere leer algo hay _____ y _____.
3. Si hay turbulencia y alguien se pone enfermo hay bolsas para _____ en el _____ del asiento.
4. Durante los vuelos las compañías aéreas están ofreciendo más y más _____ de _____.
5. Una _____ le permite al pasajero seleccionar sus programas favoritos.
6. Para oír la música y el sonido de las películas hay _____.

7. Complete.

Yo estoy cansado(a). No quiero comer, no quiero oír la música, no quiero ver la película. Sólo quiero dormir. ¿Tiene Ud. una _____ y una _____, por favor?
                                                    1   2

Cada día hay miles de vuelos que circunnavegan el mundo. Mientras los pasajeros abordan el avión, algunos asistentes de vuelo u otros miembros de la tripulación se ponen a la puerta de entrada. Les dan la bienvenida abordo a los pasajeros y les recogen las tarjetas de embarque. A veces le tienen que indicar a un pasajero dónde está su asiento. En la mayoría de los aviones la cabina trasera o la cabina principal es para la clase económica y la cabina delantera es para el uso exclusivo de los pasajeros de primera clase.

Durante el vuelo hay varios anuncios. Los asistentes de vuelo tienen que pensar en la comodidad y también en la seguridad de los pasajeros. Les explican el uso de la máscara de oxígeno y del chaleco salvavidas. Les indican dónde están las salidas de emergencia y también los retretes (aseos). Hay algunas reglas importantes que los pasajeros tienen que seguir. Todo su equipaje de mano tiene que caber debajo del asiento o en los compartimientos superiores. Se prohíbe fumar durante todo el vuelo y en los retretes. Durante el despegue y el aterrizaje los pasajeros tienen que poner el respaldo de sus asientos en posición vertical y tienen que abrocharse el cinturón de seguridad. La tripulación siempre les recomienda a los pasajeros que mientras estén sentados mantengan los cinturones abrochados. Nunca se sabe si el avión encontrará alguna turbulencia inesperada y empezará a brincar.

Durante el vuelo los asistentes de vuelo sirven bebidas y una comida. Les dan mantas y almohadas a los pasajeros que quieren tomar una siesta. En los vuelos de larga distancia la compañía de aviación les ofrece a los pasajeros varios canales de música estereofónica y presentan una película. Los asistentes de vuelo distribuyen los (juegos de) audífonos (auriculares) a los pasajeros que los deseen. En clase económica hay un cargo nominal por el uso de los audífonos.

Durante todo el vuelo está prohibido entrar en la cabina del piloto. En los vuelos el comandante (capitán) les habla a los pasajeros para decirles el tiempo aproximado de vuelo, la ruta de vuelo, la altura a que van a volar y la velocidad que van a alcanzar. De parte de toda su tripulación el comandante les desea a los pasajeros un buen viaje.

8. Complete.

1. En la mayoría de los aviones hay dos _____. La cabina _____ es para el uso de los pasajeros en primera _____. La _____ trasera es para la clase _____.

2. Los asistentes de _____ recogen las _____ _____ _____ cuando los pasajeros abordan el avión.

3. Si hay un cambio en la presión de aire, los pasajeros tienen que usar la _____ _____ _____ para respirar.

4. El _____ _____ _____ tiene que caber debajo del asiento o en los _____ _____.

5. No se puede fumar durante todo el _____.

6. Está prohibido fumar en los _____ tambíen.

7. Los pasajeros tienen que poner el _____ de sus asientos en _____ vertical durante el despegue y el aterrizaje.

8. La tripulación siempre les sugiere a los pasajeros que mantengan los _____ _____ _____ abrochados mientras estén sentados.

9. Durante un vuelo de larga distancia, los asistentes de vuelo siempre sirven _____ y una _____.

10. Si un pasajero quiere escuchar la música o ver la película necesita _____ _____ _____ _____. En clase económica hay un _____ nominal por su uso.

9. Match.

A	B
1. todo el personal abordo de un avión	(*a*) el cinturón de seguridad
2. lo que se caerá automáticamente si hay un cambio en la presión de aire	(*b*) el respaldo del asiento
3. lo que necesitan los pasajeros para abordar el avión	(*c*) la salida de emergencia
4. lo que tiene que estar en posición vertical durante el despegue y el aterrizaje	(*d*) el bolsillo del asiento
	(*e*) la tripulación
	(*f*) la tarjeta de embarque
5. lo que se abrochan los pasajeros durante el despegue y el aterrizaje	(*g*) el chaleco salvavidas
6. los que trabajan con los pasajeros a bordo de un avión	(*h*) los compartimientos superiores
	(*i*) la máscara de oxígeno
7. de donde salen los pasajeros si hay un accidente	(*j*) los asistentes de vuelo
8. lo que uno tiene que pagar	(*k*) la ruta de vuelo
9. donde se puede poner el equipaje de mano	(*l*) el cargo
10. por donde va a volar el avión	(*m*) la turbulencia

10. Answer.

1. ¿ Qué hacen los asistentes de vuelo mientras los pasajeros abordan el avión?
2. ¿ Cuántas cabinas hay en la mayoría de los aviones?
3. ¿ Qué tienen que aprender a usar los pasajeros?
4. ¿ Dónde tienen que poner su equipaje de mano los pasajeros?
5. ¿ Se puede fumar en el avión?
6. ¿ Cuáles son algunas cosas que los pasajeros tienen que hacer durante el despegue y el aterrizaje?
7. ¿ Por qué es una buena idea mantener los cinturones abrochados durante todo el vuelo?
8. ¿ Qué sirven los asistentes de vuelo durante el viaje?
9. ¿ Qué más ofrecen para la comodidad de los pasajeros?
10. ¿ Cuáles son algunos anuncios que hace el piloto?

Key Words

abrocharse   to fasten
las alternativas   choices
el (la) aeromozo(a), la azafata   flight
                                    attendant
el ala (f)   wing
la almohada, el cojín   pillow
la altura   altitude
el aseo   bathroom
el (la) asistente(a) de vuelo   flight attendant
el aterrizaje   landing
aterrizar   to land
la azafata   flight attendant (Spain)
la bolsa para el mareo   airsickness bag
el bolsillo del asiento   seat pocket
brincar   to bump, bounce
la butaca-cama   seat bed
caber   to fit
la cabina   cabin
la cabina del piloto (de mando)   cockpit
la cabina delantera   forward cabin
la cabina ejecutiva   business class cabin
la cabina trasera   rear cabin
el canal   channel
el cargo   charge
la clase económica   economy class
el comandante   captain, pilot
la comida   meal
*el compartimiento (superior), sobre la
   cabeza*   overhead compartment
el chaleco salvavidas   life vest
dar la bienvenida abordo   to welcome aboard
debajo de   under
debajo del asiento   under the seat
delantero   forward
el descansabrazos   armrest
despegar   to take off
el despegue   takeoff
la emergencia   emergency
el entretenimiento   entertainment
en caso de   in case of
el equipaje de mano   hand luggage, carry-on
                        luggage

la estación   station
iluminado   lit, illuminated
inesperado   unexpected
el juego de audífonos, el juego de auriculares
   headset
la frazada, la frisa, la manta   blanket
mantener   to keep
el mareo   airsickness
la máscara de oxígeno   oxygen mask
la música estereofónica   stereophonic
                            music
la merienda   snack
la pantalla táctil   touch screen
el pasillo   aisle
la película   movie, film
permanecer   to remain
el piloto   pilot
por hora   an (per) hour
la presión de aire   air pressure
la primera clase   first class
principal   main
el respaldo del asiento   seat back
el retrete   toilet
la ruta de vuelo   flight plan, route of
                     flight
la salida de emergencia   emergency exit
la sección de (no) fumar   (no) smoking
                             section
la seguridad   safety
sentado(a)   seated
la señal de no fumar   no-smoking sign
                         (light)
la tableta   tray table
el tiempo de vuelo   flight time
trasero   rear
la tripulación   crew
la turbulencia inesperada   unexpected
                              turbulence
la velocidad   speed
volar (ue)   to fly
el vuelo   flight

CHAPTER 3: Security control, passport control and customs

CAPÍTULO 3: El control de seguridad, control de pasaportes y la aduana

SECURITY CONTROL

Note: Although all airports have strict security regulations, they are not universal.

Delante del *control de seguridad* hay *una fila* (*cola*).	security control, line
Antes de entrar en la fila hay que mostrar su pasaporte al agente si está tomando un vuelo internacional.	
Si uno toma un vuelo nacional, hay que mostrar una forma de *identificación (identidad) gubernamental*.	government identification
Hay que poner todo el equipaje de mano en *una correa*.	conveyor belt
En unos casos el pasajero tiene que quitarse los zapatos.	take off his/her shoes
Tiene que poner todos los *objetos metálicos* que lleva en *un contenedor*.	metal objects, container
Tiene que pasar por una *máquina de rayos equis*.	x-ray machine
Tiene que poner los líquidos, geles y otros productos de consistencia similar en una *bolsa sellada*.	sealed bag
Tiene que *quitar* la bolsa de su equipaje de mano.	take out
Cualquier otro producto similar tiene que ser facturado.	

1. Answer.
1. ¿Qué hay siempre delante del control de seguridad?
2. Antes de entrar en el área del control de seguridad, ¿qué hay que (es necesario) mostrar al agente?
3. ¿Sobre qué tiene que poner el pasajero todo su equipaje de mano?
4. ¿En qué tiene que poner todos los objetos metálicos que tiene?
5. ¿En qué tiene que poner los líquidos y geles?
6. ¿Por qué tipo de máquina tiene que pasar todo?

PASSPORT CONTROL AND IMMIGRATION

Aquí tiene Ud. mi *pasaporte*.	passport
mi *visado* (*visa*).	visa
mi *tarjeta de turista*.	tourist card
¿Cuánto tiempo va a estar aquí?	How long
Voy a estar *sólo unos días*.	only a few days
una semana.	a week
un mes.	a month
¿Viaja Ud. *en plan de negocios*?	on business
¿Viaja Ud. *en plan de turismo*?	for pleasure
Estoy sólo *de paso*.	passing through
¿Dónde *estará* Ud. *hospedado*(*a*)?	will you be staying

2. Complete.

En el _____ de pasaportes
₁

— Su _____ por favor.
₂
— Aquí lo _____ Ud.
₃
— ¿ Cuánto tiempo va Ud. a _____ aquí?
₄
— Voy a estar _____.
₅
— ¿ Dónde estará _____ Ud.?
₆
— Estaré en el hotel Emperador.
— ¿ Viaja Ud. en plan de _____ o de _____?
₇ ₈
— De _____. Estoy de vacaciones.
₉

AT CUSTOMS

No tengo *nada que declarar*.	nothing to declare
Tengo *algo que declarar*.	something to declare
Si Ud. no tiene nada que declarar, siga *la flecha verde*.	green arrow
Si Ud. tiene algo que declarar, siga *la flecha roja*.	red arrow
El (La) *aduanero(a) (agente de la aduana)* pregunta:	customs agent
¿Lleva Ud. *cigarrillos (tabaco)*?	cigarettes, tobacco
whisky?	whiskey, spirits
frutas o vegetales?	fruits or vegetables
Llevo solamente *efectos personales*.	personal belongings
¿Puedo ver su *declaración de aduana*?	customs declaration
Quiero declarar una botella de whisky.	
Favor de *abrir esta bolsa*.	open this bag
maleta.	suitcase
Si Ud. lleva más de un litro de whisky, tendrá que pagar *impuestos*.	duty
A veces un pasajero tiene que pasar por *el control de agricultura*.	agriculture control
No se puede entrar en el país con productos agrícolas y otros *comestibles*.	foods

3. Complete.
1. En este aeropuerto no inspeccionan todo el equipaje. Los pasajeros que no tienen nada que _____ pueden seguir la _____ verde. Los que tienen _____ que declarar tienen que seguir la _____ _____.
2. En este país les permiten a los turistas entrar con dos botellas de whisky. Si uno lleva tres botellas, tiene que _____ la tercera y pagar _____.
3. El agente de la aduana quiere ver mi _____ de aduana.
4. No tengo nada que declarar porque llevo solamente _____ personales.
5. No se puede entrar en el país de otro país extranjero con productos _____ o comestibles.
6. A veces es necesario pasar por el control de _____.

Key Words

abrir   to open
la aduana   customs
el (la) aduanero(a)   customs agent
la bolsa sellada   sealed bag
el cigarrillo   cigarette
el contenedor   container
el control de pasaportes   passport control
el control de agricultura   agricultural control
los comestibles   foods
la correa   conveyor belt
¿cuánto tiempo?   how long? how much time?
la declaración de aduana   customs declaration
declarar   to declare
de negocios   on business
de paso   passing through
efectos personales   personal effects

la flecha   arrow
la fruta   fruit
los geles   gels
hospedado(a)   lodged, staying
los impuestos   duty
la identificación (identidad) gubernamental   government identification
el pasaporte   passport
los productos agrícolas   agricultural products
el tabaco   tobacco
la tarjeta de turista   tourist card
el turismo   tourism, pleasure
el vegetal   vegetable
la visa   visa
el visado   visa
el whisky   whiskey

CHAPTER 4: At the train station

CAPÍTULO 4: En la estación de ferrocarril

GETTING A TICKET (FIG. 4-1)

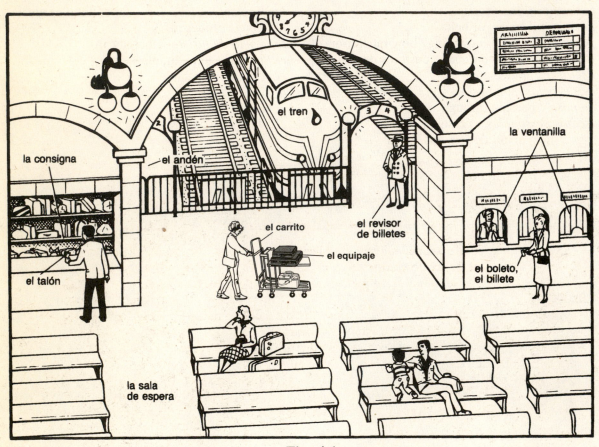

Fig. 4-1

el boleto (el billete)	ticket
En las Américas se dice *el boleto*.	
En España se dice *el billete*.	
de ida y vuelta (regreso*)	round trip
Voy de Madrid a Barcelona. Luego vuelvo a Madrid.	
Necesito un billete *de ida y vuelta*.	
Voy de Panamá a Colón. No regreso a Panamá.	
No necesito un boleto de ida y regreso.	
Necesito solamente un boleto *sencillo*.	one way
En las Américas se dice *comprar un boleto*.	buy a ticket
En España se dice *sacar un billete*.	buy a ticket

Para comprar un boleto es necesario ir a la ventanilla (boletería).   ticket window
Se venden (despachan) los billetes en la ventanilla.

Note: Because of the computer and screens at stations it is very difficult to find *un horario* — a timetable.

1. Complete.

En la estación de Atocha, Madrid

Cliente: Un _____ para Barcelona, por favor.
               ¹

Empleado: ¿Un billete sencillo o _____ _____ _____
                                                                                       ²

_____ _____?

Cliente: No pienso volver a Madrid. Un _____ _____, por favor.
                                                              ³

2. Complete.

En la estación de Buenos Aires

Cliente: Un _____ para Mar del Plata, por favor.
               ¹

Empleado: ¿Un boleto de ida y regreso o un _____ _____?
                                                                         ²

Cliente: Voy a regresar a Buenos Aires en dos días. Un _____ _____

_____ _____ _____, por favor.
           ³

En las estaciones modernas hay *máquinas de venta automáticas.*   automatic vending machines
Usted introduce su tarjeta de crédito en *la ranura.*   slot
Usted pulsa el botón en *la pantalla* para seleccionar su destino.   screen
El *tiquet** sale automáticamente.   ticket
Los trenes *de cercanías* sirven los suburbios de una ciudad grande.   local
Algunos trenes de cercanías hacen muchas *paradas.*   stops
Los trenes *de largo recorrido* sirven las grandes ciudades y recorren   long distance
   grandes distancias.
El AVE (El tren de alta velocidad española) es un tren español muy
   rápido.
En unos trenes de *lujo* hay que pagar *un suplemento.*   luxury, supplement

Note: Many terms that were used for different types of trains such as *el tren expreso, el tren rápido, el tren directo, el tren local, el tren ómnibus* are beginning to disappear. Train service is excellent in Spain and they have a special terminology for the different types of trains. Train service is sporadic throughout Latin America and in some areas it is non-existent.

3. Complete.
1. Si usted no quiere esperar en la fila delante de la boletería usted puede comprar su boleto en la _____ automática.
2. Usted tiene que introducir su tarjeta de crédito en la _____.
3. Después usted tiene que _____ el botón en la pantalla para seleccionar su_____.
4. El _____ sale automáticamente de la máquina.
5. Estamos en Nueva York y queremos ir a los suburbios en Connecticut. Tomamos un tren _____.
6. Estamos en Nueva York y vamos a Miami. Vamos a tomar el tren _____.
7. En algunos trenes de _____ es necesario pagar un _____.
8. Hay un tren que va de Nueva York a Washington y la única _____ que hace es en Baltimore.

WAITING FOR THE TRAIN

En las estaciones más modernas hay *una pantalla* de salidas y una pantalla de llegadas.	screen
En las estaciones más antiguas hay un *tablero indicador*.	board
Hay un tablero para trenes *de largo recorrido*.	long distance
Hay otro para los trenes de cercanías.	
El tren para Málaga debe salir a las 14:20.	
El tren no va a salir *a tiempo*.	on time
Va a salir a las 15:10.	
Sale *con retraso (astrasado)*.	late
Hay una *demora* de 50 minutos.	delay
El tren va a salir con 50 minutos de retraso.	
Tengo que esperar.	
Voy a esperar en *la sala de espera*.	waiting room
Algunos pasajeros quieren ir a Granada.	
Van a *cambiar de tren (transbordar)* en Sevilla.	change trains

4. Answer.
1. Málaga no está en las cercanías de Madrid, ¿verdad?
2. El tren que va a Málaga, ¿es un tren de largo recorrido o un tren de cercanías?
3. ¿A qué hora debe salir el tren para Málaga?
4. ¿Va a salir a tiempo?
5. ¿A qué hora va a salir?
6. ¿Hay una demora?
7. ¿Con cuántos minutos de retraso va a salir el tren?
8. ¿Dónde esperan el tren los pasajeros?
9. ¿Dónde tienen que transbordar los pasajeros que van a Granada?

5. Complete.
El tren no va a salir a tiempo. Hay una _____. El tren va a salir a las 15:10, no a las 14:20. Va a salir con _____ minutos de _____. Los pasajeros pueden esperar el tren en la _____ _____ _____.

6. Complete.
1. En las estaciones más modernas hay una pantalla de llegadas y _____ y en las estaciones más antiguas hay un _____.
2. No hay un tren directo de Málaga a Granada. Los pasajeros que van a Granada tienen que _____ de tren en Sevilla. El tren entre Sevilla y Granada hace bastantes _____.

7. Give a related word.
   1. llegar
   2. salir
   3. recorrer
   4. esperar
   5. el trasbordo

CHECKING YOUR LUGGAGE

Tengo mucho *equipaje*.	luggage
Tengo muchas *maletas (valijas)*.	suitcases
No puedo *llevar* todas las maletas.	carry
El *mozo (maletero)* puede llevarlas.	porter
Hoy en día no hay muchos mozos.	
Es necesario buscar *un carrito*.	cart
En algunas estaciones hay *un cargo*.	charge
Voy *a facturar* las maletas.	check
Voy a *depositarlas* en la consigna.	leave, check
El mozo las puede llevar a *la consigna (sala de equipaje)*.	checkroom
En la consigna el señor me da *un talón*.	check stub
Para *reclamar (recoger)* el equipaje, tengo que *entregar* el talón.	claim (pick up); hand in

ABOUT THE LANGUAGE

Facturar means to "check through" from a place of departure to a destination. *Depositar* means to check in the sense "to leave it for a while." In some areas where the influence of English is quite strong, you may also hear *chequear*.

8. Complete.

   El señor llega a la estación de ferrocarril. Tiene mucho _____ y no lo puede
   _____. Busca a un _____ pero no ve a ninguno. El señor tiene que esperar una
         2   3
   hora más y como no puede encontrar un maletero, pone su equipaje en un _____. Él va a
                                                                                      4
   _____ su equipaje en la consigna.
         5

BOARDING THE TRAIN

El tren para Málaga va a salir en cinco minutos.	
Sale del *andén* ocho, *vía* A.	platform, track
En el tren tengo *un asiento** reservado.	seat
Mi asiento está en *el coche** 114D.	car
Llega el tren.	
Algunos pasajeros *(se) suben** al tren y otros *(se) bajan* del tren.	get on, get off

Regional Variations

*seat   The word *asiento* is universal but *plaza* is often used in Spain.
*car   The word for car is *coche* or *vagón* in Spain. In Latin America it is most often *carro*.

ABOUT THE LANGUAGE

Both *se bajan* or *bajan* and *se suben* or *suben* are correct. It is probably safe to say that you will hear the reflexive *se* more frequently with *bajar* than *subir*. For more information about these nuances, please refer to *Schaum's Outline of Spanish Grammar*.

9. Complete.

1. El tren para Málaga va a salir del _____ número ocho, _____ A.
2. Tengo que mirar mi billete. Tengo un _____ reservado pero no sé el número.
3. El tren va a salir. Tenemos que ir al _____.
4. En cada estación muchos pasajeros _____ del tren y otros _____ al tren.

ON THE TRAIN

Aquí viene *el revisor**.	conductor
Quiere *revisar los* boletos (billetes).	check
Los pasajeros comen en *el coche comedor (el buffet)*.	dining car
Los pasajeros duermen en *el coche cama*.	sleeping car

Regional Variations

*conductor   The word for conductor will vary. The most common term is *el revisor*. *El cobrador* is also used but more commonly on a bus since he/she collects (*cobra*) the fare (*la tarifa*). *El conductor* means driver, not conductor.

Note: Instead of a *coche comedor* many long distance trains today have *una bufetería*, or *coche-buffet (bufete)*.

10. Complete.

1. La persona que recoge o revisa los boletos en un tren es el _____.
2. Como es un viaje muy largo, los pasajeros duermen en el _____ _____.
3. Si los pasajeros tienen hambre durante el viaje, pueden comer algo en el _____

_____ o _____.

La señora Molina hace un viaje en tren. Baja del taxi en la parada de taxis enfrente de la estación de ferrocarril. La señora tiene cuatro maletas. Quiere ayuda con el equipaje y llama a un mozo. En la estación de ferrocarril se entera de que el tren no va a salir a tiempo. Hay una demora. El tren va a salir con un retraso de una hora y media. Por eso la señora decide depositar su equipaje en la consigna. Después de depositar el equipaje, ella va a la ventanilla donde compra su boleto (saca su billete). Ella compra un boleto de ida y regreso (saca un billete de ida y vuelta) en primera clase en el tren expreso (rápido) a Barcelona. Luego ella se sienta en la sala de espera. Después de una hora ella va a la consigna para reclamar (recoger) su equipaje. Ella llama otra vez a un mozo. El mozo lleva el equipaje al andén número 10. El tren ya está en el andén. La señora y el mozo buscan el coche número 114D. Lo encuentran y la señora le da al mozo una propina y sube al tren. En el coche 114D, que es un coche de primera clase, la señora busca el asiento B en la fila 6. Su asiento reservado es el asiento B en la fila 6. del coche 114D.

Como el viaje a Barcelona no es muy largo, la señora no reservó una cama en el coche cama. Si tiene sueño, puede tomar (echar) una siesta en su asiento. Cuando el tren sale, viene el recogedor (revisor) de billetes. Él revisa el billete de la señora y le dice que todo está en orden. Ella le pregunta dónde está el coche comedor. Él le explica que el coche comedor es el segundo coche para adelante.

11. Based on the story, write *true or false*.
   1. La señora hace un viaje en tren.
   2. Ella va a la estación de ferrocarril en autobús.
   3. Ella no necesita ayuda con el equipaje porque lleva solamente una maleta.
   4. El tren va a salir a tiempo.
   5. Ella compra un boleto sencillo.
   6. Ella tiene una cama reservada en el coche cama.
   7. La señora deposita su equipaje en la consigna.
   8. La señora le da el talón al recogedor de billetes.

12. Answer.
   1. ¿Cómo va la señora a la estación de ferrocarril?
   2. ¿Cuántas maletas lleva ella?
   3. ¿A quién llama la señora?
   4. ¿Va a salir a tiempo el tren?
   5. ¿Con cuánto tiempo de retraso va a salir el tren?
   6. ¿Dónde factura (deposita) la señora su equipaje?
   7. ¿Dónde compra ella su boleto?
   8. ¿Qué tipo de boleto compra?
   9. ¿En qué tipo de tren va a viajar la señora?
   10. ¿Qué le da la señora al empleado para reclamar su equipaje?
   11. ¿Adónde lleva el mozo el equipaje?
   12. ¿Qué coche buscan ellos?
   13. ¿Qué asiento tiene la señora?
   14. ¿Por qué no tiene una cama la señora?
   15. ¿Qué le pregunta la señora al revisor de billetes?

13. Match.

A	**B**
1. el equipaje	(*a*) lugar donde un pasajero puede depositar el equipaje
2. el andén	(*b*) el conjunto de maletas y otros artículos que lleva un pasajero
3. la ventanilla	(*c*) no a tiempo
4. el mozo	(*d*) lugar de donde salen los trenes en la estación de ferrocarril
5. la consigna	(*e*) lugar adonde va la gente a comprar sus boletos
6. con retraso	(*f*) persona que ayuda a llevar el equipaje

14. Match with a word that means the same thing.

1. un billete	(*a*) la boletería
2. volver	(*b*) de regreso
3. de vuelta	(*c*) regresar
4. la ventanilla	(*d*) la plaza
5. el asiento	(*e*) el boleto
6. el coche	(*f*) el carro, el vagón

15. Match with a related word.

1. vender	(*a*) el lujo
2. cerca	(*b*) la venta
3. recorrer	(*c*) el trasbordo
4. lujoso	(*d*) el recorrido
5. parar	(*e*) la facturación
6. transbordar	(*f*) las cercanías
7. facturar	(*g*) la parada

Key Words

a tiempo on time	*el horario* schedule, timetable
abordar, subir a to board	*la llegada* arrival
el andén platform	*llevar* to carry
el asiento seat	*el pasillo central* center aisle
bajar(se) del tren to get off the train	*la maleta* suitcase
el billete ticket	*el mozo (maletero)* porter
el boleto ticket	*la pantalla* screen
la boletería ticket window	*el pasillo* aisle, corridor
la bufetería buffet car	*reclamar* to reclaim
el buffet snack car	*recoger* to pick up, collect
las cercanías nearby areas	*reservado* reserved
el carro, el carrito cart	*el revisor* conductor
el coche, el vagón car of a train	*sacar un billete* to buy a ticket (Spain)
el coche cama sleeping car	*la sala de equipaje* baggage room
el coche comedor dining car	*la sala de espera* waiting room
con retraso late	*la salida* departure
la consigna baggage checkroom	*salir* to leave
de ida y vuelta (regreso) round trip	*sencillo, de ida solamente* one way
de largo recorrido long distance	*subir* to get on board
depositar to check (leave luggage)	*el tablero indicador* board
la demora delay	*el talón* ticket stub, check
el destino destination	*transbordar* to change trains
la distribuidora automática ticket machine	*el tren* train
entregar to give, hand over	*la valija* suitcase, valise
el equipaje luggage	*la ventanilla* ticket window
la estación de ferrocarril train station	*la vía* track
facturar to check (luggage)	

CHAPTER 5: The automobile
CAPÍTULO 5: El automóvil

RENTING A CAR

Quisiera *alquilar* un carro* (*coche**).	rent a car
Quisiera alquilar un carro *por día*.	by the day
¿Cuánto *cobran Uds*?	do you charge
¿Cuánto cobran Uds. *por semana*?	by the week
¿Está incluido el *kilometraje*?	mileage (in kilometers)
¿Cuánto es por kilómetro?	
¿Está incluida la gasolina?	
¿Tiene Ud. un carro con *transmisión automática*?	automatic transmission
¿Tengo que pagar un *depósito*?	deposit
Quiero *seguro completo* (*contra todo riesgo*).	full coverage insurance
Aquí tiene Ud. mi *permiso de conducir* (*licencia**).	driver's license
Quiero pagar con una *tarjeta de crédito*.	credit card
Favor de *firmar el contrato* aquí.	sign the contract

Regional Variations

*car   *El coche* is used in Spain, *el carro* throughout Latin America.

*to rent   In addition to *alquilar* you will also hear *rentar* and *arrendar*. The noun forms are *el alquiler, la renta, el arrendamiento*.

*licence   In addition to *permiso de conducir* you will hear *la licencia*. Less commonly used are *el título, el carnet* and *la libreta*.

1. Complete.

1. No quiero hacer el viaje en tren. Prefiero _____ un carro.
2. Ud. puede alquilar el carro por _____ o _____ _____.
3. _____ cien pesos _____ día o seiscientos pesos _____ semana.
4. A veces el _____ no está incluido.
5. Luego hay que pagar por _____ también.
6. En algunos países es necesario tener _____ _____ _____ _____
   internacional para alquilar un carro.
7. Como es posible tener un accidente, es una buena idea tener _____ _____
   al alquilar un carro.

2. Complete.

— Quisiera _____ un carro, por favor.

— ¿Quiere Ud. un _____ grande o pequeño?
                        1

— _____ por favor.
        2

— ¿Por cuánto tiempo lo quiere Ud.?
         3

— ¿Cuánto cobran Uds. _____ _____ y _____?
                              4   5

— Por día, cien pesos. Por _____, seiscientos pesos. Y el _____ no está
                                6   7
incluido en el precio.

— Luego, ¿cuánto más _____ Uds. por kilómetro?

8

— Cinco pesos y la gasolina está _____.

9

— Muy bien. Quiero el carro por una semana.

— Y yo le recomiendo tomar el _____ si por acaso tiene un accidente.

10
— Sí, ¡como no!

— Me permite ver su _____ _____ _____, por favor.

11

— Aquí lo tiene Ud. Y perdón, ¿tengo que pagar un _____?

12

— Si Ud. va a pagar con una tarjeta de _____, no. Pero si Ud. no va a pagar con una tar-

13
jeta de crédito, luego sí, hay que pagar un depósito.

— Pues, yo voy a pagar con una _____ _____ _____.

14

— Muy bien. Aquí tiene Ud. su permiso de conducir. Favor de _____ el contrato aquí.

15

CHECKING OUT THE CAR (FIGS. 5-1 AND 5-2)

Yo sé *frenar*.	to brake
embragar.	to clutch
parar el carro.	to stop
*poner el carro en marcha**.	to start the car
*arrancar el carro**.	to start the car
¿Cómo puedo *hacer funcionar los intermitentes*?	make the turn signals work
¿Cómo puedo hacer funcionar *las luces de cruce (bajas)*?	low beams
las luces (los faros)?	headlights
las luces de carretera (altas, intensas)?	high beams
¿Cómo puedo hacer funcionar los *limpiaparabrisas*?	windshield wipers
Favor de mostrarme cómo *cambiar de velocidad*.	to shift gears
¿Cómo puedo ponerlo *en primera velocidad*?	in first gear
en punto muerto (neutro)?	neutral
*en marcha atrás**?	reverse
¿Hay un mapa en la *guantera**?	glove compartment
¿Hay un *gato**?	jack
¿Está en el *baúl**?	trunk
¿Hay también un *neumático** de repuesto**?	spare tire
Favor de notar que *falta un tapón* (*un tapacubo*).	a hubcap is missing
Hay unos *rayones* en la aleta.	scratches
Y aquí hay una *abolladura*.	dent

Regional Variations

*to start	In addition to *arrancar el carro* you will also hear *prender* and sometimes *encender*.
*reverse	In addition to *en marcha atrás* you will also hear *en reversa(o)* and *en retro*.
*glove compartment	In addition to *la guantera* you will also hear *la secreta*.
*jack	*Un gato* can also be *una gata*.
*trunk	There are several very common terms for the trunk of the car: *el baúl, la maletera, la cajuela*.
*tire	The word for tire varies greatly. You will hear each of the following en various areas; *el neumático, llanta, goma, caucho*.
*spare	In addition to *de repuesto* you will hear *de refacción* and *de recambio*.

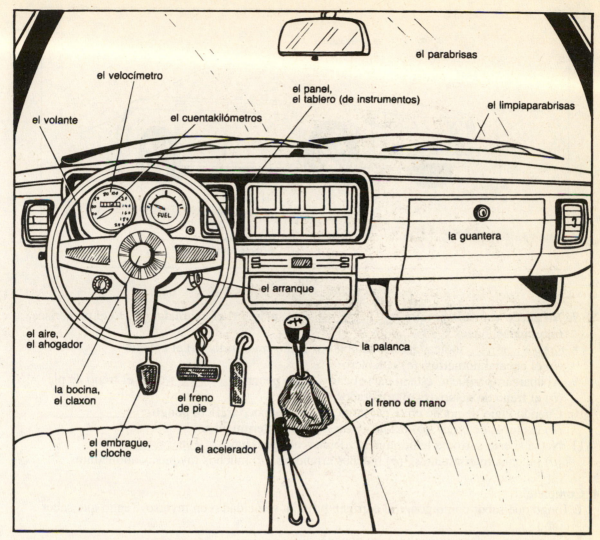

el parabrisas

el velocímetro

el panel,
el tablero (de instrumentos)

el limpiaparabrisas

el volante

el cuentakilómetros

la guantera

el arranque

el aire,
el ahogador

la palanca

la bocina,
el claxon

el freno
de pie

el freno de mano

el embrague,
el cloche

el acelerador

Fig. 5-1

ABOUT THE LANGUAGE

You will hear both *los* and *las intermitentes* depending upon whether the speaker uses *los faros* or *las luces* for lights.

3. Choose the appropriate word(s).
 1. Tengo que poner el pie en _____ antes de cambiar de velocidad. (*a*) el freno (*b*) el embrague (*c*) el acelerador
 2. Para parar el carro es necesario _____. (*a*) frenar (*b*) arrancar (*c*) embragar
 3. Antes de dar una vuelta, tengo que poner _____. (*a*) el tablero (*b*) los intermitentes (*c*) la bocina
 4. De noche, tengo que poner _____. (*a*) las luces (*b*) los intermitentes (*c*) los limpiaparabrisas
 5. Hay alguien en la carretera. Tengo que tocar (sonar) _____. (*a*) la guantera (*b*) el velocímetro (*c*) la bocina
 6. Antes de poner el carro en marcha, tengo que poner la llave en _____. (*a*) el arranque (*b*) el ahogador (*c*) el volante

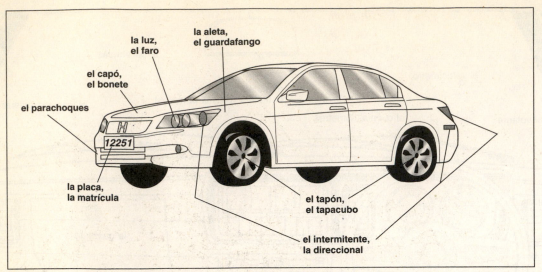

Fig. 5-2

7. No puedo ver nada porque _____ está sucio. (*a*) el guardafango (*b*) el parabrisas (*c*) el parachoques

8. _____ indica cuantos kilómetros hemos recorrido. (*a*) el volante (*b*) el cuentakilómetros (*c*) el tablero

9. Al aparcar (parquear, estacionar) el carro, debo poner _____. (*a*) el freno de pie (*b*) el freno de mano (*c*) el acelerador

10. Cuando viajo de noche en la carretera y hay muy poco tráfico, pongo _____. (*a*) las luces de cruce (*b*) las luces altas (*c*) los intermitentes

11. No sé si este carro ha tenido un accidente o no, pero hay _____. (*a*) muchos intermitentes, (*b*) muchos arranques (*c*) muchos rayones y abolladuras.

4. Complete.
1. Tengo que saber cómo poner el carro en primera velocidad o en reverso. Tengo que saber cómo _____ _____ _____.
2. Cuando voy a dar una vuelta debo poner los _____.
3. No conozco esta ciudad. Espero que haya un mapa (un plano) en la _____.
4. La llanta de repuesto está en _____.
5. Cuando _____ no funciona apropiadamente, el carro hace mucho ruido.

5. Put the following actions in starting a car in proper order. Omit any item that does not belong.
frenar
arrancar el motor poniendo el pie en el acelerador
embragar
tocar (sonar) la bocina
poner la llave en el arranque
poner los intermitentes
poner el carro en primera velocidad

AT THE GAS STATION

El carro necesita *gasolina*.	gas
El *tanque* (*depósito*) está casi *vacío*.	tank; empty
Déme *cincuenta pesos* de gasolina.	fifty pesos worth
veinte litros de gasolina.	twenty liters

Déme veinte litros de gasolina* *sin plomo.*	unleaded
con plomo.	leaded
Llene el tanque (*depósito*), por favor.	fill the tank
Llénelo, por favor.	fill it up
Favor de *revisar* (*chequear, vertificar*) *el agua en el radiador.*	check the water in the radiator
el agua en la batería.	water in the battery
el líquido de frenos.	brake fluid
el aceite.	oil
las bujías.	spark plugs
Favor de mirar los *neumáticos* (*las llantas, las gomas*).	tires
¿Puede Ud. *cambiar esta rueda,* por favor?	change this tire
Favor de *limpiar el parabrisas.*	clean the windshield
Puede darle *un engrase* (*una lubricación*)?	grease job
una afinación?	tune-up

Regional Variations

*gas/service station You will hear both *la gasolinera* and *la estación de servicio.*
*gas *Gasolina* is universally understood but you will also hear *la nafta* and *la benzina.*

6. Complete.
1. El carro necesita gasolina. El _____ está casi vacío. Tengo que ir a la _____.
2. No voy a _____ el tanque. Quiero solamente veinte _____ de gasolina.
3. Favor de revisar el agua en el _____ y en la _____.
4. También tiene que chequear el aire en _____.
5. Tengo que limpiar el _____. Está muy sucio y no puedo ver nada.
6. Después de unos doscientos kilómetros, es una buena idea revisar el _____ y también el líquido de _____.
7. Si Ud. quiere mantener su carro en buenas condiciones, debe darle de vez en cuando un _____ y una _____.

SOME MINOR CAR PROBLEMS

He tenido una *avería*.*	breakdown
El carro (*coche*) *se caló* (*paró de repente, murió*).	stalled
El carro *no arranca* (*no prende*).	won't start
El motor se *calienta demasiado.*	is overheating
Está *golpeando.*	knocking
fallando.	missing
vibrando.	vibrating
Está *goteando aceite.*	leaking, dripping
Hace mucho ruido cuando *pongo los frenos.*	put on the brakes
Tengo un *pinchazo* (*una llanta baja*)*.	flat tire
¿Puede Ud. mandar una *grúa*?	tow truck
Necesito una grúa para *remolcar* el carro.	to tow
¿Puede Ud. *hacer las reparaciones*?	make the repairs
¿Puede Ud. *repararlo* enseguida?	repair
¿Puede Ud. conseguir los *repuestos** enseguida?	spare parts

Regional Variations

*breakdown *Una avería* is the most common term but you will also hear *una descompostura, una pana* or *un pane.*
*flat tire Just as the word for tire varies, so does the expression "flat tire." You will hear *una llanta baja, un neumático desinflado, una llanta reventada* (for a blowout), *una goma ponchada, un ponchazo* and *una ponchadura* as well as *un pinchazo.*
*spare parts In addition to *repuestos* you will also hear *refacciones* and *piezas de recambio.*

7. Say in another way.
1. El carro no *se pone en marcha*.
2. Tuve *un pinchazo*.
3. El carro *se paró de repente*.
4. Tuvimos *una descompostura*.
5. *Está muy ruidoso* cuando pongo los frenos.
6. El motor *se pone muy caliente*.

8. Complete.

El otro día estuvimos en la carretera y tuvimos una _____. El carro se
_____ y no lo pude _____ de nuevo. Tuve que mandar por una
_____ para _____ el carro a la gasolinera.

9. Complete.
1. Cuando un coche está _____ o _____, hace ruido.
2. Mucha agua está _____ del radiador y creo que el motor va a calentar _____.
3. Como no puedo arrancar el carro, tendré que mandar por una_____.
4. Si necesito algunos _____, espero que los puedan conseguir enseguida en el garaje.
5. El mecánico me dice que puede _____ el carro enseguida.

Key Words

la abolladura   dent
el aceite   oil
el acelerador   accelerator, gas pedal
la afinación   tune-up
el aire   air, choke
la aleta   fender
afinar   to tune up
alquilar   to rent
arrancar   to start
el ahogador   choke
el arranque   starter
el automóvil   car
arrendar   to rent
la avería   breakdown
la batería   battery
el baúl   trunk
a benzina   gas
la bocina   horn
el bonete   hood of a car
la bujía   spark plug
la cajuela   trunk of a car
la cajuelita   glove compartment
calarse   to stall
calentar(se)   to heat
calentarse demasiado   to overheat
cambiar   to change
cambiar de velocidad   to change gears, to shift

el capó   hood of a car
el carnet   driver's license
el carro   car
el claxon   horn
el cloche   clutch
cobrar   to charge
el coche   car
comprobar(ue)   to check
con plomo   leaded
el contrato   contract
el cuentakilómetros   odometer (reading in kilometers)
chequear   to check
el depósito   deposit, gas tank
la descompostura   breakdown
embragar   to clutch
el embrague   clutch
el engrase   grease job
en retro   in reverse
en reversa(o)   in reverse
el faro   headlight
el freno   brake
la estación de servicio   gas station, service station
fallando   missing, misfiring
firmar   to sign
frenar   to brake

el freno de mano   hand brake
el freno de pie   foot brake
la gasolina   gas
la gasolinera   gas station
golpeando   knocking
la goma   tire
goteando   leaking, dripping
la guantera   glove compartment
el guardafango   fender
la grúa   tow truck
el intermitente   turn signal
el kilometraje   mileage (in kilometers)
la licencia   driver's license
el limpiaparabrisas   windshield wiper
el líquido de frenos   brake fluid
la lubricación   grease job, lube
las luces altas   high beams
las luces bajas   low beams
las luces de carretera   high beams
las luces de cruce   low beams
las luces intensas   high beams
la luz   headlight
la llanta baja   flat tire
la llanta   tire
llenar   to fill, fill up
en marcha atrás   in reverse
la maleta   trunk
la maletera   trunk
marcha atrás   reverse
la matrícula   license plate
morir (ue, u)   to stall, to die
el neumático   tire
neutro   neutral
la palanca   gearshift
las piezas de recambio   spare parts,
                           replacements
el parabrisas   windshield
el parachoques   bumper
parar   to stop
el permiso de conducir   driver's license
el pinchazo   flat tire

la placa   license plate
poner en marcha   to start
por día   by the day
por semana   by the week
prender   to start
la primera velocidad   first gear
el punto muerto   neutral
de repuesto   spare
el remolque   tow truck
el radiador   radiator
el rayón   scratch
las refacciones   spare parts
remolcar   to tow
las reparaciones   repairs
reparar   to repair
los repuestos   spare parts
revisar   to check
la rueda   tire, wheel
la secreta   glove compartment
el seguro completo   full coverage insurance
el seguro contra todo riesgo   full coverage
                                 insurance
el silenciador   muffler
sin plomo   unleaded (gasoline)
sonar(ue) la bocina   to sound, to blow the
                        horn
el título   license
el tablero (de instrumentos)   dashboard
el tanque   gas tank
el tapacubo   hubcap
el tapón   hubcap
la tarjeta de crédito   credit card
la transmisión automática   automatic
                              transmission
una pana   breakdown
vacío   empty
la velocidad   speed, gear
el velocímetro   speedometer
vibrando   vibrating
el volante   steering wheel

CHAPTER 6: Asking for directions
CAPÍTULO 6: Pidiendo direcciones

ASKING DIRECTIONS WHILE ON FOOT (FIG. 6-1)

No tengo *un plano de la ciudad.*	city map
Perdón, señora. Estoy *perdido(a).* ¿Dónde está *la calle* Diez de Mayo?	lost; street
¿La calle Diez de Mayo y (con) qué otra calle?	
La calle Diez de Mayo y (con) *la avenida* del General Garza.	avenue
¿Está *lejos* o *cerca*?	far; near
¿Puedo *ir (andar) a pie (caminar*)?*	walk
Ud. tiene que *dar la vuelta*.*	turn around
En el primer *cruce**	intersection
doble Ud. a la derecha.	turn; to the right
a la izquierda.	to the left
Siga Ud. *derecho (recto) (derecho derecho).*	straight (straight ahead)
Está a tres *cuadras (manzanas)** de aquí.	blocks
Tres cuadras *más allá.*	farther on

Regional Variations

*walk	The verb "to walk" in Spain is either *andar*, *andar a pie* or *ir a pie*. The verb *caminar* is more frequently used in Latin America. "To take a walk" is *pasear* or *dar un paseo*.
*turn around	*Dar la vuelta* usually means to turn completely around whereas *doblar* means simply "to turn."
*block	The word *cuadra* is the most common but you will also hear *manzana* in Spain and Mexico.
*intersection	You will hear both *el cruce* and *la bocacalle*. Note that *el cruce* can also mean a crosswalk.

1. Complete.

— Perdón, señora. No sé dónde estoy. Estoy _____.

— Yo le puedo ayudar. ¿Qué _____ está buscando Ud.?

1

— La calle Diez de Mayo.

— ¡Ay! La calle Diez de Mayo es muy larga. Recorre casi toda la ciudad. ¿Sabe Ud. el número que quiere?

— No, no lo sé. Quiero ir a la calle Diez de Mayo _____ la avenida del General Garza.

3

— Sí, yo sé donde está.

— ¿Está muy _____?

4

— No, no está muy _____. Está bastante _____. Ud. puede _____. Pero

5
6
7
está en la dirección opuesta. Ud. tiene que dar _____. Luego siga Ud.

8
_____. A tres cuadras de aquí, _____ Ud. a la derecha. Siga Ud. una

9
10
_____más. La primera calle es la Diez de Mayo. Luego doble Ud., no a la derecha sino

11
a la _____. Siga Ud. dos cuadras más y estará en la Diez de Mayo _____ la

12
13
avenida del General Garza.

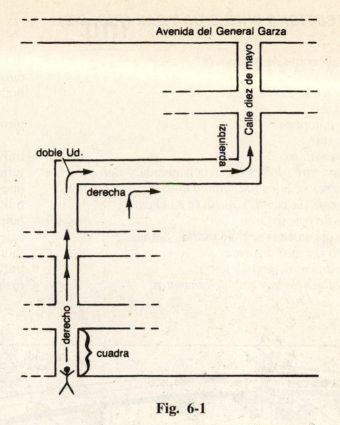

Fig. 6-1

— Muchas gracias, señora. ¿Me permite repetir? Yo sigo _____. A tres _____
yo doblo a _____. Sigo una _____ más. Luego yo doblo
_____ _____ _____. A dos cuadras _____ está la
avenida del General Garza.

— Exacto, señor.
— ¿Dónde está la calle Velázquez?
— Está muy lejos. Ud. tiene que tomar *el autobús*. *La*   bus
parada del autobús está en la próxima *esquina*. Ud. tiene   bus stop; corner
que tomar el numéro diez. *Baje Ud*. en la sexta parada   get off
y estará en la calle Velázquez.

2. Complete.
— Perdón, señor. ¿Sabe Ud. dónde está la calle Velázquez?
— Ay, sí, señor. Pero está bastante _____. Ud. no puede _____. Ud. tendrá que tomar el
_____.
— ¿Dónde puedo tomar el autobús?
— La _____ _____ _____ está en la próxima _____. Hay
dos autobuses que salen de la misma _____. Ud. tiene que _____ el
numéro diez. _____ Ud. en la sexta parada y estará en la calle Velázquez.
— Muy agradecido, señor.
— A sus órdenes.

ASKING FOR DIRECTIONS WHILE IN A CAR (FIG. 6-2)

¿Cómo *se va* de aquí al pueblo de Aravaca?	does one go (get to)
Aravaca está en *las afueras*.	outskirts
Tiene que tomar la *carretera de* Valencia.	highway to
Es la nacional número dos.	
O Ud. puede tomar *la autopista**.	turnpike
¿Cómo voy a la autopista?	
Vaya Ud. al segundo *semáforo*.	traffic light
En el segundo semáforo, *vire* (*doble*) *Ud.* a la izquierda y *siga derecho*.	turn; continue straight
No es una calle *de dirección única* (*de sentido único**).	one-way
Después de pagar *el peaje* (*la cuota**), *quédese* en *el carril* (*la banda, la pista**) *derecho*(*a*).	toll; stay lane
Ud. va a salir de la autopista en la segunda *salida* después de pasar por la *caseta* (*garita*) *de peaje*.	exit tollbooth
Hay mucho(a) *tráfico* (*tránsito, circulación**).	traffic
En *la hora de mayor afluencia* hay *embotellamientos**.	rush hour; traffic jams

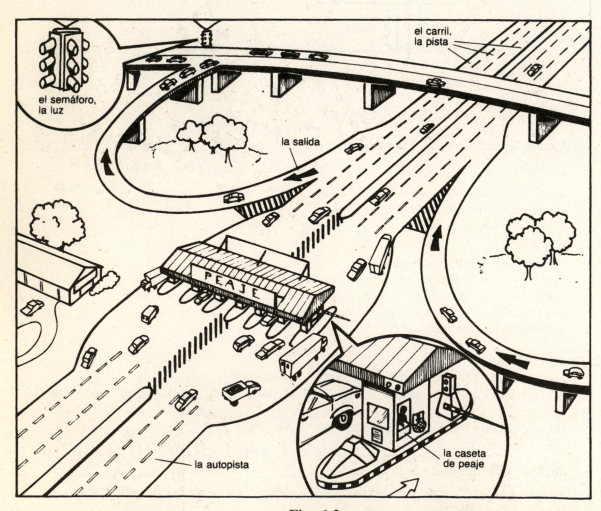

Fig. 6-2

CHAPTER 6 *Asking for directions*

*highway	A road such as a state highway is *la carretera*. *La autopista* is a superhighway—most often a toll road. You will also hear *la autovía*.
*one way	*De dirección única* and *de sentido único* are equally common in usage. There are a few less commonly used expressions such as *una mano* and *una vía*.
*toll	The most common word is *peaje*, but *la cuota* is also used a great deal.
*lane	The most common word for lane is *el carril* but you will also hear *la vía*, *la pista* and *la banda*. *Canal* is used in Venezuela.
*tollbooth	This can be referred to as *la caseta de peaje*, *la cabina* or *la garita de peaje*.
*traffic	Each of the three terms given is equally common.
*traffic jam	In addition to *embotellamiento* you will frequently hear *el tapón*.

3. Complete.
 1. Aravaca está en las _____ de la ciudad.
 2. Para ir a Aravaca, Ud. puede tomar la _____ _____ _____.
 3. Hay un montón de carros, camiones y autobuses. Hay mucho _____ en la carretera.
 4. Todos salen de su trabajo a la misma hora. Es la _____ _____ _____ _____.
 5. Yo creo que será más rápido tomar la _____ que la carretera nacional.
 6. En la autopista, es necesario pagar un _____.
 7. Se paga el _____ en la _____ _____ _____.
 8. En la autopista hay tres _____ en cada dirección.
 9. Tengo que quedarme en _____ _____ _____ porque vamos a salir de la autopista en la próxima _____.
 10. No podemos entrar en la calle. Es una calle de _____ _____.
 11. ¿No ves el _____? Hay una luz roja y tenemos que parar.
 12. En las horas de mayor afluencia hay muchos _____ en las carreteras.

4. Identify each item in Fig. 6-3.

5. Give other words for:
 1. la autopista
 2. el peaje
 3. el tráfico
 4. de sentido único
 5. la caseta de peaje
 6. la pista
 7. andar
 8. la cuadra

6. Match.

A	B
1. lo que uno tiene que pagar para usar la autopista	(*a*) el semáforo
2. una luz que indica si los carros tienen que parar o pueden seguir	(*b*) la caseta de peaje
3. una calle donde los carros no pueden ir en ambas direcciones	(*c*) en las afueras
4. donde se encuentran dos calles	(*d*) el peaje
5. donde hay que pagar en una autopista	(*e*) la hora de mayor afluencia
6. el período de tiempo cuando hay mucho tráfico	(*f*) una calle de sentido único
7. no en la ciudad, pero tampoco muy lejos	(*g*) la esquina
8. no vire ni a la derecha ni a la izquierda	(*h*) siga derecho

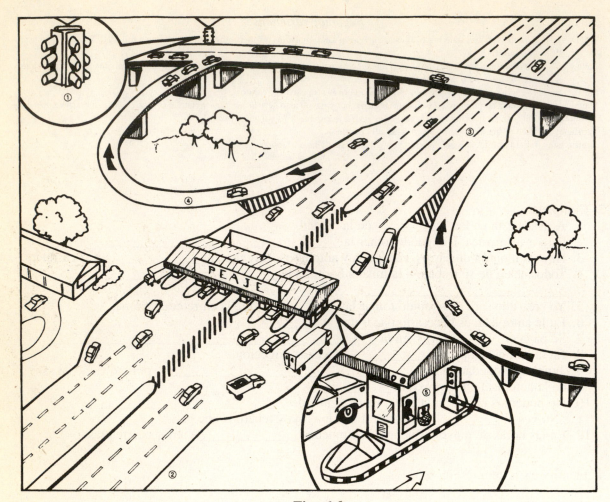

Fig. 6-3

7. Complete.
    1. Quiero ir a la calle de la Independencia _____ la calle Mayor.
    2. La avenida del General Garza está _____ tres cuadras de aquí.
    3. El pueblo de Aravaca está _____ tres kilómetros de aquí.
    4. Ud. tiene que tomar la carretera _____ Valencia.
    5. El pueblo de Aravaca está en la carretera _____ Valencia.

Key Words

las afueras outskirts	*el bloque* block (of a street)
andar a pie to walk (Spain)	*la bocacalle* intersection
el autobús bus	*la cabina de peaje* tollbooth
la autopista turnpike	*caminar* to walk (Latin America)
la avenida avenue	*el camión* bus
bajar(se) to get off	*la carretera* highway
la banda lane	*el carril* lane

la caseta de peaje   tollbooth
la circulación   traffic
el cruce   intersection
la cuadra   block
la cuota   toll
derecho   straight
la calle   street
cerca   near
la derecha   right
de dirección única   one-way
doblar   to turn
el embotellamiento   traffic jam
la esquina   street corner
la garita de peaje   tollbooth
la guagua   bus
la hora de mayor afluencia   rush hour
ir a pie   to walk, to go on foot
la izquierda   left
lejos   far
la manzana   block

más allá   farther on
la parada   stop
el peaje   toll
perdido(a)   lost
la luz roja   red light
la pista   lane
el plano   (city) map
recorrer   to run through, cover distance
recto   straight (ahead)
la salida   exit
seguir (siga)   follow, continue
de sentido único   one-way
el semáforo   traffic light
sentido único   one way
el tapón   traffic jam
el tráfico   traffic
el tránsito   traffic
dar la vuelta   turn around
de vía única   one way

CHAPTER 7: Making a phone or cell phone call

CAPÍTULO 7: Haciendo una llamada telefónica o celular

Note: As in the United States the use of the cell phone is increasing dramatically in Spain and Latin America. Unlike the United States, however, public phones are still used.

USING A PUBLIC TELEPHONE

¿Dónde hay un *teléfono público*?	public phone
Para hacer *una llamada** tiene que tener *una tarjeta telefónica**.	call, phone card
Si no tiene el número, tiene que llamar a Información.	
También puede consultar *la guía telefónica*.	phone book
Está sonando.	It's ringing.

Para usar un teléfono público tiene que:

*Descolgar el auricular**	pick up the receiver
Depositar (introducir, meter) la tarjeta telefónica en *la ranura*.	slot
Esperar *la señal* (*el tono*).	dial tone
Marcar el número.	dial
Esperar *la contestación* (*al interlocutor*)	answer, your party
Hablar	

Regional Variations

*call	In several areas *una llamada* is *un llamado*.
*phone card	The term *la tarjeta telefónica* is universal. One buys a card that has a specified number of units (*unidades*). The card is inserted into the public phone and the required number of units is automatically deducted. The card can be used for local and long distance calls. Some public phones still take coins (*monedas*).
*receiver	In addition to *auricular* you will also hear *la bocina* in Latin America.

---

1. Complete.
   1. Mira, quieres hacer una llamada y hay un _____ en la esquina.
   2. ¿Tienes una _____ telefónica?
   3. Si no sabes el número puedes llamar a _____ o consultar la _____.

2. Put the following in order.
   a. Esperar la señal (el tono).
   b. Esperar la contestación.
   c. Empezar a hablar.
   d. Descolgar el auricular.
   e. Marcar el número.
   f. Introducir la tarjeta telefónica.

MAKING DIFFERENT TYPES OF CALLS

Tengo que hacer *una llamada local (urbana)*.	local call
Tengo que hacer *una llamada interurbana*.	toll call
Tengo que hacer *una llamada de larga distancia*.	long distance call
Tengo que hacer *una llamada de persona a persona*.	person to person
Tengo que hacer *una llamada de cargo reversible**.	collect call
Para hacer una llamada internacional hay que marcar *el prefijo del país*.	country code
Para hacer una llamada de larga distancia hay que marcar *el código de área**.	area code

Regional Variations
*collect call   You will also hear *de cobro revertido*.
*area code   You will also hear *la clave de área*.

3. Complete.
1. Una llamada de Nueva York a Miami es _____.
2. Una llamada de Miami a Lima, Perú, es _____.
3. Una llamada dentro de la misma ciudad es _____.
4. No voy a pagar la llamada. Quiero hacer la llamada de _____.
5. Para hacer una llamada internacional tienes que marcar _____.
6. Y para hacer una llamada de larga distancia tienes que marcar _____.
7. Sólo quiero hablar con lnés. Tengo que hacer la llamada _____.

SPEAKING ON THE TELEPHONE

¡Hola*!	
¿Está el señor Ruiz, por favor?	
¿De parte de quién?	Who's calling?
De parte de la señora Guillén.	
Un momentito, por favor.	
No, señora. No está.	
¿Puedo dejarle *un mensaje (recado)*?	message
Sí, señora, ¡ Cómo no!	Don't hang up!
¡No cuelgue usted!	

Regional Variations
*Hello.   The expression used when answering a telephone varies from area to area. In Spain it is usually ¡*Diga*! or ¡*Dígame*! In many areas of Latin America, people say "*Sí*" "aló", or "olá." In Mexico "Bueno" is used. ¡Holá! is also frequently used.

4. Use the following as a guide to make up your own telephone conversation.
— ¡Hola!
— ¡ _____ ! ¿ _____ _____, por favor?
      ¹   ²
— ¿De _____ _____ _____?
                          ³
— _____ _____ _____ _____ _____.
                                                ⁴
— Un _____, por favor.
        ⁵
— No, no _____.
              ⁶
— ¿Puedo dejarle un _____, por favor?
                          ⁷

USING A CELL PHONE

Se puede hacer muchas cosas con *el móvil**.	cell phone
Se puede personalizar *los timbres*.	rings
Se puede asignar diferentes *sonidos*.	sounds

Se puede enviar *mensajes de texto*.	text messages
Se puede acceder al *correo electrónico* (*e-mail*)	e-mail
Se puede *bajar* (*descargar*) música.	download
Se puede tomar *fotografías digitales*.	digital pictures
Se puede grabar *videomensajes con sonido*.	videomessages with sound

¡Aló! ¡Aló! Usted *está cortando*.	cutting out
¿*Me escuchas**?	Can you hear me?
Se nos cortó la línea.	We got cut off.

Regional Variations

*cell phone In addition to *el móvil*, *el* (*teléfono*) *celular* is frequently used in both Spain and Latin America.

*to hear The verb "to hear" is *oír* but when speaking on a cell phone people often use "escuchar" which means to listen. "Pepe, ¿me escuchas?"

5. Complete.
1. Si usted quiere saber quién está llamando cuando suena su celular, puede asignarles un _____ individual a sus amigos o parientes.
2. Los _____ pueden ser muy diferentes —hasta una canción.
3. Puede usar su móvil para enviar _____ instantáneos de texto.
4. No es necesario tener su computadora. Es posible acceder su _____ en su móvil.
5. Usted puede tomar fotografías _____ con su móvil y bajarlas en su computadora.
6. Un _____ le permite ver y oír algo.
7. ¡Perdone, señor! ¿Me _____? Está _____.
8. Una llamada perdida. _____.

SOME THINGS THAT MAY GO WRONG

No hay señal.	There's no dial tone.
El teléfono está *estropeado* (*fuera de servicio**).	broken, out of service (or order)
Tengo un *número equivocado*.	wrong number
Está comunicando (*la línea está ocupada**).	It's busy.
Hay muchos *parásitos*.	static
Se nos ha cortado la línea.	We were cut off.
Voy a intentar llamar de nuevo más tarde.	I'll try to call back later.
Perdón. Ud. está hablando con la *central*.	switchboard
¿Tiene Ud. *la extensión**, por favor?	extension

Regional Variations

*out of order In addition to *estropeado* you will also hear *descompuesto, dañado*, and *fuera de servicio*.

*busy *Está comunicando* is more common in Spain and *La línea está ocupada* in Latin America, You will also hear "*Está sonando ocupado*."

*extension Other terms are *el interno* and less frequently *el anexo*.

6. Complete.
1. No puedo marcar. No hay _____.
2. Creo que el teléfono está _____.
3. Hay una señal de ocupado. Están _____.
4. — No, el señor Montoya no vive aquí.
   — Perdón. Tengo el _____ _____.
5. No contesta nadie. Voy a _____ llamar _____ _____ más tarde.
6. Hay tanto ruido que no puedo oír. Hay muchos _____ en la línea.
7. Estábamos hablando y ahora no hay nadie. Se _____ _____ _____ _____ _____.
8. — ¿La señorita Bosch? Sí, trabaja aquí. Pero, Ud. está hablando con la _____. ¿Tiene Ud. su _____, por favor?

La señora Ramírez va a hacer una llamada de larga distancia. Ella no tiene que consultar la guía telefónica porque ella ya sabe el número de su amiga. Ella tiene también la clave de área. La señora Ramírez tiene que comunicarse con la telefonista porque está llamando de una zona rural. Ella descuelga el auricular, espera la señal, y marca el cero. La telefonista contesta:

— ¡Diga!

— Sí, señora. ¿Puede ponerme con el 771-15-80, por favor? Y la clave de área es 31.

— Un momentito, señora. No cuelgue, por favor .... Lo siento, señora. Está comunicando.

— Sí, lo sé. Oigo la señal de ocupado. Gracias, señora. Voy a intentar llamar de nuevo más tarde.

Cinco minutos más tarde, la señora lo intenta de nuevo. Una vez más, descuelga el auricular, espera la señal, marca el cero, y le da al telefonista la clave de área y el número que desea. ¡Qué suerte! Está sonando.

— Lo siento, señora—dice el telefonista.—No contesta nadie.

— Ay. Hace cinco minutos estaba comunicando y ahora no hay nadie.

Una hora más tarde la señora intenta de nuevo. Alguien contesta y la señora empieza a hablar. Ella no lo puede creer. El telefonista le dio un número equivocado. Ella marca otra vez el cero y le explica su problema a la telefonista. La telefonista la comunica (pone) de nuevo con el número que quiere. El teléfono suena y alguien contesta. Es su amiga.

— ¡Hola!

— ¡Hola, Teresita!

— Carmen, ¿cómo estás?

Y luego nada. Silencio total y otra vez la señal. Se les ha cortado la línea. Parece que la señora Ramírez no va a hablar nunca con su amiga.

7. Mrs. Ramírez had four problems with her phone call. What were they?
1.
2.
3.
4.

8. Put the following in the proper order for making a phone call.
1. Descolgar el auricular.
2. Colgar el auricular.
3. Marcar el número de teléfono con el disco.
4. Buscar el número deseado en la guía de teléfonos.
5. Esperar la señal.
6. Esperar una contestación.
7. Tener una conversación.

9. Complete.
1. No hay señal. El teléfono está _____.
2. Hay señal de ocupado. _____ _____.
3. Tengo que darle la extensión. Estoy hablando con la _____.
4. La persona con quien quiero hablar no está. Puedo dejarle un _____.
5. La persona con quien quiero hablar no vive allí. Tengo un _____ _____.

10. Answer on the basis of the story.
1. ¿Qué tipo de llamada va a hacer la señora?
2. ¿Por qué no tiene que consultar la guía telefónica?
3. ¿Qué más sabe ella?
4. ¿Por qué no puede marcar directamente?
5. ¿Qué descuelga ella?
6. ¿Qué espera?
7. ¿Qué número marca?
8. ¿Quién contesta?
9. ¿Con qué número quiere comunicarse la señora Ramírez?

10. ¿Cuál es la clave de área?
11. ¿Por qué no puede hablar la señora Ramírez con su amiga?
12. ¿Por qué no puede hablar la segunda vez que llama?
13. La tercera vez que llama, ¿contesta alguien?
14. ¿Es su amiga?
15. ¿Qué le dio el telefonista?
16. La cuarta vez, ¿contesta su amiga?
17. ¿Hablan las dos amigas?
18. ¿Por qué no pueden terminar la conversación?

Key Words

acceder al e-mail   access e-mail
acceder al correo electrónico   to access e-mail
el anexo   extension, switch board
el auricular   receiver (of a telephone)
bajar   download
la bocina   receiver
el botón   button
la cabina de teléfono (telefónica)   telephone booth
celular   cellular
la central   switchboard
la clave de área   area code
el código de área   area code
colgar (ue)   to hang up
comunicar con   to put through, to connect
comunicarse con   to speak with
la conexión   connection
la contestación   answer
contestar   to answer
cortarle a alguien la línea   to cut someone off
¿De parte de quién?   Who's calling?
descargar   to download
descolgar (ue)   to pick up (the receiver)
descompuesto   broken
empujar   to push
están comunicando   the line is busy
está sonando   it's ringing
estropeado   broken
la extensión   extension
fuera de servicio   out of order, broken
grabar   to burn, record
la guía telefónica   phone book
la guía de teléfonos   phone book
hacer una llamada telefónica   to make a phone call
la información   information
intentar   to try
el interlocutor   party
el interno   extension
el llamado   call
la línea   line

la línea está cortando   the line's cutting out
la línea está ocupada   the line is busy
llamada con cobro revertido (de cargo reversible)   collect call
la llamada de larga distancia   long distance call
la llamada interurbana   toll call
la llamada   call
la llamada local   local call
la llamada urbana   local call
la llamada telefónica   telephone call
llamar por teléfono   to phone, to telephone
marcar   to dial
más tarde   later
el mensaje   message
el móvil   mobile, cellular phone
no cuelgue Ud.   hold on
el número de teléfono   phone number
el número equivocado   wrong number
ocupado   busy
oprimir   to push
el (la) operadora   telephone operator
los parásitos   static
poner con   to put through to
el prefijo del país   country code
la ranura   slot
el recado   message
la señal   dial tone
la señal de ocupado   busy signal
sonar (ue)   to ring
el sonido   sound
la tarjeta telefónica   telephone card
el teclado   keyboard
telefonear   to phone
el teléfono   telephone
el teléfono celular   cellular phone
el teléfono de (a) botones   push button phone
el (la) telefonista   telephone operator
el timbre   ring
el tono   dial tone
el tono de ocupado   busy signal

CHAPTER 8: Public bathroom
CAPÍTULO 8: El lavatorio público

Trying to find the proper word for a public bathroom in the many Spanish-speaking countries is no easy matter since the proper expression varies greatly from area to area and no hard and fast rules can be given for what word to use where. It may be of some consolation to realize that the same problem exists for the foreigner using English. We may ask: Where's the men's room? Where's the ladies' room? Where's the powder room? Where's the restroom? Where's the lavatory? Where's the comfort station? Where's the loo? (in Great Britain). Where's the John? (among friends).

If you were to look up the word "bathroom" in a bilingual dictionary you would probably find *el baño* or *el cuarto de baño*. However, if you were looking for a public facility and asked, "*¿Dónde está el cuarto de baño?*," you would probably receive a funny reaction. *El cuarto de baño* refers to the bathroom in a private home or in a hotel. Since the term encompasses the word *baño*, it literally means a room that has a bathtub. In many older homes the room that contains the washbasin and the bathtub is separate from the smaller room that has only the toilet. In newer homes and hotels all the facilities are housed in the same room, but *el cuarto de baño* means that a bathtub, or at least a shower, is present. How then does one find the public bathroom when the need arises?

If you do not have to ask, look for a sign on a door. *Caballeros* or *señores* indicates a men's room and *damas* or *señoras* indicates a ladies' room.

The literal word for toilet is *el retrete*, and until rather recently one could safely ask in Spain, "*¿Dónde está el retrete?*" Of late, however, it has come to be considered somewhat vulgar. Some acceptable terms are *¿Dónde está el W.C.?* This will probably be understood mostly in Spain. The little room with the toilet was often referred to as the "water closet" and W.C. (pronounced *doble v c*) is the abbreviation for it. More universally understood expressions would be: *¿Dónde está el lavatorio? ¿Dónde está el excusado? ¿Dónde están los aseos (públicos)? ¿Dónde está el váter?* Women may also ask, *¿Dónde está el tocador (de señoras)?*, which equates to some extent with the English "powder room". For men "*¿Dónde está el urinario?*" is sometimes used. Other expressions that you might encounter are: *¿Dónde está el lavabo? ¿Dónde está el servicio? ¿Dónde está el sanitario?* and *¿Dónde está la toilette?* (sometimes pronounced *tualé*). Good luck!

CHAPTER 9: At the hotel
CAPÍTULO 9: En el hotel

CHECKING IN (FIGS. 9-1 AND 9-2)

El señor está en la *recepción.*	registration counter
Habla el *huésped:*	guest
Quisiera un *cuarto** sencillo *(individual).*	I would like; single room
un *cuarto doble.*	double room
una *habitación sencilla.*	single room
una *habitación doble.*	double room
Quisiera un cuarto con *dos camas.*	twin beds
con *una cama de matrimonio.*	double bed
Prefiero un cuarto que *dé al mar.*	faces the sea
al patio.	courtyard, patio
a la calle.	street
a la piscina.*	swimming pool
a las montañas.	mountains

Fig. 9-1

¿Tiene el cuarto *aire acondicionado*?   air conditioning
                calefacción?   heat
                radio?
                balcón?
                televisión?
                un baño particular?   private bath
                ducha?   shower
No quiero *pensión completa*.   room and board
¿Cuánto es el cuarto?
¿Está incluido el servicio?
                el *desayuno*?   breakfast
¿Están incluidos los *impuestos*?   taxes
Estaremos hasta el día _____.
Tenemos una *reservación (reserva*)*.   reservation
Aquí tiene Ud. nuestra confirmación.
Habla el *empleado (recepcionista)*:   desk clerk
El hotel no está *completo (lleno)*.   full
Tenemos cuartos (habitaciones) *disponibles*.   available
¿Me permite (deja) ver su pasaporte?
Favor de *llenar esta ficha (tarjeta de recepción)*.   fill out this registration form
¿Va a pagar con una *tarjeta de crédito*?   credit card
El *mozo** puede subir las maletas.   bellhop
Cuando salgan, favor de dejar las *llaves* en la *conserjería*.   keys; reception

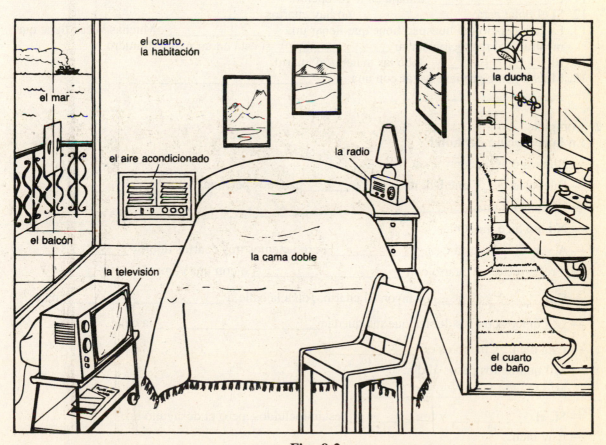

Fig. 9-2

Regional Variations

*room	*Cuarto* is more commonly used throughout Latin America and *la habitación* in Spain.
*pool	*Piscina* is the more commonly used word for swimming pool. In Mexico and some areas of Central America *la alberca* is used. You will also hear *la pileta*.
*reservation	*Reservación* is commonly used throughout Latin America. *Reserva* is frequently used in Spain.
*bellhop	In addition to *el mozo* you will also hear *el botones* and sometimes *el maletero*.

1. Complete.

1. Un cuarto _____ es solamente para una persona.
2. Un cuarto para dos personas es un _____.
3. Un cuarto _____ puede tener dos _____ o una cama de _____.
4. Hay más ruido en un cuarto que da a la _____ que en un cuarto que da al _____.
5. Como el hotel está en la playa, yo quiero un cuarto que dé al _____.
6. No quiero comer en el hotel. Así no quiero _____ _____.
7. El _____, el _____ y los _____ están incluidos en el precio del cuarto.
8. En el verano siempre quiero _____ _____ y en el invierno siempre quiero _____.
9. Yo sé que cuesta más pero siempre pido un cuarto con _____ _____ particular.
10. Yo hice una _____ para el cuarto y aquí tengo mi _____.
11. El _____ trabaja en la recepción.
12. Si el hotel está _____ no hay cuartos _____.
13. En la recepción el huésped tiene que llenar una _____. Muchas veces tiene que mostrarle al recepcionista su _____ si está en un país extranjero.
14. El _____ sube las maletas al cuarto.
15. Mucha gente prefiere pagar con una _____ _____ _____.

2. Complete.

En la recepción del hotel

— Buenos días, señor.

— Buenos días. ¿Tiene Ud. un _____ para dos personas?
                                                    1

— ¿Tiene Ud. una _____?
                              2

— No, no hice ninguna.

— A ver. El hotel está casi _____ pero tenemos tres cuartos dobles _____.
                                      3   4
   ¿Prefiere Ud. un cuarto con _____ o con una cama de _____?
                                          5   6

— Con _____, por favor. El cuarto, ¿da a la calle o _____ patio?
          7   8

— Los únicos cuartos dobles que me quedan _____ la calle.
                                                              9

— Está bien. ¿Cuánto es el _____?
                                      10

— Mil quinientos pesos al día.

— ¿Está incluido el _____?
                              11

— Si, el _____ y los _____ están incluidos, pero el desayuno no.
          12   13

— Está bien.

— ¿Hasta cuándo van Uds. a estar aquí?

— Estaremos hasta el día _____ .Y perdón, en estos días está haciendo mucho calor.
   ¿Tiene _____ _____ el cuarto?
— Sí, señor. Y tiene un _____ particular.
— Muy bien.
— Luego, favor de _____ esta ficha y _____ Ud. aquí. ¿Y me permite ver su _____ ?
— Aquí lo tiene.
— Gracias. El _____ les puede subir las maletas.
— Gracias.
— De nada.

SPEAKING WITH THE MAID (FIG. 9-3)

¡La *camarera**!	housekeeper
¡ *Adelante!* (*¡Pase Ud.!*)	come in
¿Tiene Ud. *servicio de lavado*?	laundry service
¿Me pueden *lavar* y *planchar* ...	wash; iron
Quiero que me *laven en seco* ...	dry-clean
¿*Para cuándo* lo puedo tener?	by when
Si Ud. lo quiere hoy, hay que pagar un suplemento.	
¿Puede Ud. *limpiar* (*arreglar*) el cuarto (la habitación) ahora?	clean, make up
Necesito una *almohada* más.	pillow

Fig. 9-3

una *manta** más.	blanket
una *toalla* más.	towel
una *toalla de baño*.	bath towel
más (*una pastilla** de) *jabón*.	(a bar of) soap
más *perchas**.	hangers
papel higiénico*.	toilet paper
¿Dónde está *el enchufe* para la *máquina de afeitar* (*la rasuradora*)?	outlet; electric razor
la *secadora para el pelo*?	hair dryer
¿Cuál es el *voltaje* aquí?	voltage

Regional Variations

*housekeeper	The person who actually cleans the room is *el/la criado(a)* or *el (la) camarero(a)*. The housekeeping manager is *el ama de llaves*.
*blanket	In addition to *la manta* you will also hear *la cobija*. Less commonly used terms are *la frazada* and *la frisa*.
*bar	You will hear both *una pastilla* and *una barra de jabón*.
*hanger	Other words for *percha* are *el colgador*, *el gancho* and less commonly *el armador*.
*toilet paper	You will also hear *papel de baño* as well as *papel higiénico*.

3. Complete.
1. Quiero que nos limpien el cuarto. Voy a llamar a la _____.
2. Tengo mucha ropa sucia. A ver si tienen servicio de _____.
3. Señora, ¿me pueden _____ y _____ esta camisa?
4. ¿Y me pueden _____ _____ _____ esta falda?
5. No puedo usar mi máquina de afeitar porque no sé dónde está el _____.
6. Anoche tenía frío. Quiero una _____ más en la cama.
7. Una toalla grande es una _____ _____ _____.
8. Quiero tomar una ducha pero no hay _____.
9. Yo siempre tengo mucha ropa. En los hoteles nunca hay bastantes _____ en el armario.
10. Por lo general ponen un rollo de _____ _____ extra en el cuarto de baño.

4. Identify each item in Fig. 9-4.

SOME PROBLEMS YOU MAY HAVE (FIG. 9-5)

El *grifo* no funciona*.	faucet; doesn't work
La *luz no funciona*.	light
El *retrete* no funciona*.	toilet
El *interruptor* no funciona*.	light switch
La *bombilla* está *fundida*. (*El foco* está *quemado*.)	bulb; burned out
El *lavabo* está *atascado*.	basin; clogged
No hay *agua caliente*.	hot water

Regional Variations

*faucet	In addition to *el grifo* you will also hear and *la llave*, *el caño*, and *la canilla*. *La pluma* is used in Puerto Rico and Venezuela.
*toilet	The actual "toilet bowl" is *el inodoro*.
*switch	Other words for *el interruptor* are *el apagador* and in Spain, *la llave*. You will sometimes hear *el suiche* due to English influence.

Fig. 9-4

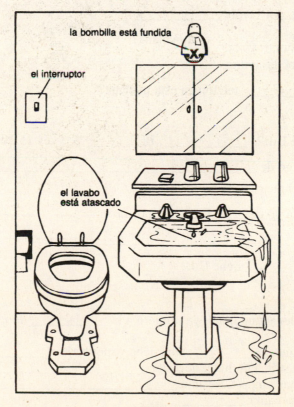

la bombilla está fundida

el interruptor

el lavabo
está atascado

Fig. 9-5

5. Complete.

1. He encendido la luz pero no pasa nada. Creo que la _____ está fundida o posiblemente no funciona el _____.
2. He abierto el _____ pero no sale agua.
3. El lavabo no se vació (empty). Estará _____.
4. No puedo ducharme si no hay agua _____.

6. Identify each item in Fig. 9-6, page 57.

CHECKING OUT

En la *caja*	cashier's office
Habla el huésped:	
¿A qué hora tenemos que *abandonar* el cuarto?	vacate
¿Tiene Ud. la *cuenta* para el (la) 811?	bill
Este *cargo* (*cobro*) *de servicio de cuartos* (*de habitaciones*) no es mío.	room service charge
¿Acepta Ud. *tarjetas de crédito*?	credit cards
Habla el *cajero*:	cashier
¿Tiene Ud. algunos *cargos* (*cobros*) esta mañana?	charges
¿Hizo Ud. alguna *llamada telefónica*?	phone call
Aquí tiene Ud. el total.	

7. Complete.

En la caja del hotel

— ¿Tiene Ud. la _____ para el cuarto 811, por favor?
              1

— ¿Y cuál es el nombre, por favor? _____
                                            2

— ¿Tenía Ud. algunos _____ esta mañana?
                     3

— No, ninguno. Pagué el desayuno.

— ¿Hizo Ud. una _____ telefónica esta mañana?
                       4

— No, señor.

— Muy bien. Aquí tiene Ud. la _____. El _____ es 15.200,00[11] pesos.
                                         5   6

— Perdón, pero este cargo de _____ _____ no puede ser mío.
                                    7
    Yo no pedí nada en el cuarto.

— ¡Ay! Perdón. Es un cargo del 911. Disculpe, por favor.

— ¿Acepta Ud. _____ _____ _____?
                                          8

— Sí, señor. ¿Qué _____ tiene Ud.?
                     9

8. Complete.

1. Cuando un cliente llega a un hotel, va primero a la _____, donde habla con el _____.
2. Por lo general, hay que _____ una ficha y mostrarle el _____ al recepcionista.
3. Una persona que va sola a un hotel necesita _____ _____ _____. Si viajan dos personas juntas necesitan _____ _____, que puede tener dos _____ o una cama _____.

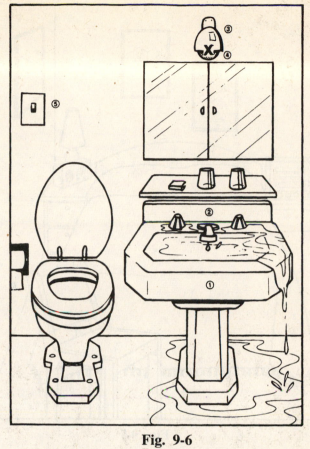

Fig. 9-6

4. En muchos hoteles, el _____ y los _____ están incluidos en el precio del cuarto. A veces el _____ está incluido también.

5. Hay más ruido en un cuarto que _____ _____ la calle que en un cuarto que _____ al patio.

6. Muchas personas hacen una _____ cuando van a ir a un hotel. Luego cuando llegan le muestran su _____ al recepcionista.

7. Si el hotel no tiene cuartos _____, está _____.

8. El _____ ayuda a los huéspedes a subir sus maletas al cuarto.

9. La _____ limpia los cuartos en el hotel.

10. Algunas cosas que deben estar en el cuarto de baño son _____, _____ y _____.

11. En el invierno casi todos los hoteles tienen _____ y en el verano muchos tienen _____.

12. Cuando un huésped tiene frío mientras duerme, quiere una _____ más para poner en la _____.

13. Es necesario tener _____ en el armario para colgar la ropa.

14. Muchos hoteles le ofrecen a su clientela un _____ _____ _____ para lavar y planchar su ropa.

15. Si los huéspedes quieren tomar algo en sus cuartos tienen que llamar al _____ _____.

16. En muchos hoteles, el día que van a salir los huéspedes tienen que _____ su cuarto al mediodía.

17. Cuando los huéspedes llegan al hotel, van a la _____ y cuando salen, van a la _____.

18. Hoy día mucha gente prefiere pagar la cuenta del hotel con una _____.

Fig. 9-7

9. Answer on the basis of Fig. 9-7.
    1. ¿Da a la calle el cuarto?
    2. ¿Tiene balcón?
    3. ¿Qué tipo de cama tiene el cuarto?
    4. ¿Qué tipo de cuarto es?
    5. ¿Tiene un cuarto de baño particular?
    6. ¿Qué hay en el cuarto de baño?
    7. ¿Qué tiene el cuarto para los días que hace calor?
    8. ¿Y qué tiene para los días que hace frío?

10. Look at Fig. 9-8 and correct each false statement.
    1. Los señores están en la caja.
    2. Ellos salen del hotel.
    3. Ellos hablan con el botones.
    4. La señora está llenando una ficha.
    5. El recepcionista tiene la llave del cuarto.
    6. El señor tiene una tarjeta de crédito en la mano.

11. Answer on the basis of Fig. 9-9.
    1. ¿Qué tipo de cuarto es?
    2. ¿Qué hay en la cama?
    3. ¿Quién está trabajando en el cuarto?
    4. ¿Qué hace ella?

Fig. 9-8

Fig. 9-9

5. ¿Qué hay en el armario?
6. ¿Está el lavabo en el cuarto mismo o en el cuarto de baño?
7. ¿Hay una ducha en el cuarto de baño?
8. ¿Cuántas toallas hay?
9. ¿Cuántos rollos de papel higiénico hay?

Key Words

abandonar   to vacate
adelante   come in
el agua caliente (*f*)   hot water
el aire acondicionado   air conditioning
la alberca   swimming pool
la almohada   pillow
el armador   hanger
arreglar   to fix up, to make up
atascado   clogged, stopped up
el baño   bathroom
la barra   bar (of soap)
la bombilla   light bulb
el botones   bellhop
la caja   cashier's office
el (*la*) *cajero* (*a*)   cashier
la calefacción   heat
la calle   street
la cama   bed
la cama de matrimonio   double bed
la camarera   maid
el cargo adicional   additional charge
el cargo   charge
la cobija   blanket
el cobro   charge
el colgador   hanger
completo   full
con dos camas   twin-bedded, with twin beds
la confirmación   confirmation of a reservation
el conserje   concierge
la conserjería   reception
el cuarto   room
el cuarto con dos camas   twin-bedded room
el cuarto de baño   bathroom
el cuarto doble   double room
el cuarto individual   single room
el cuarto para una persona   single room
el cuarto sencillo   single room
la cuenta   bill
dar a   to face
el despertador   alarm clock
el desayuno   breakfast
disponible   available

la ducha   shower
el enchufe   socket, outlet
la ficha   registration form
firmar   to sign
el foco   light bulb
la frazada   blanket
la frisa   blanket
funcionar   to work
fundido   burned out (light)
el gancho   hanger
el grifo   faucet, tap
la habitación doble   double room
la habitación para una persona   single room
la habitación sencilla   single room
el huésped   guest
los impuestos   taxes
el inodoro   toilet
el interruptor   light switch
el jabón   soap
el lavabo   wash basin
lavar   to wash
lavar en seco   to dry-clean
limpiar   to clean
la luz   light
la llamada telefónica   telephone call
la llave   key, faucet, light switch
llenar   to fill out
lleno   full
el maletero   bell hop
la manta   blanket
la máquina de afeitar   electric razor
el mar   sea
la montaña   mountain
el mozo   bellhop
el papel higiénico   toilet paper
particular   private
pase Ud.   come in
la pastilla   bar (of soap)
la pensión completa   room and board
la percha   hanger
la pila   swimming pool
la piscina   swimming pool

planchar to iron
privado private
la recepción reception desk
el (la) recepcionista receptionist, clerk at the reception desk
la reserva reservation
la reservación reservation
el retrete toilet
el robinete faucet
la secadora para el pelo hair dryer
el servicio service

el servicio de cuartos (habitaciones) room service
el servicio de lavado laundry service
el suplemento additional charge
el suiche light switch
la tarjeta de crédito credit card
la tarjeta de recepción registration card
la toalla towel
la toalla de baño bath towel
el total total
el voltaje voltage

CHAPTER 10: At the bank
CAPÍTULO 10: En el banco

EXCHANGING MONEY (FIG. 10-1)

Fig. 10-1

Note: Although many banking transactions are done on line, the vocabulary in this chapter is still very useful. Note that we have also added a section on the use of the ATM.

¿Dónde está el *banco*?	bank
¿Dónde hay una *oficina de cambio*?	exchange bureau
Necesito *dinero* español (mexicano).	money
Quiero *cambiar* cien dólares.	exchange
Quiero cambiar cien dólares en pesos.	
¿Tiene Ud. *cheques de viajero* o *dinero en efectivo*?	travelers' checks; cash
¿Cuál es *el cambio* hoy?	rate of exchange
Está a cien pesos el dólar. (Cien pesos al dólar.)	100 pesos to the dollar

¿Qué *comisión cargan* (*cobran*) Uds.? commission; charge
Ud. puede pasar a *la caja*. cashier's window

1. Complete.

El señor Jones está en España y no tiene _____ español. Quiere cambiar cien dólares
_____ euros. No quiere cambiar el dinero en el hotel porque en los hoteles cargan una
_____más alta. Él quiere cambiarlo en el _____. Él sabe que el _____
en el banco es mejor que en el hotel.

(blanks numbered 1, 2, 3, 4, 5)

2. Complete.

— Quiero _____ cien dólares, por favor.

— Sí, señor.

— ¿Cuál es el cambio?

— ¿Tiene Ud. _____ _____ _____ o dinero en efectivo?

— Cheques de viajero.

— Hoy está a cien pesos _____ dólar.

— Muy bien.

— ¿Tiene Ud. su pasaporte, por favor?

— Si, señor. Aquí lo tiene.

— Ud. puede pasar a la _____. Allí le darán su dinero.

(blanks numbered 1, 2, 3, 4)

MAKING CHANGE

Pagué *la cuenta* (*la factura*) *al contado*. bill, in cash
No me queda *dinero en efectivo*. cash
Tengo que *cobrar un cheque*. to cash a check
Sólo tengo *billetes de gran valor* (*grandes*). bills of high denomination
¿Puede Ud. *cambiarme** este billete de mil pesos? change
No tengo *suelto** (*monedas*). change, coins

Regional Variations

*to make change The most common term is *cambiar* but you will hear *feriar* in Mexico.
*change *Suelto* means change in coins as opposed to a bank note. In Mexico you will also hear *la feria*. Change received after paying a bill is most often *la vuelta* but the gender will vary. In some countries it is *el vuelto*.

---

3. Complete.

La señora Ureña no pagó su cuenta con un cheque. Ella la pagó _____ _____.
Ahora no le queda _____ _____ _____. Ella tiene que ir al banco a
_____ _____ _____.

(blanks numbered 1, 2, 3)

4. Complete.

Oye, amigo. No tengo _____ ninguno. ¿Me puedes cambiar este _____
de cien _____?

(blanks numbered 1, 2, 3)

5. Complete.

En el banco

— Quiero cambiar un cheque de viajero, por favor.

— Sí, señor. ¿Está en pesos el cheque?

— No, señor. Está en _____.

                                               1

— Pues, no le puedo dar dólares.

— Lo sé. Lo quiero cambiar en pesos. ¿Cuál es el _____?

                                                                       2

— Cien pesos _____ dólar.

                                 3

— Está bien.

— Muy bien, señor, Ud. puede pasar a la _____.

                                                                       4

En la _____

             5

— Son diez mil pesos. Aquí tiene Ud. diez _____ de mil pesos cada uno.

                                                                   6

— Perdón, señor. ¿Me puede _____ un _____ de mil pesos? Necesito algo más

                                                7   8

pequeño.

— Aquí tiene Ud. diez _____ de cien pesos.

                                                    9

— Ay, perdón, otra vez. No tengo _____ ninguno. ¿Me puede cambiar un

                                                        10

_____ de cien pesos, por favor?

          11

— Aquí tiene Ud. una _____ de cincuenta pesos y cinco de diez pesos cada una.

                                                          12

— Muy agradecido.

A SAVINGS ACCOUNT (FIG. 10-2)

Quiero *abrir una cuenta de ahorros*.	open a savings account
Quiero *hacer un depósito*.	make a deposit
Quiero *depositar* (*ingresar*) cien dólares.	to deposit
No quiero *sacar* (*retirar*) dinero de mi cuenta de ahorros.	take out, withdraw
Allí veo el *letrero* «ahorros».	sign
Voy a la *ventanilla*.	window
Le doy mi *libreta* al *cajero*.	bank book (passbook); teller

6. Complete.

A mí me gusta ahorrar dinero. Yo tengo una _____ _____ _____ en el banco.

                                                                               1

Mañana yo voy a _____ cien dólares en mi cuenta. Yo trato de hacer un _____ cada

                                2   3

mes. En el banco yo voy a la _____ donde veo el letrero «ahorros». Yo le doy mi

                                                    4

_____ al cajero. Como Uds. pueden ver, me gusta _____ dinero pero no me gusta

             5   6

_____ dinero de mi cuenta de ahorros.

             7

A CHECKING ACCOUNT (FIG. 10-3)

Yo tengo una *cuenta corriente* en el banco.	checking account
Quiero *cobrar* un cheque.	cash
Tengo que *endosar* el cheque antes de cobrarlo.	endorse
Quedan pocos cheques. Necesito otro(a) *talonario* (*chequera*).	checkbook
¿Cuál es el *saldo* de mi cuenta?	balance
El banco me manda *un estado bancario*.	a bank statement
Tengo que *conciliar* el saldo.	reconcile

Fig. 10-2

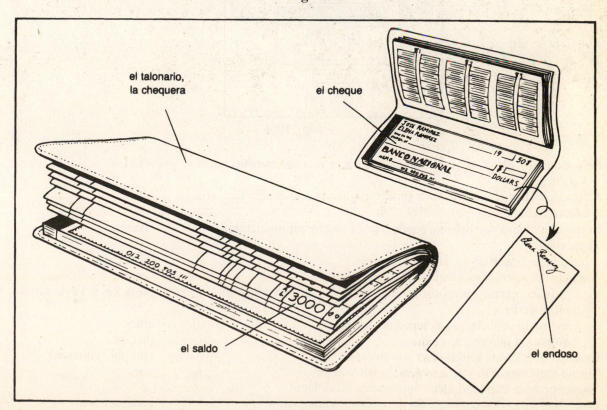

Fig. 10-3

7. Complete.
1. Me quedan doscientos dólares en mi cuenta corriente. Tengo un _____ de doscientos dólares.
2. No tengo más cheques. Necesito otro _____.
3. ¿Me puede Ud. _____ este cheque? Sí, señor. Pero sólo si Ud. tiene una _____ _____ en este banco.
4. Si quiero que me cobren el cheque, lo tengo que _____.
5. No quiero pagarlo con dinero en efectivo. Lo voy a pagar con un _____.

USING AN ATM (FIG. 10-4)

Fig. 10-4

Se puede usar *el cajero automático* para hacer muchas transacciones bancarias.	ATM
Se puede depositar (ingresar) o retirar fondos de una cuenta bancaria electrónicamente.	
Si tiene que *cambiar* dinero, puede usar el cajero automático también.	change
Tiene que:	
introducir (insertar) su *tarjeta bancaria*.	bank card
seguir las instrucciones que salen en *la pantalla*.	screen
pulsar (oprimir) unas *teclas en el teclado* para introducir su pin o código	press keys, keyboard
entrar la cantidad de dinero que quiere	enter
indicar si quiere *un recibo*.	receipt
En unos momentos saldrá *el monto pedido*.	amount requested
Si está cambiando dinero le salen los euros o pesos.	
Se convierte la cantidad electrónicamente en dólares.	
Los dólares se retiran enseguida de *su cuenta bancaria*.	bank account

8. Complete.

1. Muchos bancos tienen uno o más _____ a (en) la entrada del banco.
2. No es necesario entrar en el banco. Se puede efectuar (hacer) muchas _____ usando el cajero automático.
3. Es posible _____ o _____ fondos de su cuenta.
4. Es posible _____ dólares en euros, pesos o yenes.
5. Las instrucciones que tiene que seguir salen en _____ del cajero.
6. Como identificación personal tiene que introducir su _____ o _____.
7. Si quiere un récord de su transacción tiene que indicar que quiere un _____.

GETTING A LOAN

No lo puedo pagar *al contado*.	in cash, all at once
No lo quiero comprar *a plazos*.	in installments
Voy a hacer *un préstamo*.	loan
Voy a hacer *un pago inicial** de quinientos dólares.	down payment
¿Cuál es *la tasa (el tipo) de interés*?	interest rate
Está a 12 *por ciento*.	percent
Lo quiero comprar *a plazos**.	on time
Tendré que pagar *cuotas*.	installment payments
¿Cuál es *la fecha de vencimiento*?	due date (for payment)
Voy a comprar una casa. Necesito *una hipoteca*.	mortgage
Una hipoteca es un préstamo *a largo plazo*, no *a corto plazo*.	long term; short term

Regional Variations

*on time   *A plazos* is one of the most common ways to express the idea of buying something on time or in installments. Other expressions are *con facilidades de pago* and *a pagar por cuotas*.

*down payment   *Pago inicial* is a safe word to use for down payment, as it will be understood universally. Other terms one will hear, however, are *el pie* and *el pronto*. *El anticipo* is also used, but it often expresses a somewhat different idea, namely a down payment in anticipation of a service to be rendered.

9. Complete.

La señorita Meyers quiere comprar un carro. El carro le va a costar ocho mil dólares. La señorita Meyers lo quiere comprar _____ _____ porque no tiene suficiente dinero para pagarlo _____. Ella puede hacer un _____ _____ de mil dólares pero tiene que ir al banco a hacer un _____ para pagar los otros siete mil. Hay dos cosas importantes que ella quiere saber antes de hacer el préstamo. Ella quiere saber cuál es la _____ _____ _____ y cuánto serán los _____ _____. El señor le dice también que la _____ _____ _____ de cada pago será el primero del mes.

10. Answer.

1. El señor Vargas va a comprar una casa. Él va al banco. ¿Por qué? ¿Qué necesita?
2. ¿Es una hipoteca un tipo de préstamo?
3. ¿Cuál es la tasa de interés en este momento para las hipotecas?
4. ¿Es una hipoteca un préstamo a largo plazo o a corto plazo?
5. ¿Es posible comprar un carro a plazos?
6. Si uno lo compra a plazos, ¿qué tiene que pagar?
7. ¿Las tiene que pagar mensualmente?
8. ¿Cuál es la fecha de vencimiento de muchas cuotas?

11. From the list, select the appropriate word(s) to complete each item.

(*a*) endosar

(*b*) cheques de viajero

(*c*) talonario

(*d*) cambio

(*e*) tasa de interés

(*f*) cuenta de ahorros

(*g*) préstamo

(*h*) pago inicial

(*i*) pago mensual

(*j*) fecha de vencimiento

(*k*) dinero en efectivo

(*l*) suelto

(*m*) cheque

(*n*) por ciento

(*o*) billete

(*p*) hipoteca

(*q*) libreta

(*r*) a plazos

(*s*) saldo

(*t*) al contado

(*u*) cuenta corriente

1. Ud. va a hacer un viaje y no quiere llevar mucho dinero en efectivo. Ud. va a comprar _____ _____ _____.
2. Ud. no quiere pagar con dinero en efectivo. Ud. prefiere pagar con un _____.
3. Para pagar con un cheque, es necesario tener una _____ _____ en el banco.
4. Si Ud. no tiene _____, tiene que cambiar un billete.
5. Antes de cobrar un cheque, Ud. lo tiene que _____.
6. Antes de cambiar dinero, Ud. debe saber el _____.
7. Si Ud. no tiene bastante dinero para comprar algo que necesita, tiene que hacer un _____ en el banco.
8. Es necesario hacer el pago en la _____ _____ _____.
9. No lo pagué al contado. Lo pagué _____ _____.
10. No puedo pagar con cheque porque no tengo mi _____ conmigo.
11. Para sacar (retirar) o depositar dinero en el banco, hay que darle a la cajera la _____.
12. A mí me gusta ahorrar dinero. Tengo una _____ _____ _____.
13. No sé cuánto me queda en mi cuenta. No sé el _____ que tengo.
14. Un préstamo para comprar una casa es una _____.
15. Aun si me hacen un préstamo, tengo que tener bastante dinero para hacer un _____ _____.

12. Complete each item with an appropriate verb.

1. Necesito dinero mexicano. Voy a _____ un cheque de viajero.
2. Tengo dinero que no necesito. Lo voy a _____ en mi cuenta de ahorros.
3. Quiero _____ un cheque.
4. Antes de cobrarlo, lo tengo que _____.
5. Quiero _____ este billete de cien dólares.
6. Para comprarlo, voy a _____ un préstamo.
7. Yo sé que ellos me van a _____ una comisión.
8. Yo lo voy a _____ a plazos.
9. Primero tengo que _____ un pago inicial.
10. Y luego tengo que _____ pagos mensuales.

13. Complete.
1. El cambio está _____ cincuenta pesos _____ dólar.
2. ¿Cuál es el cambio? Cincuenta pesos _____ dólar.
3. La tasa de interés está _____ 18 _____ ciento.
4. Quiero cambiar dólares _____ pesetas.
5. Él lo pagó _____ contado. Pero yo lo pagué _____ plazos.

Key Words

abrir to open
a corto (largo) plazo short (long) term
ahorrar to save
al contado in cash, in one lump sum
el anticipo deposit for a service to be rendered
a plazos on time, in installments
el banco bank
el billete bill, bank note
el billete de gran valor bill (of high denomination or amount)
la caja cashier counter
el (la) cajero(a) cashier
el cajero automático automatic teller machine
cambiar to change, exchange, cash
el cambio exchange, exchange rate
cargar to charge
el cheque de viajero travelers' check
la chequera checkbook
cobrar un cheque to cash a check
el código code
la comisión commission
conciliar el saldo to reconcile, to balance
la cuenta account, bill
la cuenta corriente checking account
la cuenta de ahorros savings account
la cuota time (installment) payment
depositar to deposit
el depósito deposit
el dinero money
el dinero en efectivo cash
electrónicamente electronically
endosar to endorse
el estado bancario bank statement
la factura bill
firmar to sign
la fecha de vencimiento due date

la hipoteca mortgage
ingresar to deposit (money or funds into an account)
el interés interest
el letrero sign
la libreta savings passbook, bank book
la moneda coin
el monto pedido amount requested
la oficina de cambio exchange office
oprimir to press
pagar to pay
pagar al contado to pay cash, to pay in one lump sum
pagar a plazos to pay in installments
el pago inicial down payment
el pago mensual monthly payment
el pie down payment
el pin pin
el pronto down payment
el préstamo loan
pulsar to press
quitar to take out
el recibo receipt
retirar to withdraw
sacar to take out
el saldo balance
el suelto change
el talonario checkbook
la tasa de interés interest rate
la tecla key
el teclado key pad
el tipo de interés interest rate
la transacción bancaria bank transaction
la ventanilla teller's window
una transacción electrónica electronic transaction

CHAPTER 11: At the post office
CAPÍTULO 11: En el correo

SENDING A LETTER (FIG. 11-1)

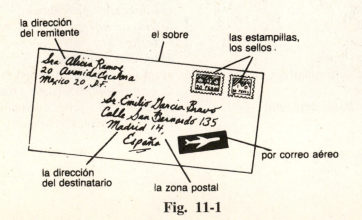

Fig. 11-1

Quiero *mandar* una *carta*.	send; letter
una *tarjeta postal**.	postcard
No la puedo echar en el *buzón*.	mailbox
No tengo *sellos* (*estampillas**).	stamps
Tengo que ir al *correo*.	post office
Voy a la *ventanilla*.	window
¿Cuánto es el *franqueo*?	postage
Compro dos estampillas de diez pesos y una de cincuenta.	
Hay también una *distribuidora automática*.	stamp machine
La quiero enviar por *correo certificado* (*recomendado*).	certified (registered) mail
En el sobre tengo que poner la *dirección del destinatario*.	address of the addressee
Pongo también la *dirección* (*las señas*) *del remitente*.	address of the sender
Incluyo la *zona postal*.	zip code

Note: Although e-mail is far more popular than letter writing, there is still some useful post office vocabulary for sending certified mail and packages. For e-mail vocabulary, refer to Chapter 29—La computadora.

Regional Variations

*postcard   A postcard can be referred to as *una tarjeta postal*, *una tarjeta* or *una postal*, A Christmas card can be *una tarjeta de Navidad* or merely *un Christmas*.

*stamp   *Sello* is more commonly used in Latin America; *estampilla* in Spain.

1. Complete.

Quiero mandar esta carta. Pero no la puedo echar en el _____. Tendré que ir al
                                                              1
_____ por dos razones. No sé cuánto es el _____ y no tengo _____.
       2   3   4
Tengo que comprar las (los) _____ en el _____.
                              5   6

2. Give the appropriate word.
   1. contrario de "el remitente"
   2. el costo de mandar o echar una carta
   3. una carta certificada
   4. el sello
   5. las señas

3. Give another word for:
   1. la tarjeta
   2. mandar
   3. correo certificado
   4. sello
   5. el correo

Fig. 11-2

4. Answer on the basis of Fig. 11-2.
 1. ¿Cuánto cuesta el franqueo para enviar la carta?
 2. ¿Van a enviar la carta por correo regular o por correo aéreo?
 3. ¿Cuál es el nombre del destinatario?
 4. ¿Cuál es su zona postal?
 5. ¿Cuál es el nombre de la remitente?
 6. ¿Cuántas estampillas (cuántos sellos) hay en el sobre de la carta?

SENDING A PACKAGE

Quiero enviar este *paquete*.	package, parcel
¿Cuánto *pesa*?	weigh
No sé. ¿Lo puedo poner en la *balanza* (*báscula*)?	scale
¿Lo quiere Ud. *asegurar*?	insure
¿Es *frágil*?	fragile
¿Quiere Ud. *llenar* una *declaración para la aduana*?	fill out; customs declaration
¿Cuánto tiempo *tardará* en llegar?	will it take

5. Complete.
 1. Quiero enviar este _____ a España. Pero no sé cuánto _____. Y no lo puedo pesar porque no tengo _____. Tendré que ir al correo.
 2. Este paquete no vale mucho. Vale menos de diez dólares. No lo voy a _____ antes de enviarlo.
 3. No tengo que _____ _____ _____ para la aduana porque vale menos de diez dólares.
 4. No vale mucho pero es muy _____ porque es de cristal.

OTHER WORDS YOU MAY NEED

¿Hay *correo* para mí?	mail
Se reparte el correo todos los días menos los domingos.	is delivered
El cartero reparte el correo por la mañana.	letter carrier
¿Tiene Ud. un *apartado postal**?	post office box
¿Dónde puedo comprar un *giro postal*?	money order

Regional Variations
*post office box   *Apartado postal* is used in both Spain and Latin America. In Latin America, however, you will also hear *la casilla postal*.

ABOUT THE LANGUAGE

The word for mail one receives or sends is *el correo*. Writing letters or working on one's mail is *la correspondencia*. *El cartero* (letter carrier) is also used in the feminine — *la cartera*. *La cartera* can also mean wallet or purse.

6. Complete.

Yo no tengo que ir al _____ por mis cartas. El _____ las trae a la casa.
1   2
Él _____ el cor   reo cada mañana a eso de las diez. A ver si tengo _____ hoy.
3   4
el apartado postal   post office box

Key Words

asegurar   to insure
la balanza   scale
el buzón   mailbox
la carta   letter
el (la) cartero(a)   letter carrier
el correo, la casa de correos   mail, post office
correo aéreo   airmail
correo certificado   certified mail
correo recomendado   certified mail
la declaración para la aduana   customs declaration
el (la) destinatario(a)   addressee
la dirección   address
la distribuidora automática   stamp machine
enviar   to send
la estampilla   stamp
frágil   fragile
el franqueo   postage
el giro postal   money order
llenar   to fill out
mandar   to send
el paquete   package, parcel
pesar   to weigh
el (la) remitente   sender
repartir   to deliver
el sello   stamp

las señas   address
tardar   to take (time)
la tarjeta postal   postcard
la ventanilla   window
la zona postal   postal (zip) code

CHAPTER 12: At the hairdresser's
CAPÍTULO 12: En la peluquería

FOR MEN

Quiero un *corte de pelo*.	haircut
El (*la*) *peluquero*(*a*) me corta el pelo.	barber, hairdresser
¿Un corte *a navaja* o con *tijeras*?	razor, scissors
Sólo necesito un *recorte*.	trim
No me lo corte demasiado.	Don't cut it too short.
Favor de *recortarme* la *barba*.	trim, beard
el *bigote*.	moustache
las *patillas*.	sideburns
Favor de *subirme* las patillas.	raise
Favor de *afeitarme*.	shave
Favor de cortar un poco más *por detrás*.	in the back
en los lados.	on the sides
arriba.	on the top
en el cuello.	on the neck
Quiero un *champú* también.	shampoo
Quiero que me lave *el pelo* (*los cabellos*).	hair
No quiero ningún *aceite* ni *laca* (*spray*).	oil, hair spray

1. Complete.
1. Tengo el pelo muy largo. Necesito un _____ de pelo.
2. No tengo el pelo muy largo. Sólo necesito un _____.
3. Acabo de lavarme el pelo. No necesito un _____.
4. Quiero que el peluquero me recorte el _____ y las _____.
5. Tengo las patillas muy largas. ¿Me las puede _____, por favor?
6. No me gusta el pelo muy corto. No me lo _____ demasiado, por favor.
7. El peluquero corta el pelo con una _____ o con _____.
8. Yo me _____ en casa. No quiero que el peluquero me afeite.

2. Complete this exercise on the basis of Fig. 12-1. (Continued on page 75.)

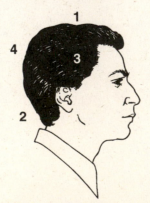

Fig. 12-1

Favor de cortarme más ....
1.
2.
3.
4.

3. Match.

	A		B
1.	Tengo el pelo muy largo.	(a)	Sólo necesito un recorte.
2.	Quiero que me laven el pelo.	(b)	Favor de subírmelas.
3.	No tengo el pelo muy largo.	(c)	Necesito un corte de pelo.
4.	Tengo las patillas muy largas.	(d)	Tengo que ir a la peluquería.
5.	Necesito un corte de pelo.	(e)	Necesito un champú.
6.	¿Quiere Ud. un corte a navaja?	(f)	No, con tijeras, por favor.

FOR WOMEN

Quiero un *corte de pelo*.   haircut
        un *lavado y rizado*.   wash and set
        un *ondulado* (*una ondulación*) *permanente*.   permanent (wave)
        un *peinado*.   comb out
        un *recorte*.   trim
        un *tinte*.   dye job, coloring
        un *corte a navaja*.   razor cut
No quiero *laca*.   hair spray
        una *manicura*.   manicure
Quiero una *pedicura*.   pedicure
No quiero *esmalte* en las uñas.   nail polish

4. Complete.

— Buenos días. ¿Quiere Ud. un _____ permanente?
1
— No, gracias, Quiero solamente un _____ y _____.
2   3
— Me parece que tiene el pelo un poco largo. ¿No quiere Ud. un _____ ?
4
— No gracias. Me gusta el pelo así. Y no quiero un _____ tampoco porque me gusta el
5
color que tengo.

— De acuerdo, ¿Quiere Ud. una manicura?

— Sí, por favor. Pero favor de no poner _____ en las uñas.
6

TYPES OF HAIR AND STYLES (FIG. 12-2)

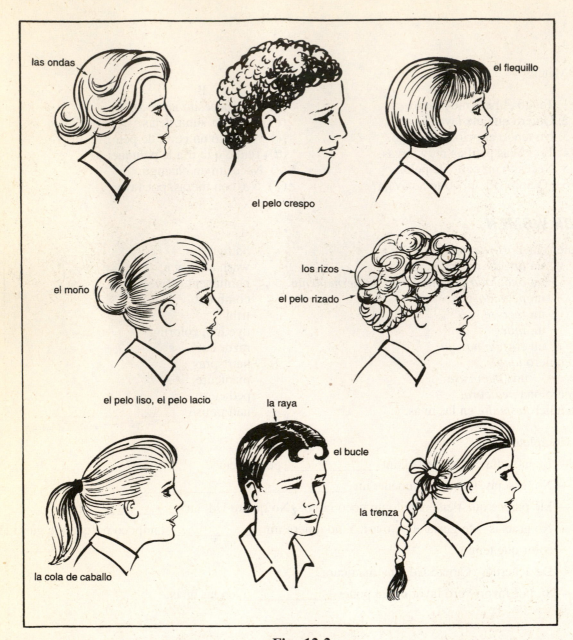

las ondas

el pelo crespo

el flequillo

el moño

los rizos

el pelo rizado

el pelo liso, el pelo lacio

la raya

el bucle

la cola de caballo

la trenza

Fig. 12-2

5. Answer.
   1. ¿Tienes el pelo liso, rizado o crespo?
   2. ¿Llevas una raya?
   3. ¿Dónde llevas la raya, a la derecha, a la izquierda o en el medio?

6. Identify the hair style (Fig. 12-3).
   1.   4.
   2.   5.
   3.   6.

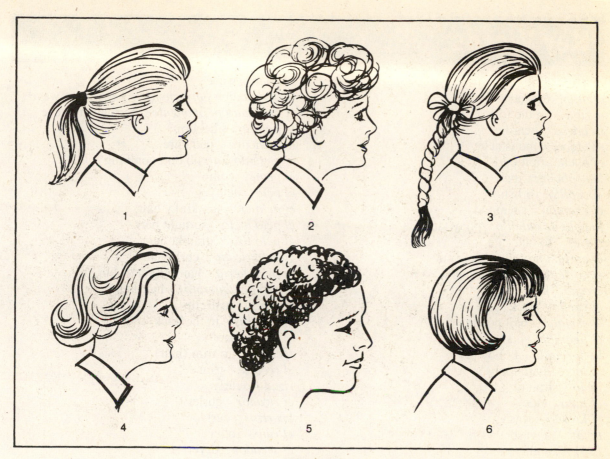

Fig. 12-3

MATERIALS (FIG. 12-4)

el peine   el cepillo   la maquinilla   el secador   el rizador   la horquilla   el rulo   la pinza

Fig. 12-4

7. Complete.
1. Se peina con un _____ y se cepilla los cabellos con un _____.
2. Se puede secar el pelo con una toalla o con un _____.
3. La señora que tiene el pelo liso pero que quiere tener el pelo rizado tiene que usar un _____.
4. Para tener ondas hay que poner el pelo en _____ a menos que la persona tenga ondas naturales.

Key Words

el aceite oil
afeitar to shave
arriba on the top
la barba beard
el bigote moustache
el bucle spit curl
los cabellos hair
el cepillo brush
el champú shampoo
la cola de caballo pony tail
cortar to cut
el corte a navaja razor cut
el corte de pelo haircut
crespo kinky
el cuello neck
el esmalte nail polish
el flequillo bang
la horquilla bobby pin
la laca hair spray
lacio straight
el lado side
el lavado wash
lavar to wash
liso straight
la manicura manicure
el marcado set (hair)
el moño bun
la maquinilla shears
la navaja razor

la onda wave
la ondulación permanente permanent wave
el ondulado permanente permanent wave
la patilla sideburn
la pedicura pedicure
el peinado comb out, combing
el peine comb
el pelo hair
el pelo crespo kinky hair
el pelo lacio straight hair
el pelo liso straight hair
el pelo rizado curly hair
la peluquería hairdresser's shop
el (la) peluquero(a) hairdresser
la pinza hair clip
por detrás in the back
la raya part
recortar to trim (hair)
el recorte trim
rizado curly
el rizador curler
los rizos curls
el rulo roller
el secador dryer
subir to raise
las tijeras scissors
el tinte, dye job, coloring
la trenza braid
la uña fingernail

CHAPTER 13: At the clothing store
CAPÍTULO 13: En la tienda de ropa

BUYING SHOES (FIG. 13-1)

Fig. 13-1

¿En qué puedo servirle?	What can I do for you?
Yo quisiera un *par de zapatos*.	pair of shoes
botas.	boots
sandalias.	sandals
zapatillas.	slippers
zapatos de tenis.	sneakers
¿Cuál es su *número*?	size
¿Qué número calza Ud.?	
Mi número es 39.	
Los quiero de *cuero* marrón (beige [habano], blanco, negro).	leather
El *tacón* es demasiado alto.	heel

No me gustan los *tacones altos*.	high heels
No quiero *suelas de goma (caucho)*.	rubber soles
Éstos no me *quedan* bien.	fit
Son demasiado *estrechos*.	narrow
anchos, amplios.	wide
Me hacen daño en los *dedos*.	hurt; toes
Quiero también un par de *cordones (pasadores) y betún*.	shoelaces; shoe polish

1. Answer on basis of Fig. 13-2.

Fig. 13-2

1. ¿Son zapatos, sandalias, o botas?
2. ¿Tienen suelas de goma los zapatos?
3. ¿Son altos o bajos los tacones?
4. ¿Tienen cordones los zapatos?

2. Complete.

— ¿En qué puedo servirle, señor?

— Quisiera un par de _____, por favor.
　　　　　　　　　　　　　　1

— Muy bien. ¿Cuál es su _____?
　　　　　　　　　　　　　　2

— Mi _____ es 37.
　　　　3

— ¿Prefiere Ud. un _____ bajo o un poco más alto?
　　　　　　　　　　　4

— Bajo, por favor. No me gustan los _____ altos.
　　　　　　　　　　　　　　　　　5

— De acuerdo. ¿Y qué _____ quiere Ud.?
　　　　　　　　　　　6

— Marrón, por favor.

— ¿Qué tal le gustan estos?

— Me gustan pero no me _____ bien. Me hacen daño en los _____.
　　　　　　　　　　　7　　　　　　　　　　　　　　　　8

Son demasiado _____. ¿Tiene Ud. el mismo zapato pero un poco más _____?
　　　　　　　　　9　　　　　　　　　　　　　　　　　　　　　　　　10

BUYING MEN'S CLOTHING

— ¿*En qué puedo servirle?*	May I help you?
— Quisiera un *par de blue jeans*.	pair of blue jeans
el *abrigo*	overcoat
el *bañador*	bathing suit
los *calcetines*	socks
los *calzoncillos*	underpants
la *camisa*	shirt
la *camiseta*	undershirt
la *campera*	outer jacket
el *cinturón*	belt
la *corbata*	tie
la *chaqueta*	jacket
el *gabán*	coat
la *gabardina*	raincoat
los *guantes*	gloves
el *impermeable* (*encauchado*)	raincoat
los *pantalones*	pants, slacks
los *pantalones cortos* (*largos*)	short (long) pants
el *pañuelo*	handkerchief
el *saco***	jacket
el *sombrero*	hat
el *suéter*	sweater
el *traje*	suit
el *traje de baño, el bañador*	bathing suit
Yo quisiera una camisa de *algodón*.	cotton
franela.	flannel
gabardina.	gabardine
seda.	silk
lana.	wool
nilón.	nylon
tela sintética.	synthetic fabric
tela inarrugable.	wrinkle-resistant
La quiero con *mangas largas* y *puños*.	long sleeves; cuffs
Yo quisiera una chaqueta de *pana*.	corduroy
algodón asargado.	denim
cuero.	leather
ante (*gamuza*).	suede
lana.	wool
estambre.	worsted
Me gusta esta camisa *a rayas* (*rayada*).	striped
No me gusta aquella *a cuadros* (*cuadrada*).	checked
Esta corbata a rayas no *hace buen juego con* esta camisa a cuadros.	match, go with

Regional Variations

*jacket   *Saco* is the more common word for a man's or woman's jacket in most areas of Latin America. *Chaqueta* is used in Spain and understood in Latin America. You will also hear *una campera*, which is more like a windbreaker jacket.

¿Cuál es su *talla*?	size
No sé. ¿Me puede *tomar las medidas*?	take my measurements
No me queda bien. Está un poco *apretado*.	tight
¿Prefiere Ud. un pantalón con botones en la *bragueta* o	fly
prefiere Ud. una *cremallera* (un *cierre*)?	zipper

3. List the items in a complete outfit of clothing for a man.

4. Complete.

— Sí, señor. ¿En qué _____ , _____ ?
                                      ₁

— Quiero una camisa, por favor.

— ¿La quiere Ud. de algodón?

— De algodón, no. Prefiero una tela _____ .
                      ₂

— Pues, como es el verano Ud. no la querrá de _____ ni de _____ . Yo le
                    ₃   ₄
  sugiero una tela _____ .
             ₅

— Muy bien.

— ¿Cuál es su _____ , por favor?
                ₆

— Mi _____ es cuarenta y uno.
      ₇

— ¿Quiere Ud. _____ cortas o largas?
                ₈

— _____ largas, por favor.
      ₉

— ¿La quiere Ud. a _____ o a cuadros?
                ₁₀

— No. No quiero ni _____ ni _____ . Quiero solamente una camisa blanca o
             ₁₁   ₁₂
  azul porque la voy a llevar con un _____ azul. Quiero comprar también una
                                        ₁₃
  _____ que haga buen _____ con la camisa.
      ₁₄   ₁₅

5. Choose the one word that does **not** belong.
  1. Quiero una camisa de _____ . (*a*) lana (*b*) algodón (*c*) cuero (*d*) tela sintética
  2. Quiero un pantalón de _____ . (*a*) lana (*b*) pana (*c*) gabardina (*d*) seda
  3. Quiero una chaqueta de _____ . (*a*) lana (*b*) pana (*c*) franela (*d*) algodón asargado
  4. Quiero guantes de _____ . (*a*) cuero (*b*) ante (*c*) lana (*d*) pana

6. Complete.
  1. Esta camisa a rayas no hace muy buen juego con mi saco _____
    _____ .
  2. Se me rompió la _____ en la bragueta de los pantalones que compré ayer.
  3. No me gusta llevar zapatos sin _____ .
  4. Con este pantalón no tengo que llevar _____ .
  5. Cuando llueve, tengo que ponerme el _____ .
  6. Necesito ropa interior. Voy a comprarme seis _____ y seis _____ .
  7. No sé mi talla. El señor tendrá que tomarme las _____ .
  8. No me gusta el algodón. Prefiero las telas _____ o una combinación porque no
    se arrugan tanto.
  9. Este saco no me _____ bien.
  10. Este saco está muy _____ . Necesito una talla más grande.

BUYING WOMEN'S CLOTHING

— ¿*En qué puedo servirle?*	What can I do for you?
— Quisiera una *bufanda*.	scarf
el *abrigo*	coat
la *bata*	dressing gown, beach wrap

la *blusa*	blouse
los *blue jeans*	blue jeans
el *bolso**	pocketbook
las *bragas**	panties
la *combinación*	full slip
las *enaguas*	half-slip
la *faja*	girdle
la *falda*	skirt
los *guantes*	gloves
el *impermeable* (el *encauchado*)	raincoat
las *medias**	stockings
los *panties**	pantyhose
el *pañuelo*	handkerchief
el *sombrero*	hat
el *sostén*	brassiere
el *suéter*	sweater
el *traje de baño*	bathing suit
el *traje pantalón*	pants suit
el *vestido*	suit, dress
Yo quisiera una blusa de *algodón*.	cotton
seda.	silk
nilón.	nylon
tela sintética.	synthetic fabric
tela inarrugable.	wrinkle-resistant fabric
¿La prefiere Ud. con *mangas* largas o cortas?	sleeves
Quiero una blusa *a rayas*.	striped
a cuadros.	checked
con lunares (*bolitas*).	with polka dots
sin encaje.	with no lace
Quisiera una falda de *pana*.	corduroy
lana.	wool
ante (*gamuza*).	suede
estambre.	worsted
Prefiero una *combinación* de algodón y otra *tela*.	blend; fabric
Esta blusa *hace buen juego con* la falda.	matches, goes well with
¿Cuál es su *talla*?	size
Mi talla es cuarenta.	
No sé. ¿Me puede *tomar las medidas*?	take my measurements

Regional Variations

*pocketbook	Usage of gender will vary. You will also hear *la bolsa* and *la cartera*.
*underpants	The term *los calzones* is also sometimes used. *Las bragas* can sometimes refer to children's underpants.
*stockings	In some areas of Latin America *medias* refers to men's socks as well as to stockings. The more common word for socks, however, is *calcetines*.
*panty hose	Also called *media pantalón*.

7. List the items in a complete outfit of clothing for a woman.

Fig. 13-3

8. Answer based on Fig. 13-3.
　1. Es una blusa _____.
　2. Es una camisa _____.
　3. Es una bufanda _____.

9. Complete.
　1. Me hace falta ropa interior. Voy a compar unas _____, una _____
　　 y un _____. Pero no me hace falta una _____.
　2. No quiero una blusa de algodón porque se arruga demasiado. Prefiero una
　　 _____ de algodón y tela sintética.
　3. Una blusa a rayas no hace buen _____ con una falda _____.
　4. No sé mi talla. Tendrá que tomarme las _____.

10. Choose the appropriate word.
　1. Quisiera un bolso de _____. (*a*) cuero (*b*) tela inarrugable
　2. No, no quiero una falda. Prefiero _____. (*a*) un traje pantalón (*b*) una bufanda
　3. ¿Tiene Ud. _____ de nilón? (*a*) zapatos (*b*) medias
　4. Compré un pañuelo de _____. (*a*) cuero (*b*) seda
　5. Hace frío. Quiero un _____. (*a*) suéter (*b*) traje de baño

Key Words

a cuadros   checked (in design)
a rayas   striped
el abrigo   overcoat
el algodón   cotton
el algodón asargado   denim
amplio   wide
ancho   wide
el ante   suede
apretado   tight
el bañador   bathing suit
la bata   dressing gown, beach wrap
el betún   shoe polish
los blue jeans   blue jeans
la blusa   blouse
la bolita   polka dot
el (la) bolso (a)   pocketbook
las botas   boots
el botón   button
las bragas   panties
la bragueta   fly
la bufanda   scarf
los calcetines   socks
calzar   to take a shoe size
los calzoncillos   underpants
los calzones   panties
la camisa   shirt
la camiseta   undershirt
la campera   outer jacket
el caucho   rubber
la cartera   wallet, pocketbook
la chaqueta   jacket
el cierre   zipper
el cinturón   belt
la combinación   slip
la combinación   blend (of fabrics)
con lunares (bolitas)   with polka dots
la corbata   necktie
los cordones   shoelaces
la cremallera   zipper
cuadrado   checked (in design)
el cuero   leather
el dedo (del pie)   toe
las enaguas   half-slip
el encauchado   raincoat
el estambre   worsted
estrecho   narrow
la faja   girdle
la falda   skirt

la franela   flannel
el gabán   coat
la gabardina   gabardine
la gabardina   raincoat
la gamuza   suede
los gemelos   cufflinks
la goma   rubber
los guantes   gloves
hacer buen juego con   to match, go well with
hacer daño   to hurt
el impermeable   raincoat
la lana   wool
largo   long
el lunar   polka dot
la manga   sleeve
las medias   stockings, socks
la medida   measurement
el nilón   nylon
el número   size (of a shoe)
la pana   corduroy
los pantalones   pants, slacks
los panties   pantyhose
el pañuelo   handkerchief
el par   pair
el pasador   shoelace
el puño   cuff
quedarle bien (a alguien)   to fit (someone)
rayado   striped
el saco   jacket
las sandalias   sandals
la seda   silk
el sombrero   hat
el sostén   brassiere
la suela   sole (of a shoe)
el suéter   sweater
el tacón   heel
la talla   size (of clothing)
la tela inarrugable   wrinkle-resistant fabric
                        (material)
la tela sintética   synthetic fabric
el traje   suit
el traje de baño   bathing suit
el traje pantalón   pants suit
el vestido   dress, woman's suit
las zapatillas   slippers
los zapatos   shoes
los zapatos de tenis   tennis shoes, sneakers

CHAPTER 14: At the dry cleaner's
CAPÍTULO 14: En la tintorería

Tengo mucha *ropa sucia*.	dirty clothes
Voy a la *tintorería*.	dry cleaner's shop
¿Me puede *lavar y planchar esta camisa*?	wash; iron
No quiero *almidón*.	starch
¿Me puede *limpiar en seco* este traje?	dry-clean
¿Cuándo estará *listo(a)*?	ready
La (lo) *necesito* para....	need
¿Va a *encogerse* el suéter al lavarlo?	shrink
Hay un *hueco* aquí.	hole
¿Lo puede Ud. *remendar*?	mend
¿Puede *quitar* esta *mancha*?	remove; stain
¿Puede *coser el botón*?	sew on the button
¿Puede *zurcir* esto?	darn
El *forro* está *descosido*.	lining; unstitched
¿Lo puede Ud. *coser*?	sew
El (la) *sastre* no está hoy.	tailor

Note: For articles of clothing and fabrics, see Chapter 13.

1. Complete.
   1. Este suéter de lana va a _____ si yo lo lavo en agua. Lo tendrán que _____ _____ _____ en la _____.
   2. Esta camisa está _____. La tengo que lavar. Y después de lavarla, la tengo que _____.
   3. Cuando lavan mis camisas, prefiero que no pongan _____.
   4. El _____ de este saco está _____. ¿Me lo pueden _____?
   5. Hay un hueco en esta falda. ¿Me lo pueden _____?
   6. ¿Me puede _____ este botón?
   7. Se me derramó (*spilled*) algo en la camisa. ¿Puede Ud. quitar la _____?
   8. ¿Me puede Ud. _____ estos calcetines?

2. Complete.
   En la tintorería
   — Buenas tardes. ¿Me puede _____ y _____ esta camisa?
   ₁ ₂
   — Sí, señor. ¡Cómo no! ¿Quiere Ud. _____?
   ₃
   — Sí, un poco, por favor, ¿Y ve Ud. que aquí tengo una mancha? ¿Cree Ud. que me la puede _____?
   ₄
   — ¿Sabe Ud. de qué es?

   — Sí, es de café.

— Pues, podemos intentar pero no se lo puedo prometer. _____ una _____ de
    café es muy dificil.

                                             5   6

— Si, lo sé. ¿Y me puede lavar este suéter?

— Lavarlo, no, señor. Es de lana. Al lavarlo, el suéter va a _____. Lo tendremos
    que _____ _____ _____.

                                             7

                        8

— Muy bien. ¿Lo puedo tener para mañana?

— La camisa, sí. Pero el suéter, no. Para la limpieza en seco necesitamos dos días.

— Está bien.

Key Words

el almidón starch	*planchar* to iron
coser to sew	*quitar* to remove, get out
descosido unstitched	*recoser* to sew again (mend, darn, patch)
encogerse to shrink	*remendar (ie)* to mend
el forro lining	*la ropa* clothing, clothes
el hueco hole	*el (la) sastre* tailor
lavar to wash	*sucio* dirty
limpiar en seco to dry clean	*la tintorería* dry cleaner's shop
la limpieza en seco dry cleaning	*zurcir* to darn
listo ready	
la mancha stain, spot	

CHAPTER 15: At the restaurant
CAPÍTULO 15: En el restaurante

GETTING SETTLED (FIG. 15-1)

Fig. 15-1

Este es un restaurante* *de lujo*.	luxurious
caro.	expensive
*económico**.	inexpensive
Tenemos una *reservación* (*reserva*) a nombre de _____.	reservation
Hemos reservado una mesa para tres personas.	have reserved
¿Nos puede dar una mesa *en el rincón*?	in the corner
cerca de la ventana?	near the window
afuera en el patio?	outside on the patio
Aquí viene el *mesero* (*camarero**).	waiter
la *mesera* (*camarera*).	waitress
¿Desean Uds. algún *aperitivo*?	aperitif
¿Nos puede traer el *menú* (*la carta, la minuta**)?	menu

Regional Variations

*foods	Refer to the appendix (pages 201–203) for a listing of foods you may wish to order.
*restaurant	The word *restaurante* is often pronounced "restorán," but it is never written that way.
*inexpensive restaurant	*Económico* is the word used in many areas for an unpretentious, relatively inexpensive restaurant. Many such restaurants serve excellent food.
*server	The word *mesero(a)* is used in Latin America. El (*la*) *camarero(a)* is used in Spain.
*menu	*El menú* is universally understood, although you will also see *la carta* and *la minuta*. *La carta* is often used for *la carta de vinos*.

1. Complete.

1. Yo no he _____ una mesa. Espero que tengan una _____ disponible.
2. Éste es un restaurante caro. Es un restaurante _____ _____.
3. Los precios en los restaurantes de _____ son más altos que en los restaurantes _____.
4. Hace muy buen tiempo esta noche. Yo prefiero sentarme _____ en el patio.

2. Complete.
En el restaurante

— Buenas noches, señores. ¿Tienen Uds. una _____?
                                                          1
— Si, señor. He _____ una _____ para tres personas.
                        2   3
— ¿Y a qué nombre, por favor?
— A _____ de _____.
        4   5
— ¿Prefieren Uds. una mesa aquí en el _____ o prefieren comer _____ en el
                                            6   7
_____?
        8
— Aquí está bien.
— ¿Desean Uds. algún _____?
                              9
— Si, creo que vamos a tomar un cóctel.

3. Complete.

El _____ trabaja en un restaurante. Cuando se sientan los clientes, él les pregunta si
        1
quieren algún _____. Y luego les trae el _____. Los clientes leen el
                      2   3
_____ para decidir lo que van a pedir para comer.
        4

LOOKING AT THE MENU

Entremeses	Appetizers
Sopas *Ensaladas*	Soups, Salads
Pescados *Mariscos*	Fish, Shellfish
Carnes *Aves*	Meats, Fowl
Legumbres (Verduras)	Vegetables
Frutas y Quesos	Fruits and Cheeses
Postres	Desserts

Yo no tengo mucha hambre.	
Voy a tomar solamente una sopa y un *plato principal**.	main course
Yo tengo mucha hambre.	
De primer plato voy a pedir una sopa.	as a first course
De segundo plato voy a pedir pescado.	as a second course
¿No tienen Uds. *un menú del día (menú turístico**, cubierto,*	fixed menu
platos combinados)	
¿Cuál es la *especialidad de la casa*?	house specialty
Habla el mesero (camarero):	
¿Qué desean como primer plato?	
¿Qué les apetece?	
Yo les *recomiendo (sugiero)*....	recommend (suggest)
¡Buen provecho*!	
Habla el cliente:	
¿Tiene Ud. la *lista (carta) de vinos*?	wine list

Regional Variations

*main course	In addition to *plato principal* you will often hear *plato fuerte* in Latin America.
*fixed menu	*El menú del día* is the most commonly used term but you will also hear *el menú turístico*.
*Buen provecho	The expression **¡buen provecho!** or **¡buen apetito!** is used frequently. A server will often say it as soon as he or she finishes serving the entire table. Also, if one unexpectedly encounters friends or acquaintances who are eating, one may say **¡buen provecho!** to those eating.

ABOUT THE LANGUAGE

¿Qué les apetece? is a widely used expression that does not have an exact English equivalent. It is a polite expression and conveys the meaning; "What would you like to have (find appetizing)?"

4. Answer on the basis of Fig. 15-2.

Fig. 15-2

1. ¿Es un restaurante de lujo o económico?
2. ¿Cuántas personas hay a la mesa?
3. ¿Dónde está la mesa?
4. ¿Quién les sirve?
5. ¿Qué tiene el mesero en la bandeja?
6. ¿Qué tiene el mesero en la mano?

5. Complete.
1. En muchos restaurantes hay un _____ _____ _____ que ofrece una comida completa a un precio fijo.
2. En muchos restaurantes españoles la _____ _____ _____ _____ es la paella.
3. En muchas regiones una comida completa consiste en cinco o seis _____.
4. Cuando no tengo mucha hambre, prefiero tomar solamente un _____.
5. En algunos países se come la ensalada antes del _____ _____ y en otros países se come después.
6. No sé qué vino voy a pedir. Tengo que ver la _____ _____ _____.
7. No sé lo que voy a comer. Posiblemente el mesero me puede _____ algo.

ORDERING MEAT OR FOWL (FIG. 15-3)

Fig. 15-3

¿Cómo le gusta la carne?
A mí me gusta *poco asada (casi cruda).*   rare
　　　　　un poco roja.   medium rare
　　　　　a término medio.   medium
　　　　　bien asada (bien cocida, bien hecha).   well done
Quiero una *chuleta* de cordero.*   lamb chop
　　　　　una *chuleta de ternera.*   veal cutlet
Quiero un *escalope*.*
Yo voy a comer un biftec*.
A mí me gusta la carne *asada.*   roasted
　　　　　(asada) al horno.   baked
　　　　　a la parrilla.   broiled, grilled
　　　　　estofada (guisada).   stewed
　　　　　picada.   diced, minced
　　　　　en su jugo.   in its juices
　　　　　salteada.   sautéed

Regional Variations

*cutlet, filet   The word *chuleta* can mean either chop or filet. *Un escalope* is a filet of any type of meat that can be breaded—*empanado*—or dipped in egg and flour or breadcrumbs—*rebozado*—and then fried. In some countries you will hear *apanado* rather than *empanado*.

*steak   The word "steak" can be translated into Spanish in many different ways. *Biftec* and *bistec* are both commonly used. You will also see and hear *filete* and *entrecote*. *Filete* can be a filet of any type of meat or fish. *Entrecote* is used for meat only. The word *lomo* refers to any cut of meat from the loin area, A *lomo de carne de res* is very similar to our sirloin steak. *Solomillo* or *lomo fino* is a very tender cut of beef and is somewhat similar to a tenderloin. In many areas of Latin America the word *churrasco* refers to a grilled steak.

6. Place an order for meat prepared in the following ways.
   1. Cooked on a grill
   2. Cooked in its natural juices
   3. Baked in the oven
   4. Cooked with liquid over a low heat on top of the stove
   5. Cooked in a roasting pan
   6. Diced into small pieces
   7. Cooked lightly in butter in a frying pan

7. Identify each item in Fig. 15-4.

Fig. 15-4

8. Complete.
   La mayoría de la gente prefiere el cerdo_____ _____. Yo creo que la mayoría
   de la gente prefiere el pollo _____ también. Pero a muchos les gusta el
   biftec o _____ o _____.

ORDERING FISH OR SEAFOOD (SHELLFISH)

Me gusta mucho el pescado *cocido al vapor*.	steamed
escalfado.	poached
hervido.	boiled
(cocido) al horno.	baked
frito.	fried
a la romana.	deep-fried
salteado.	sautéed
a la parrilla (*plancha*).	broiled, grilled
ahumado.	smoked
Algunos pescados tienen muchas *espinas*.	bones

ABOUT THE LANGUAGE

A la parrilla, *a la plancha*, and *a la brasa* are all used to express "grilled" or "broiled." There is, however, a slight technical difference. *A la parrilla* is used more frequently for meats, since it means grilled on a grating. *A la plancha* is more often used for seafood such as shrimp, since it means "grilled on a flat surface." *A la brasa* means grilled over coals and is most commonly used for chicken and other meats as well.

9. Place an order for fish prepared in the following ways.
1. Boiled
2. Cooked on a rack over boiling water
3. Sautéed in butter
4. Fried in a frying pan
5. Breaded and deep-fried in oil
6. Cooked on a flat iron grill

SOME PROBLEMS YOU MAY HAVE

Nos (me) hace falta *un vaso*.	glass
una taza.	cup
un platillo.	saucer
un cuchillo.	knife
un tenedor.	fork
una cuchara.	soup spoon
una cucharita.	teaspoon
una servilleta.	napkin
un salero.	salt shaker
un pimentero.	pepper shaker
un cubierto.	place setting
Pimienta, por favor.	pepper
Sal,	salt
Agua,	water
Azúcar,	sugar
El *mantel* está *sucio*.	tablecloth; dirty
Esta carne está *demasiado cruda*.	too rare
demasiado hecha (*cocida*).	too well-done
demasiado dura.	too tough
La comida está *fría*.	cold
Esto está muy *salado*.	salty

10. Complete.

1. En la mesa la sal está en un _____ y la pimienta está en un _____. El _____ está en un azucarero.
2. Por lo general un cubierto consiste en una _____, una _____, un _____ y un _____.
3. Hay demasiado sal en la salsa. Está muy _____.
4. No puedo cortar la carne con este cuchillo. Está muy _____ la carne.

11. Identify each item in Fig. 15-5.

Fig. 15-5

GETTING THE CHECK

La *cuenta*, por favor.	check
¿Está incluido el servicio?	Is the service charge included?
Voy a *dejar una propina.*	leave a tip
¿Acepta Ud. tarjetas de crédito?	credit cards
¿Me puede dar un recibo?	receipt

12. Complete.

Cuando terminamos con la comida en el restaurante, yo le pedí la _____ al mesero. Él me la trajo. Yo le pregunté si el servicio estaba _____. Él me dijo que sí pero yo decidí

dejarle más _____ porque nos dio muy buen servicio. Desgraciadamente el restaurante

no aceptaba _____ _____ _____. Por eso tuve que pagar con dinero

en efectivo y le pedí un _____ al mesero.

El otro día algunos amigos y yo fuimos a un restaurante. Cuando llegamos, le explicamos al jefe que teníamos una reservación para cuatro personas. Él nos dio una mesa muy buena en el rincón. Decidimos no sentarnos en el patio porque hacía un poco fresco. Vino el mesero y nos preguntó si deseábamos un aperitivo. Todos decidimos que sí, que íbamos a tomar algo. Mientras tomábamos el aperitivo, el mesero nos trajo el menú. Había un menú turístico pero no nos apetecía mucho. Cada uno de nosotros pedimos tres platos y cada uno pidió algo distinto.

Cuando vino el mesero con el primer plato nos dimos cuenta de que faltaba un cubierto. El mesero volvió en seguida con un vaso, una cuchara, una cucharita, un tenedor, un cuchillo y una servilleta. Luego el mesero nos preguntó si nos apetecía un vaso de vino. A mí me gusta el vino tinto pero a los otros les gusta más el vino blanco. Así pedimos una botella de vino blanco. La comida salió riquísima. Todo estaba delicioso aunque todos habíamos comido algo distinto. Es raro que en el mismo restaurante se preparen bien mariscos, pescados, carnes y aves.

El mesero nos preguntó si deseábamos algún postre pero todos ya habíamos comido demasiado. Nadie tomó postre pero todos queríamos (café) expreso. Cuando terminamos con el café, yo le pedí la cuenta al mesero. Él me dijo que el servicio estaba incluido pero yo le dejé más propina porque nos dio un servicio muy bueno.

13. Complete.
1. Los amigos comieron en un _____.
2. Ellos se sentaron en el _____.
3. Tuvieron una _____ para cuatro personas.
4. No se sentaron en el _____ porque hacía un poco fresco.
5. Todos decidieron tomar un _____.
6. El _____ les dio el menú.
7. El _____ _____ no les apeteció.
8. Cada uno pidió tres _____ distintos.

14. Answer.
1. ¿Qué faltaba en la mesa?
2. ¿Qué vino tomaron ellos?
3. ¿Cómo estaba la comida?
4. ¿Qué se preparaba bien en aquel restaurante?
5. ¿Tomaron postre?
6. ¿Qué querían todos?
7. ¿Estaba incluido el servicio en la cuenta?
8. ¿Qué dejaron para el mesero? ¿Por qué?

Key Words

afuera   outside, outdoors
ahumado   smoked
a la brasa   charcoal grilled
a la parrilla   grilled, broiled
a la plancha   grilled, broiled
a la romana   breaded and deep-fried
el aperitivo   aperitif
asado   roasted
(asado) al horno   baked
a término medio, poco rojo   medium (cooked)
las aves   fowl

el azúcar   sugar
bien asado   well done
bien cocido   well done
bien hecho   well done
el biftec, bistec   steak
el camarero   waiter
la carne   meat
caro   expensive
la carta   menu, list
la carta de vinos   wine list
casi crudo   rare

cocido al vapor   steamed
cocinado(a)   cooked
el cordero   lamb
crudo   rare, raw
el cubierto   place setting
la cuchara   soup spoon
la cucharita   teaspoon
el cuchillo   knife
la cuenta   bill, check
la chuleta   chop; cutlet
de lujo   luxurious
demasiado cocido, demasiado   too well-done,
   cocinado   overcooked
demasiado hecho   too well-done, overcooked
dulce   sweet
duro   tough
económico   economical, inexpensive restaurant
en su jugo   pot roasted, in its juices
la ensalada   salad
los entremeses   hors d'oeuvre
la especialidad de la casa   house specialty
la espina   bone (for fish only)
estofado   stewed
frío   cold
frito   fried
la fruta   fruit
guisado   stewed
hervido   boiled
incluido   included
la legumbre   vegetable
la lista de vinos   wine list
el mantel   tablecloth
el marisco   shellfish
el menú   menu
el menú del día   fixed menu
la mesa   table
el mesero   waiter
la minuta   menu
el muslo   leg, thigh (of a chicken)
el patio   patio, terrace

la pechuga   breast (of fowl)
el pescado   fish (as a food: does not refer to
                live fish)
picado   diced, minced
el pimentero   pepper shaker
la pimienta   pepper
el platillo   saucer
el plato   plate; course
platos combinados   fixed menu
el plato principal   main course
poco asado   rare
el pollo   chicken
el postre   dessert
la propina   tip
el queso   cheese
el recibo   receipt
recomendar (ie)   to recommend
la reservación   reservation
reservar   to reserve
el restaurante   restaurant
el rincón   corner
la sal   salt
salado   salty
el salero   salt shaker
salteado   sautéed
el servicio   service; service charge
la servilleta   napkin
la sopa   soup
sucio   dirty
sugerir (ie, i)   to suggest
la tarjeta de crédito   credit card
la taza   cup
el tenedor   fork
la ternera   veal
el vaso   glass
la ventana   window
la verdura   vegetable
el vino   wine
el vino tinto   red wine

CHAPTER 16: Shopping for food
CAPÍTULO 16: Comprando los comestibles

Note: Refer to Appendix 6 (pages 183-185) for food items mentioned in this chapter.

TYPES OF STORES

Tengo que ir a la *panadería*.	bakery (bread store)
pastelería.	bakery (pastry shop)
lechería.	dairy store
huevería.	egg store
carnicería.	butcher shop
charcutería.	delicatessen
pescadería.	fish store
marisquería.	shellfish store
*frutería**.	fruit and vegetable store
Tengo que comprar *comestibles* (*abarrotes*).	food (groceries)
Voy a la (*tienda de*) *abarrotes**.	grocery store
Voy al *supermercado*.	supermarket
Empujo el carrito.	I push the cart.
Empujo el carrito por los *pasillos*.	aisles

Regional Variations

*vegetable store   Both vegetables and fruits are sold in *una frutería*. *Una verdulería* sells only vegetables.

*grocery store   There are many regional variations for this term. They are *la tienda de abarrotes* (*la abarrotes*), *la abarrotería* (not very common). In addition you will frequently hear *la bodega* and *el colmado* as well as *la pulpería*, which in some areas conveys the idea of general store. *La tienda de ultramarinos* is commonly used in Spain.

1. Complete.
1. Se venden pasteles, tortas y bizcochos en una _____.
2. Se venden la carne de res y la ternera en la _____.
3. Se venden frutas y vegetales en una _____.
4. Se venden los productos que vienen de una vaca en la _____.
5. Se venden pescados en una _____.
6. Se vende pan en una _____.
7. Se venden los productos de puerco en una _____.
8. Se venden mariscos en una _____.

2. Identify the stores where you would find the following.
1. judías verdes (ejotes)
2. panecillos
3. carne de res
4. lenguado
5. langosta
6. manzanas
7. leche
8. huevos
9. queso
10. chuletas de cerdo
11. fiambres
12. salchicha
13. crema

3. Identify four terms that convey the meaning "grocery store."

SPEAKING WITH THE VENDORS

¿A cómo está* la ternera?	How much
A doscientos pesos el kilo.	
Tiene muy buena pinta.	It looks good.
¿A cuánto están los tomates hoy?	How much
Están a setenta y cinco el kilo.	
Están muy *frescos.*	fresh
Déme (póngame) medio kilo, por favor.	give me
Déme seis *lonchas (lonjas)* de tocino.	slices of bacon
Déme una *tajada** de aquel queso.	slice
Déme un *manojo (un atado*)* de zanahorias.	bunch
Déme un *repollo* de lechuga. Déme una lechuga.	head
Déme quinientos gramos de chuletas de cerdo.	
Déme una *docena* de huevos.	dozen
Quiero un *bote* (una *lata**) de *atún.*	can of tuna
Quiero una *bolsa** de papas fritas.	bag of potato chips
Quiero un *envase* de crema.	container
Quiero una *caja de polvos (jabón en polvo)* para la máquina de lavar.	box of laundry detergent
Quiero un *paquete de espinacas congeladas.*	package of frozen spinach
¿Puede poner todo esto en una *bolsa?*	bag (sack)
¿Lo puede *envolver* en papel?	wrap
¿Lo puedo llevar en la *canasta (cesta, el capacho)?*	basket
Quiero devolver estos *cascos (envases).*	empty bottles

Regional Variations

*how much Note that the expressions *¿A cómo está (están)?* and *¿A cuánto está(n)?* are frequently used when asking the price of food items that change frequently. When asking the price of other types of merchandise *¿Cuánto es (son)?*, *¿Cuánto cuesta(n)?* and *¿Cuál es el precio de ...?* are more common.

*slice The word for "slice" varies depending upon what is sliced. Although there are no hard and fast rules as to when to use which word, the following can be used as a guideline. *Loncha* or *lonja* can be used for most meats unless one wishes to be more specific and ask for *un filete, un medallón,* etc. *Rebanada* is used for a slice of bread or cake. A slice of something that is definitely round in shape is often *una rueda* or *una rodaja. Raja* is also used for a slice of fruit. *Tajada* is a general word and can be used when one wants a slice of something without being precise about the size or shape.

*bunch The word for "bunch" also varies. *Un manojo* or *un atado* is used for those items that have been bunched together into a sales unit; for example, carrots or beets. Note that the literal meaning of *manojo* is "a handful" and that of *un atado* is "that which has been tied together." The word for a bunch of something that actually grows in a bunch is *un racimo;* thus a bunch of grapes is *un racimo de uvas.* A bunch of flowers is *un ramo de flores.*

*can *Bote* and *lata* can be used almost interchangeably.

*bag *La bolsa* is the most common word for "bag," be it a paper bag or a plastic bag. In some countries such as the Dominican Republic *la bolsa* is frowned upon and the word *funda* is used. *Una funda* is the word for a "pillow case." *La funda* is not, however, restricted to the Dominican Republic. *Bolsa* is also used for any item actually packaged in a bag and is usually called *una bolsa plástica* or *una bolsa de papel.* The word *el cartucho* is sometimes used.

4. Complete.

1. En la frutería

— Buenas tardes, señor.

—¿ _____ _____ _____ la lechuga hoy?
                                 1

— A treinta pesos el repollo (la pieza).

2. En la frutería

— ¿Son de aquí los tomates?

— Sí, están muy _____.
                         1

— Es verdad que tienen muy buena _____. ¿A _____ _____ hoy?
                                    2   3

— Están a ochenta pesos el kilo.

— _____ medio kilo, por favor.
           4

— Aquí los tiene. Medio kilo de tomates. _____ pesos.
                                        5

— Gracias. ¿Me los puede poner en una _____ o envolverlos en papel?
                                            6

5. Choose the appropriate word.

1. Déme _____ _____ de huevos, por favor, (*a*) una docena (*b*) un bote (*c*) un repollo
2. Déme dos _____ de uvas. (*a*) repollos (*b*) chuletas (*c*) racimos
3. Déme _____ de zanahorias. (*a*) un casco (*b*) una caja (*c*) un manojo
4. Déme _____ _____ de agua mineral, (*a*) un envase (*b*) una botella (*c*) un paquete
5. Déme cuatro _____ de cerdo. (*a*) chuletas (*b*) bolsas (*c*) gramos
6. Déme seis _____ de aquel jamón. (*a*) cajas (*b*) lonchas (*c*) botellas
7. Déme _____ _____ de harina. (*a*) una caja (*b*) una botella (*c*) una tajada
8. Déme _____ _____ de salsa de tomate. (*a*) una caja (*b*) una lata (*c*) una bolsa

6. Complete.

1. No, el pescado no está fresco. Está _____.
2. Lo siento. No tengo bolsas pero se lo puedo _____ en papel.
3. Tengo que _____ estos envases.
4. Él me va a _____ la lechuga en papel.

7. Complete.
1. un _____ de lechuga
2. una _____ de tomates
3. un _____ de zanahorias congeladas
4. un _____ de remolachas
5. un _____ de coliflor
6. un _____ de uvas
7. medio _____ de cerezas
8. cuatro _____ de cerdo
9. seis _____ de jamón
10. seiscientos _____ de ternera
11. una _____ de atún
12. dos _____ de agua mineral
13. una _____ de azúcar

Key Words

abarrotes groceries
¿a cómo es (son)? how much is (are)?
¿a cuánto está(n)? how much is (are)?
el atado bunch
la bodega grocery store (Latin America)
la bolsa bag
el bote can
la caja box
la canasta basket
el capacho basket, pannier
la carnicería butcher shop
el carrito cart
el cartucho bag
el casco empty bottle to be returned
la cesta basket
el colmado grocery store (Puerto Rico)
los comestibles food
congelado frozen
la charcutería delicatessen
déme give me
devolver (ue) to return (something)
la docena dozen
el envase empty bottle to be returned, container
envolver (ue) to wrap
fresco fresh
la frutería fruit and vegetable store

la funda bag
el gramo gram
la huevería egg store
el jabón en polvo soap powder
el kilo kilogram
la lata can
la lechería dairy store
la loncha slice
la lonja slice
el manojo bunch
la marisquería shellfish store
la panadería (bread) bakery store
el paquete package
el pasillo aisle (of a supermarket)
la pastelería bakery, pastry shop
la pescadería fish market
la pulpería grocery store
póngame give me
la pulpería grocery store, general store
la rebanada slice
el repollo head (of lettuce, etc.)
el supermercado supermarket
la tajada slice
tener buena pinta to look good
la tienda de abarrotes grocery store
la tienda de ultramarinos grocery store

CHAPTER 17: At home
CAPÍTULO 17: En casa, El hogar

THE KITCHEN (FIG. 17-1)

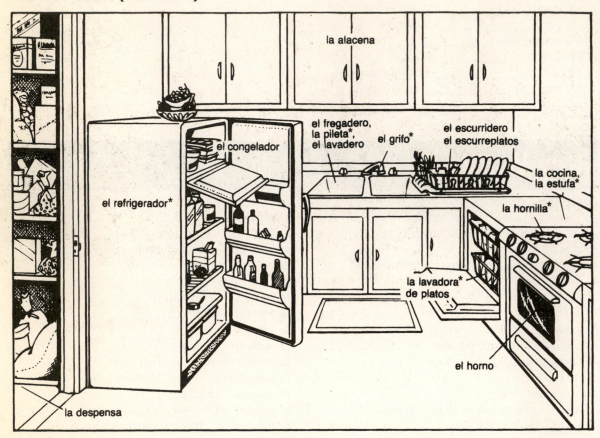

Fig. 17-1

Note: Refer to the appendix on pages 183–185 for the foods mentioned in this chapter.

WASHING THE DISHES

Lavo (friego*) los platos (la vajilla*) en la pileta*.	wash the dishes
Abro el grifo* y lleno la pileta de agua.	turn on the faucet
Antes, tapo el *desagüe* con un *tapón.*	drain; plug
Echo un poco de *polvo de lavar.*	soap powder
Lavo (friego) los platos con un *estropajo (fregador).*	dishrag
Luego los pongo en el *escurridero.*	drainboard
Los seco con un *paño (secador).*	dish towel

Regional Variations

*to wash dishes	The word *fregar* (ie) actually means "to scrub". It is, however, the most commonly used verb in Spain to express "wash the dishes." It is also used in areas of Latin America. However, in many areas of Latin America people prefer to say *lavar los platos*, since *fregar* is used figuratively to mean "bother, annoy, pester". In certain areas of South America, *fregar* is a completely vulgar term.
*dishes	*La vajilla* encompasses all those items needed to set a table. Another useful word is *los cacharros*, which equates with the English "pots and pans." In some areas of Latin America, however, *un cacharro* can mean any old piece of junk.

1. Complete.

Tengo un montón de platos sucios. Los tengo que lavar. Primero tapo el _____ 1 de _____ 2 con un _____ 3 . Abro el _____ 4 y lleno _____ 5 de agua. Echo un poco de _____ _____ _____ 6 y luego empiezo mi trabajo. Friego los platos con un _____ 7 y luego los pongo en el _____ 8 . Después de lavarlos, los tengo que _____ 9 . Los seco con un _____ 10 . ¿No sería más fácil tener _____ 11 ?

COOKING (FIG. 17-2)

Tengo que preparar la comida.	
Voy a *cocinar*.*	
Voy a *guisar** la carne.	cook
Voy a *cocer* los huevos en una olla.	cook
Voy a *hervir** el agua en una caldera.	boil
Voy a *freír* las papas en una (un) sartén.	fry
Voy a *asar** la carne en el horno.	roast
Voy a *saltear* las legumbres.	sautée
Voy a *derretir* la mantequilla.	melt
Lo voy a guisar *a fuego lento.*	on a low (slow) flame
Lo voy a *tapar.*	to cover
Lo voy a *llevar a la ebullición*.*	bring to a boil
Tengo que *picar (cortar)* las cebollas con un *cuchillo.*	dice
Tengo que *pelar* las frutas.	pare, peel
Tengo que trinchar la carne con un *trinchante (trinche).*	carving knife
Tengo que *colar (cernir)* el arroz en un *colador (una cernidera).*	strain; strainer

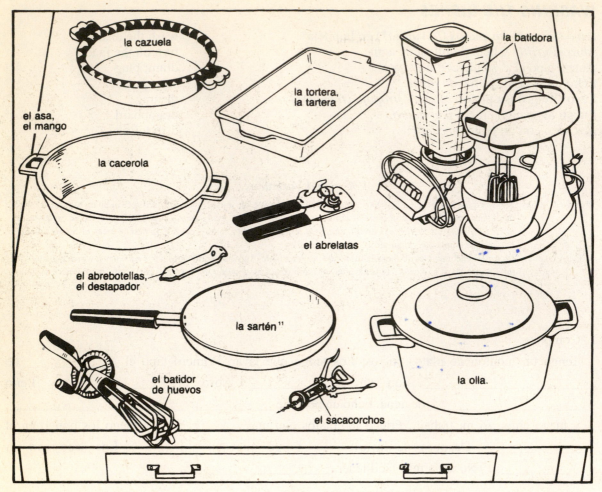

Fig. 17-2

Regional Variations

*to cook
The various words for "to cook" can also be rather confusing. The two most general words are *cocinar* and *guisar*. *Cocer* (ue) means to cook, but usually in water. It is the verb that is used for cooking eggs, for example. Interestingly enough it is also the verb used for making bread. The verb *hervir* (*ie, i*) means to boil. Note that the verb *cocer* would never be used in the sense "to boil water", which in a recipe would read *hiérvase el agua*. "Bring to the boiling point" is "*llévese* (*póngase*) *a la ebullición.*" The verb *freír* (i, i) means to fry, and the verb *saltear* means to sautée. *Asar* basically means to roast, but *asar en el horno* means to bake and *asar a la parrilla* means to grill or broil. The nouns for cooking are la *cocina* and la *cocción*. *La cocina* means the cooking style or cuisine. *La cocción* refers to the duration of cooking. The word most commonly used for the general preparation of a dish is *la elaboración* or *la confección*.

*cooking utensils
The terms for cooking utensils can also be a bit confusing. If one were to look up the word "saucepan" in a bilingual dictionary, one would probably find both *cacerola* and *cazuela*. If one looks up "pot" or "pan," there are even more entries. Here are some simple guidelines that may help anyone interested in cooking. *Una sartén* (*un sartén*) is a frying pan or a skillet. *Una tortera* (*tartera*) (*un molde*) is a baking pan for cakes, etc. *Una olla* is convex pot, rather high, with two handles. *Un puchero* is a big stew pot, larger than *una olla*, and it usually has one handle. *Una cacerola* is a round pan, often of metal, with low sides and two handles. *Una cazuela* is usually made of ceramic or clay; it is wide and not very deep. *Una caldera* is a large pot usually used for boiling water. In addition the word *el pote* can be used for any round pot with one handle but it is not used in all countries.

2. Tell which pot you need.
1. Voy a hervir agua.
2. Voy a asar carne y vegetales en el horno.
3. Voy a hacer una torta.
4. Voy a freír papas.

3. Tell what utensil you need.
1. Voy a trinchar la carne.
2. Voy a pelar las papas.
3. Voy a batir los huevos.
4. Voy a colar el arroz.
5. Voy a sacar el corcho de una botella de vino.
6. Voy a abrir una lata de atún.

4. Answer on the basis of Fig. 17-3.
1. ¿Hay una lavadora en la cocina?
2. ¿Cuántos grifos tiene la pileta?
3. ¿Hay platos en el escurridero?
4. ¿Tiene despensa la cocina?
5. ¿Hay comestibles en la alacena?
6. En la cocina, ¿hay una estufa de gas o una estufa eléctrica?
7. ¿Cuántas hornillas tiene la estufa?
8. ¿Hay cubitos de hielo en el refrigerador?
9. ¿En qué parte del refrigerador están los cubitos de hielo?

Fig. 17-3

5. Complete.
1. Voy a _____ las cebollas y luego las voy a _____ con aceite en una sartén.
2. Voy a preparar huevos pasados por agua. Los voy a _____ ahora.
3. Voy a _____ el cordero en el horno.
4. Antes de _____ el arroz, tengo que _____ el agua a la ebullición.

6. Give the Spanish verb for:
1. bake something in the oven
2. fry something in a frying pan
3. sautée something in butter
4. boil something such as potatoes
5. roast pork in the oven
6. melt butter

THE BATHROOM (FIG. 17-4)

ABOUT THE LANGUAGE

A useful word to learn in connection with a bathroom is the one for "tile." The larger tiles used on a bathroom wall and around the shower are called *baldosas*. The smaller tiles used on the floor (and sometimes the wall) are *las baldosinas*. The tile floor in a bathroom is called el *embaldosado*. The larger glazed tiles are *azulejos*.

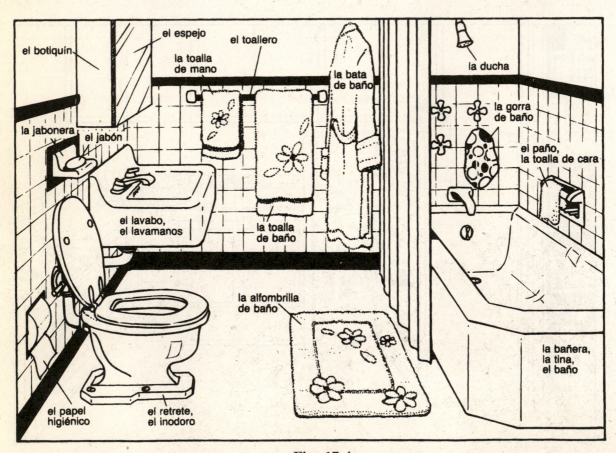

Fig. 17-4

Por la manaña ...
me baño o *me ducho*.   bathe; shower
me lavo el pelo.   wash my hair
me seco con una toalla.   dry myself
me cepillo los dientes con pasta (crema) dentífrica.   brush my teeth
me afeito con jabón de afeitar y una *navaja*.   shave with shaving soap; razor
me pongo el maquillaje.   put on makeup
me peino.   comb my hair

7. Complete.

1. Me lavo las manos en el _____. Cuando me lavo las manos uso _____ y un(a) _____.
2. Después de usar el jabón, lo pongo en la _____.
3. A veces me baño en _____ _____ o me ducho en la _____.
4. Después de ducharme (o bañarme) me seco con una _____.
5. Las toallas cuelgan del _____.
6. Me miro en el _____ mientras que me peino.
7. Me cepillo los dientes y luego pongo la _____ _____ en el _____.
8. Si no quiero mojarme el pelo, me pongo una _____ _____ antes de ducharme.
9. El _____ está al lado del lavabo.
10. Después de bañarme y secarme, me pongo una _____ _____ _____.
11. No quiero mojar el embaldosado. Voy a ponerme en la _____ _____ _____.

8. Label each item in Fig. 17-5.

Fig. 17-5

THE DINING ROOM (FIGS. 17-6 AND 17-7)

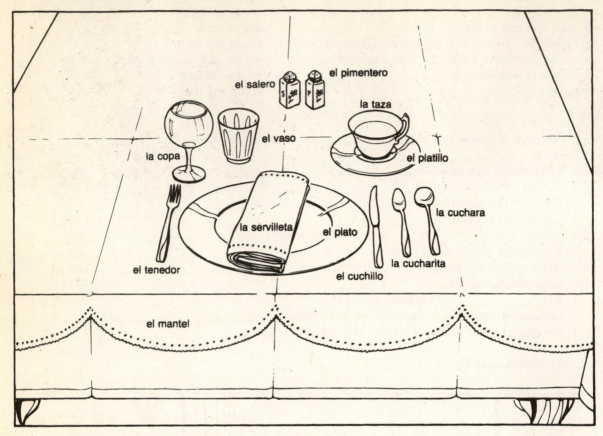

el salero   el pimentero

la taza

el vaso

la copa

el platillo

la servilleta   el plato

la cuchara

el tenedor   el cuchillo   la cucharita

el mantel

Fig. 17-6

La señora *pone la mesa.*	sets the table
Los conmensales se sientan a la mesa.	diners
Alguien *sirve* (*a*) la mesa.	serves
Después de la sobremesa, los conmensales *se levantan* de la mesa.	get up from
El señor *quita la mesa.*	clears the table
Pone todo en una *bandeja.*	tray

9. Complete. (Refer to Fig. 17-7.)
    1. Quiero azúcar. Páseme _____ _____, por favor.
    2. Quiero mantequilla. Páseme _____ _____, por favor.
    3. Quiero más sal. Páseme _____ _____, por favor.
    4. Quiero pimienta. Páseme _____ _____, por favor.
    5. Quiero más salsa. Páseme _____ _____, por favor.

10. Complete. (Refer to Fig. 17-7.)
    1. Se sirve la ensalada en una _____.
    2. Se sirve la sopa en una _____.
    3. Se sirve la carne en una _____.
    4. Se sirve la salsa en una _____.
    5. Se puede calentar los platos en un _____.

Fig. 17-7

11. Identify each item in Fig. 17-8.

Fig. 17-8

THE LIVING ROOM (FIG. 17-9)

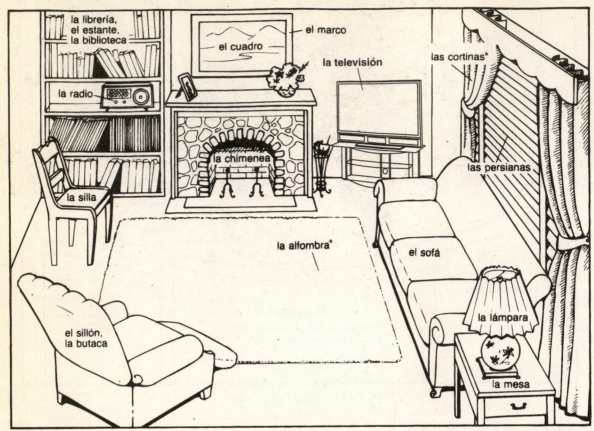

Fig. 17-9

	Regional Variations
*rug, carpet	*La alfombra* is the word used for an area rug, even a large one. In many areas a wall-to-wall carpet is called *moqueta*.
*curtains	There are quite a few words for the various types of window coverings. *Cortinas* is the word for "curtains" and *celosías* are shutters used on the exterior of many windows in Spain. They are made of wood and can be opened and closed by a strap in the house. *Persianas* or *persianas venecianas* are venetian blinds. *Los visillos* are thin, almost transparent curtains such as sheer curtains.

La familia se sienta en la sala.

Hablan (charlan, platican, conversan).	chat
Miran (ven) la televisión.	watch
Escuchan un programa de radio.	listen to
Escuchan *discos (cintas).*	records (tapes)
Leen el *periódico* (la *revista*).	newspaper (magazine)
Reciben a sus *convidados (invitados).*	guests

12. Complete.
1. Hay _____ y _____ en la ventana.
2. La señora tiene muchos libros en _____ _____.
3. Cuando hace frío pongo _____ _____ cerca de _____ _____ y me siento allí.
4. La lámpara está en una _____ al lado del _____.
5. El cuadro tiene _____ _____ de madera.

6. De noche yo miro la _____ y _____ la radio.
7. Una _____ cubre una parte del piso. La _____ cubre todo el piso.
8. Solamente una persona puede sentarse en una _____ pero tres o cuatro pueden sentarse en un _____.
9. Esta noche voy a estar solo(a). No vienen _____.

IN THE BEDROOM (FIGS. 17-10 AND 17-11)

Voy a *acostarme*.	go to bed
Voy a *poner el despertador*.	set the alarm clock
Duermo ocho horas.	sleep
Me duermo enseguida.	fall asleep
Me levanto a las ocho.	get up
Hago (*tiendo*) *la cama*.	make the bed

ABOUT THE LANGUAGE

La cama matrimonial is the general word for "double bed." The word for "bed" is *la cama*. The definite article *la* is always used with *cama* when one is in bed to sleep or rest. *Estoy en la cama* means "I am in bed (resting)." When *cama* is used without the article (*Estoy en cama*) it means "I am sick in bed." *Tengo que guardar cama* means "I have to stay in bed."

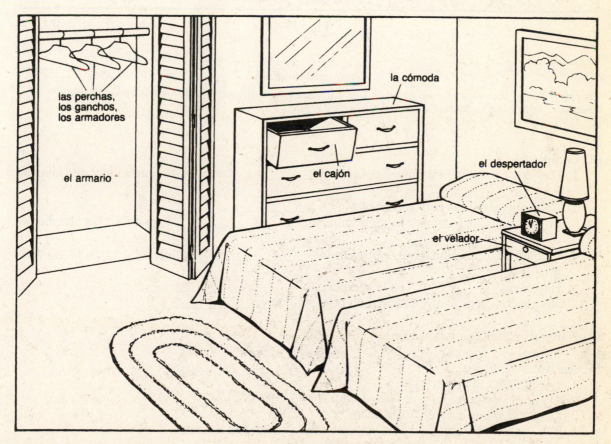

Fig. 17-10

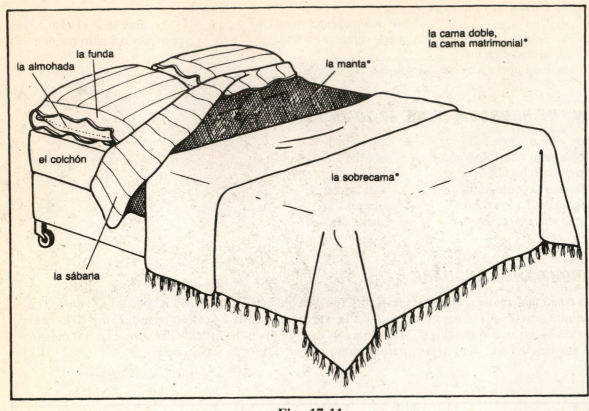

la almohada

la funda

la manta*

la cama doble,
la cama matrimonial*

el colchón

la sobrecama*

la sábana

Fig. 17-11

Regional Variations

*blanket   Other commonly used words for "blanket" are la *frazada* and *la cobija*. In Puerto Rico you will also hear *frisa*.

*bedspread Other words for "bedspread" are *el cubrecama* and *la colcha*.

---

13. Complete.
  1. Hay dos camas en el dormitorio. En el _____ entre las dos camas hay una lámpara
     y un _____.
  2. Una cama para dos personas es una _____.
  3. En una cama matrimonial hay generalmente dos _____. Para cubrir las almohadas
     se ponen _____.
  4. Cuando hago la cama, arreglo primero las _____, luego las _____ y al
     final la _____.
  5. Hay cinco _____ en la cómoda.
  6. No puedo colgar nada en el armario porque no hay _____.

14. Name six items that go on a bed.

15. Answer.
  1. ¿A qué hora te acuestas?
  2. ¿Pones el despertador antes de acostarte?
  3. ¿Cuántas horas duermes cada noche?
  4. ¿Te duermes enseguida o pasas tiempo dando vueltas en la cama?
  5. ¿A qué hora te levantas?
  6. ¿Haces la cama enseguida?

HOUSEWORK

Tengo que lavar la *ropa sucia*.	dirty clothes
Tengo que *hacer el lavado*.	do the laundry
Voy a ponerlo en la *lavadora*.	washing machine
Tengo que hacer *el planchado*.	ironing
¿Dónde están la *plancha* y la *tabla de planchar*?	iron; ironing board
Tengo que *limpiar (quitar) el polvo de los muebles*.	dust the furniture
¿Dónde está el *paño*?	dust cloth
Tengo que *aspirar* la moqueta.	vacuum
¿Dónde está la *aspiradora*?	vacuum cleaner
Tengo que *pulir* los muebles.	shine
Tengo que *barrer (escobar) el piso (suelo)*.	sweep the floor
¿Dónde está *la escoba*?	broom
Tengo que *fregar el piso (baño)*.	scrub the floor (bathtub)
¿Dónde están los *trapos*?	rags
¿Dónde está el *estropajo*?	mop
¿Dónde está la *esponja*?	sponge
Tengo que *tirar la basura*.	throw out the garbage
Tengo que vaciar el *basurero*.	garbage can
Tengo que vaciar el *balde de basura (cubo de basura, tarro de basura)*.	garbage can

16. Complete.

Hoy tengo mucho que hacer. Tengo un montón de ropa sucia. Primero tendré que hacer el _____ (1). Gracias a Dios tengo una _____ (2) que facilita mucho el trabajo. Pero después de terminar con el lavado, tengo que hacer el _____ (3). Voy a poner la _____ (4) y la _____ (5) de planchar en la cocina ahora. Después de hacer el lavado y el planchado tengo que _____ (6) la moqueta en la sala. Antes de poner el lavado en la lavadora voy a quitar la _____ (7) y ponerla en la sala. Posiblemente podré _____ (8) la moqueta mientras esté la ropa en la _____ (9). Y también tengo que _____ (10) el polvo de los muebles. Cuando tengo las ventanas abiertas, entra mucho polvo de la calle.

17. Match what you are doing in column A with what you need in column B.

A	B
1. planchar	(*a*) trapos
2. barrer	(*b*) la tabla de planchar
3. fregar la tina	(*c*) un paño limpio
4. limpiar el polvo	(*d*) la escoba
5. aspirar la moqueta	(*e*) los muebles
	(*f*) la aspiradora

18. Complete.

Después de preparar una comida grande siempre hay mucha _____ (1). La tiro en el _____ (2) y luego tengo que quitarlo de la cocina para vaciarlo.

SOME MINOR PROBLEMS AROUND THE HOME

Voy a *poner* (*encender*) *la luz*.	turn on the light
No enciende.	it won't go on
¿Está *fundida la bombilla* (*quemado el foco*)?	light bulb blown out
Ay, no. Tengo que *enchufar* la lámpara.	plug in
Aquí está el *enchufe*.	plug
Las luces *se han apagado*.	gone out
Yo no *las he apagado*.	turn them off
Se quemó un fusible.	a fuse blew
Tengo que chequear *el tablero* (*cuadro, panel*) *de fusibles*.	fuse box
¿Dónde está* el *interruptor*?	light switch
Tendré que llamar *al* (*a la*) *electricista*.	electrician
No puedo *vaciar el fregadero*.	empty the sink
He quitado el *tapón*.	plug, stopper
Está *atascado*.	clogged up
Está goteando agua de la ducha.	dripping, leaking
Tendré que llamar *al plomero* (*fontanero*).	plumber
La *cañería* es muy vieja.	pipes (plumbing)

Regional Variations

*light switch   Other words for "light switch" are *el apagador* and *el suiche*. In Spain you will also hear *la llave*.

---

19. Complete.

No puedo encender la luz. No sé lo que pasa. ¿Estará _____ la _____ de la lám-
                                            1   2
para? Ay, no.¡Mira! La lámpara no está enchufada. La tengo que _____. ¿Pero dondé está
                                                                    3
el _____?
       4

20. Complete.

No tengo luces. ¿Qué ha pasado? No las he _____. Posiblemente
                                            1
_____ _____ un fusible. Tendré que chequear el _____
       2
_____ _____. Si no se ha quemado un _____ que yo puedo
       3   4
reemplazar fácilmente, tendré que llamar _____ _____.
                                              5

21. Complete.

— El fregadero está lleno de agua y no lo puedo _____.
                                                    1
— Pues, ¿has quitado el _____ del desagüe?
                           2
— Claro que lo he quitado.
— Pues, estará _____. Tendremos que llamar _____ _____. Pronto tendremos
                   3   4
que reemplazar toda la _____ en esta casa.
                           5

Key Words

The kitchen

a fuego lento   on a slow heat, on low flame
el abrebotellas   bottle opener
el abrelatas   can opener
la alacena   kitchen closet, cupboard
asar   to roast
el batidor de huevos   eggbeater
la batidora   mixer, blender
la cacerola   casserole, (type of) pot
la cazuela   (type of) pot, casserole meal
la cernidera   strainer
cernir (ie)   to strain, to sift
cocer (ue)   to cook (in water)
la cocina   kitchen, stove, range; cuisine
cocinar   to cook
el colador   strainer, colander
colar (ue)   to strain
la congeladora   freezer
derretir (i,i)   to melt
el desagüe   drain
la despensa   pantry
el destapador   bottle opener
el escurridero   rinsing board, drainboard
el estropajo   dishrag, mop
la estufa   stove, range
el fregadero   sink
el fregador   dishrag
fregar (ie)   to wash (dishes), to scrub
freír (i,i)   to fry
el grifo   faucet, tap
guisar   to cook, stew
hervir (ie,i)   to boil
la (el) hornilla(o)   burner on a stove
el horno   oven
el lavadero   sink
la lavadora (de platos, de vajilla)   dishwasher
lavar   to wash
llevar a la ebullición   to bring to a boil
el mango   handle
la olla   (type of) pot
el paño   cloth
pelar   to pare, peel
picar   to dice
la pila   sink
la pileta   sink
el polvo de lavar   washing powder
el refrigerador   refrigerator
el sacacorchos   corkscrew
saltear   to sautée
la (el) sartén   frying pan

el secador   dish towel
la tapa   cover, lid
tapar   to cover, put a lid on
el tapón   plug, stopper
el tarro de basura   garbage can
la tortera (tartera)   baking pan
el trinchante   carving knife
trinchar   to carve
el trinche   carving knife
la vajilla   dishware

The bathroom

afeitarse   to shave
la alfombrilla de baño   bath mat
la baldosa   tile
el baldosín   small tile
bañarse   to bathe, take a bath
la bañera   bathtub
el baño   bath, bathtub
la bata de baño   bathrobe
el botiquín   medicine cabinet
cepillarse los dientes   to brush one's teeth
el cuarto de baño   bathroom
el dentífrico   toothpaste
la ducha   shower
ducharse   to take a shower
el espejo   mirror
la gorra de baño   bath cap
el inodoro   toilet
el jabón   soap
el jabón de afeitar   shaving soap
la jabonera   soap dish
el lavabo   washbasin
el lavamanos   washbasin
lavarse   to wash
el maquillaje   makeup
la navaja   razor
el paño   face cloth
el papel higiénico   toilet paper
la pasta dentífrica   toothpaste
peinarse   to comb one's hair
ponerse   to put on
el retrete   toilet
secarse   to dry oneself
la tina   bathtub
la toalla   towel
la toalla de baño   bath towel
el toallero   towel rack
tomar un baño   to take a bath
tomar una ducha   to take a shower

The dining room

el aparador   buffet, sideboard, credenza
el azucarero   sugar bowl
la bandeja   tray
el calientaplatos   plate warmer
el candelabro   candelabra
el comedor   dining room
el conmensal   (fellow) diner
la copa   stem glass
la cuchara   soup spoon, tablespoon
la cucharita   teaspoon
el cuchillo   knife
la ensaladera   salad dish, salad bowl
la fuente   serving platter
levantarse de la mesa   to get up from the table
el mantel   tablecloth
el mantequero   butter dish
la mantequillera   butter dish
el pimentero   pepper shaker
el platillo   saucer
el plato   plate, dish
poner la mesa   to set the table
quitar la mesa   to clear the table
el salero   salt shaker
la salsera   gravy boat
la servilleta   napkin
servir (i,i)   to serve
la sobremesa   conversation at table after a
    meal; dessert
la sopera   soup bowl
la taza   cup
el tenedor   fork
el vaso   glass

The living room

la alfombra   rug, carpet
la biblioteca   bookcase
la butaca   armchair
la cinta   tape
el convidado(a)   guest
la cortina   curtain
el cuadro   picture, painting
charlar   to chat
la chimenea   fireplace
el diario   newspaper (daily)
el disco   record
el dominical   newspaper (Sunday)
el estante   bookcase, bookshelf
el (la) invitado (a)   guest
la lámpara   lamp
la lámpara de pie   floor lamp
la librería   bookcase
el living   living room

el marco   frame
la mesa   table
la moqueta   wall-to-wall carpeting
el periódico   newspaper
la persiana   venetian blind
platicar   to chat
la radio   radio
la revista   magazine
la sala de estar   living room
la silla   chair
el sillón   armchair
el sofá   sofa, divan
la televisión   television

The bedroom

acostarse (ue)   to go to bed
la alcoba   bedroom
la almohada   pillow
el armador   hanger
el armario   closet
el cajón   drawer
la cama matrimonial   bed
la colcha   bedspread
el colchón   mattress
la cómoda   bureau, chest of drawers
el cuarto   bedroom
el cubrecama   bedspread
el despertador   alarm clock
dormir (ue,u)   to sleep
dormirse (ue,u)   to fall asleep
el dormitorio   bedroom
la frazada   blanket
la frisa   blanket
la funda   pillowcase
el gancho   hook, hanger
hacer la cama   to make the bed
levantarse   to get up
la manta   blanket
la percha   hanger
poner   to set (alarm clock)
la recámara   bedroom
la sábana   sheet
la sobrecama   bedspread
el velador   night table

Housework

la aspiradora   vacuum cleaner
aspirar   to vacuum
el balde de basura   garbage can
barrer   to sweep
la basura   garbage
el basurero   garbage can
el cubo de basura   garbage can
la escoba   broom

escobar to sweep
la esponja sponge
el estropajo dishrag, mop
fregar (ie) to scrub, to wash (dishes)
el lavado laundry
la lavadora washing machine
lavar to wash
limpiar el polvo to dust
el paño cloth
el piso floor
la plancha iron
el planchado ironing
planchar to iron
pulir to polish
los quehaceres domésticos housework
quitar el polvo to dust
la ropa clothes
sucio dirty
el suelo floor
la tabla de planchar ironing board
el trapo rag

Some minor problems around the home
apagar la luz to turn out (off) the light
atascado clogged, stopped up

la bombilla light bulb
la cañería pipes, plumbing
el cuadro de fusibles fuse box
el desagüe drain
el (la) electricista electrician
encender (ie) la luz to turn on the light
enchufar to plug in
el enchufe plug
el enchufe hembra socket
el (la) fontanero(a) plumber
fundido blown out
el fusible fuse
gotear to drip, leak
el interruptor light switch
la llave light switch
el panel de fusibles fuse panel, fuse box
el (la) plomero(a) plumber
poner la luz to turn on the light
quemarse un fusible to blow a fuse
quitar to take out
el suiche switch
el tablero de fusibles fuse box
el tapón plug, stopper
vaciar to empty

CHAPTER 18: At the doctor's office
CAPÍTULO 18: En la consulta*
(el consultorio)
del médico

A COLD

Habla el (la) paciente:	
Yo no estoy bien. Estoy *enfermo(a)*.	sick
Creo que *tengo un catarro.*	a cold
tengo un resfriado.	
tengo un resfrío.	
estoy resfriado(a).	
estoy constipado(a)*.	
No sé si tengo (*la*) *gripe*.	flu, influenza
Me duele la garganta.	My throat hurts.
el *oído*.	ear
Tengo una *fiebre*.	fever
escalofríos.	chills
una *fiebre intermitente*.	chills and fever
las *glándulas hinchadas*.	swollen glands
un *dolor de cabeza*.	a headache
una *tos*.	cough
mucha *congestión* (*flema*).	a lot of congestion
Habla el (la) médico(a):	
¿Cuáles son sus *síntomas*?	symptoms
¿Se siente Ud. *mareado(a)*?	dizzy, nauseous
Abra Ud. la boca.	Open your mouth.
Le quiero *examinar* la garganta.	examine
Respire Ud. hondo (*profundo*).	Take a deep breath.
¿Le duele el *pecho*?	chest
Le voy a tomar la temperatura.	
¿Tiene Ud. una alergia a la penicilina?	
Le voy a poner (dar) una inyección.	
Súbase la manga.	Roll up your sleeve.
Desvístase hasta la cintura.	Strip to the waist.
Le voy a *recetar* unos antibióticos.	prescribe
Ud. tiene que tomar tres *píldoras* (*pastillas, comprimidos*) al día.	pills

Regional Variations

*doctor's office One of the most common ways to express doctor's office is *consulta del médico*. You will also hear *el consultorio del médico* and *el gabinete del médico*. Note that *la médica* is used for a female doctor. When speaking about a medical doctor, *médico(a)*.is used. When addressing the doctor directly, however, *doctor(a)* is used. Many doctors own clinics today and you will also hear *la clínica del médico*.

*to have a cold There are several ways to say "I have a cold" in Spanish. *Tengo un resfrío* or *estoy resfriado(a)* is probably more common in Latin America than in Spain. Be careful of the false cognate *constipado(a)* which does in fact mean a "cold" and not "constipated." The word for "constipated" in Spanish is *estreñido(a)*.

1. Complete.

El pobre señor Prieto no está bien. Está _____ . Tiene la _____ muy roja y le
duele mucho. A veces tiene mucho frío ~1~ y a veces tiene mucho calor. Tiene una
_____ _____ . Tiene las glándulas _____ , una _____ , y
mucha _____ . Él no sabe si tiene sólo un _____ o si tiene _____ . Él
tiene que ir a ver al médico.

2. Complete.

En la _____ del médico
— Buenos días, doctor.
— Buenos días. ¿Qué tiene Ud.?
— Pues, yo no sé si tengo un _____ o si tengo _____ .
— ¿Cuáles son sus _____ ?
— Me duele la _____ y tengo mucha _____ .
— Muy bien. Abra Ud. la _____ , por favor. Le quiero examinar la _____ . Es
verdad que está muy roja. Ud. tiene las _____ un poco hinchadas también.
_____ Ud. hondo, por favor. ¿Le duele el _____ cuando respira?
— Un poco, pero no mucho.
— ¿Tiene Ud. una _____ ?
— Sí, estoy tosiendo bastante.
— Abra Ud. la boca otra vez. Le voy a tomar la _____ . Está a 38. Un poco alta. Ud.
tiene _____ también. ¿Sabe Ud. si tiene una _____ a algunas medicinas?
— No, no lo creo.
— Pues, súbase la _____ , por favor. Le voy a dar una _____ de penicilina y
le voy a _____ un antibiótico. Ud. tiene que tomar tres _____ al día.
Estará mejor dentro de algunos días.

3. Complete.
1. Cuando alguien tiene un _____ , por lo general no tiene fiebre. Sin embargo, es bastante común tener una _____ con la _____ .
2. A veces una persona que tiene fiebre se siente fría un momento y caliente el otro. Cuando se siente fría es posible que tenga _____ también.
3. El paciente tiene que abrir la _____ cuando el médico le _____ la garganta.
4. Cuando el médico le va a poner una _____ en el brazo, es necesario subirse la _____ .

A PHYSICAL EXAMINATION

Historial clínico (médico)	medical history
¿Ha sufrido Ud. o alguien en su familia de alergias?	
artritis?	
asma?	
cáncer?	
diabetes?	
una *enfermedad del corazón*?	heart disease
una *enfermedad mental*?	mental illness
una *enfermedad venérea*?	venereal disease
epilepsia?	
tuberculosis?	
Cuando Ud. era niño(a), ¿tenía poliomielitis?	
sarampión?	measles
viruelas?	chicken pox
paperas?	mumps

Note: Some other diseases you may have to know for travel purposes are: *la viruela* (smallpox), *el paludismo* (malaria), *la fiebre amarllla, el tifus, la fiebre tifoidea, el tétanos.*

AT THE DOCTOR'S OFFICE (FIG. 18-1)

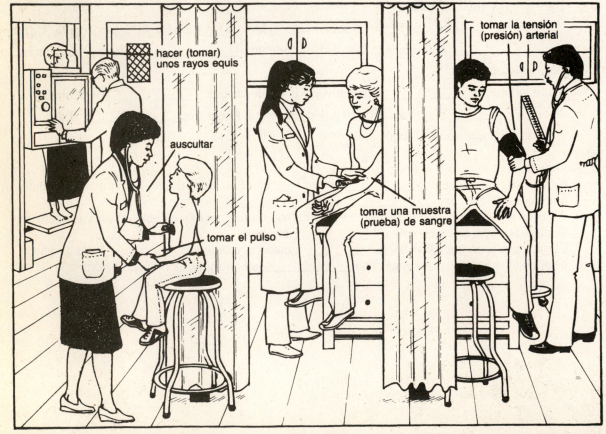

Fig. 18-1

¿Cuál es su *grupo* (*tipo*) *sanguíneo*?	blood type
¿Tiene Ud. problemas con su período menstrual (*regla*)?	
¿Ha tenido Ud. una operación?	
Sí, me han sacado *las amígdalas*.	tonsils
el apéndice.	appendix
Habla el médico:	
Súbase la manga, por favor.	
Le quiero tomar la *presión sanguínea* (la *tensión arterial*).	blood pressure
Le voy a tomar *una prueba* (*muestra*) de *sangre*.	blood sample
Quiero hacer un *análisis de sangre*.	blood test
Le voy a tomar el pulso.	
Le voy a hacer unos *rayos equis de los pulmones*.	x-rays of the lungs
Los voy a *auscultar*.	examine with a stethoscope
Le voy a dar un electrocardiograma.	
Necesito una *muestra* de *orina*.	sample; urine
heces.	feces

4. Complete.

1. Una persona que tiene una _____ _____ _____ puede sufrir un ataque cardíaco (al corazón).
2. Él no puede soportar la penicilina. Tiene una _____.
3. En el pasado muchos niños sufrían de _____, _____, _____ o _____. Todas son enfermedades contagiosas. Hoy día hay inyecciones de inmunización contra estas _____.
4. Una persona que tiene _____ tiene problemas en respirar.
5. El corazón, el hígado, y los riñones son _____ _____.
6. Si por acaso una persona tiene un accidente, es importante saber su _____ _____.
7. Los psiquíatras tratan las _____ _____.
8. _____ _____, _____ y _____ son órganos vitales.
9. Yo nunca he _____ de epilepsia.
10. El asma es una enfermedad de los _____.
11. Cada vez que yo voy a ver al médico él me toma la _____ _____.
12. Ella me va a tomar una muestra de sangre porque quiere hacer un _____.
13. Si hay la menor posibilidad de una enfermedad del corazón, el médico le dará un _____.
14. Muchas veces si una persona tiene mal al _____, vomita o tiene diarrea.

5. Select the normal procedures for a medical or physical examination.

1. El médico le toma la temperatura.
2. El médico le toma la tensión arterial.
3. El médico le hace una operación.
4. El médico le toma unos rayos equis de los pulmones.
5. El médico le toma una prueba de sangre para hacer un análisis de sangre.
6. El médico le toma el pulso.
7. El médico le da una inyección de penicilina.
8. El médico le da un electrocardiograma.
9. El médico le receta unos antibióticos.
10. El médico lo ausculta.
11. El médico le pide una muestra de orina.
12. El médico examina ciertos órganos vitales.

AN ACCIDENT (FIG. 18-2)

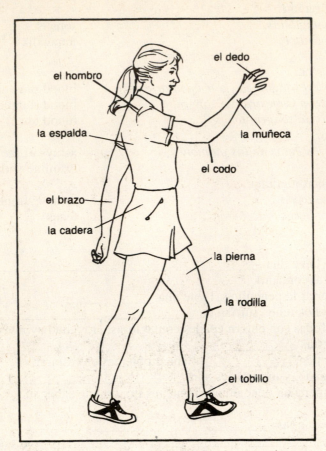

Fig. 18-2

Se me (le) rompió el *dedo*.	finger
el *brazo*.	arm
la *muñeca*.	wrist
la *pierna*.	leg
el *tobillo*.	ankle
la *cadera*.	hip
la *rodilla*.	knee
el *codo*.	elbow
el *hombro*.	shoulder

Se me torció la espalda.	I sprained my back.
Me duele aquí.	It hurts me here.
El médico quiere *radiografiar* (*tomar una radiografía de*) la herida.	x-ray the wound
Tiene una *fractura complicada*.	compound fracture
El médico (*cirujano ortopédico*) tiene que *ensalmar* (*acomodar*) *el hueso*.	set the bone
Se le *rompió* (*quebró*) la pierna	broke
Luego lo tiene que *enyesar* (*entablillar*).	put it in a cast
El paciente tendrá que andar *con muletas*.	on crutches
Se me (le) cortó el dedo.	
la *mejilla*.	cheek
el *pie*.	foot
El médico le va a *tomar* (*coger*) *puntos.* *	stitch
Luego le va a *vendar* la herida.	bandage
Le va a poner una *venda* (*un vendaje*).*	bandage
Va a *quitarle los puntos* en cinco días.	take out the stitches

---

Regional Variations

*stitches   *Puntos* is the commonly used word for "stitches." The noun *sutura* and the verb *suturar* also exist.
*Band-Aid   *Una venda* is usually smaller than *un vendaje*. The comparison between Band-Aid and bandage could be made.

---

6. Complete.

El pobre Juanito tuvo un accidente. Se cayó y se le rompió _____ _____ . Sus
padres lo llevaron al hospital. El médico les dijo que quería _____ la herida para saber
                                                                        1
si Juanito sufrió una rotura o una dislocación. La radiografía indicó una rotura. Así el
                                        2
_____ ortopédico tuvo que _____ el hueso y luego lo tuvo que _____ .
        3   4   5
El pobre Juanito tendrá que andar con _____ por unas semanas.
                                              6

7. Complete.
1. Se le cortó el dedo. El médico no va a enyesar la herida pero la va a _____ .
2. Antes de vendarla, le tiene que tomar (coger) _____ porque es una cortadura
   bastante profunda.

8. Identify each item in Fig. 18-3.

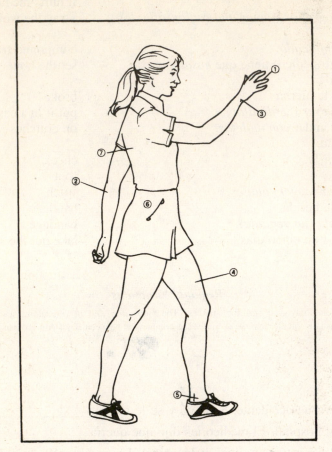

Fig. 18-3

Key Words

acomodar to set (a bone)	*la cintura* waist
la alergia allergy	*el (la) cirujano(a) ortopédico(a)* orthopedic
las amígdalas tonsils	surgeon
el análisis analysis	*coger puntos* to stitch
el antibiótico antibiotic	*el comprimido* pill, tablet
el apéndice appendix	*la congestión* congestion
la arthritis arthritis	*constipado (estar)* to have a cold
el asma (f) asthma	*la consulta del médico* doctor's office
el ataque al corazón heart attack	*el corazón* heart
el ataque cardiaco heart attack	*cortar* to cut
auscultar to examine with a stethoscope	*el dedo* finger
la boca mouth	*desvestirse (i, i)* to undress
el brazo arm	*la diabetes* diabetes
la cadera hip	*la diarrea* diarrhea
el cáncer cancer	*el (la) doctor(a)* doctor
el catarro cold	*el dolor* pain, ache

el electrocardiograma electrocardiogram
la enfermedad illness, disease
la enfermedad mental mental illness
la enfermedad venérea veneral disease
ensalmar to set (a bone)
entablillar to put into a cast, to splint
enyesar to put into a cast
la epilepsia epilepsy
los escalofríos chills
la espalda back
el estómago stomach
estreñido constipated
examinar to examine
la fiebre fever
la fiebre intermitente chills and fever
la flema congestion, phlegm
la fractura complicada compound fracture
la garganta throat
la glándula gland
la gripe flu, influenza
el grupo sanguíneo blood type
hacer daño (a alguien) to hurt (someone)
las heces feces
la herida wound
el hígado liver
hinchado swollen
el historical médico médical history
el hueso bone
la intervención quirúrgica operation
los intestinos intestines, bowels
la inyección injection
la manga sleeve
mareado dizzy, nauseous
el (la) médico(a) doctor
la mejilla cheek
la muestra sample
la muleta crutch
la muñeca wrist
el oído ear
la operación operation
la orina urine

las paperas mumps
la pastilla pill
el pecho chest
la penicilina penicillin
el período menstrual menstrual period
el pie foot
la pierna leg
la píldora pill
la poliomielitis polio
la presión sanguínea blood pressure
la prueba sample
los pulmones lungs
el pulso pulse
el punto stitch
quebrar break
radiografiar to x-ray
los rayos equis x-rays
recetar to prescribe
la regla menstruation
resfriado cold
el resfrío cold
los riñones kidneys
romper to break
la sangre blood
el sarampión measles
el síntoma symptom
suturar to suture
la temperatura temperature
la tensión arterial blood pressure
el tipo sanguíneo blood type
el tobillo ankle
tomar puntos to stitch
torcer (ue) to sprain
la tos cough
toser to cough
la tuberculosis tuberculosis
la venda bandage
el vendaje bandage
vendar to bandage
las viruelas chicken pox
vomitar to vomit

CHAPTER 19: At the hospital
CAPÍTULO 19: En el hospital*

ADMITTANCE

Favor de llenar este *formulario*.   form
Indique Ud. su compañía de *seguros*.   insurance
Escriba también el número de su *póliza*.   policy

IN THE EMERGENCY ROOM (FIG. 19-1)

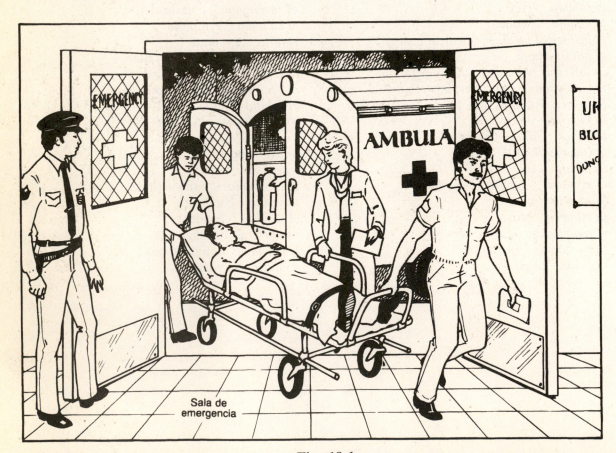

Sala de emergencia

Fig. 19-1

Llega una ambulancia.
El paciente está en una *camilla*.   stretcher
No está en una *silla de ruedas*.   wheelchair
Lo llevan a la *sala de emergencia*.   emergency room
Enseguida un(a) *enfermero(a)* le toma el pulso.   nurse
Le toma la *presión sanguínea (tensión arterial)*.   blood pressure
El (la) *médico(a)* lo examina.   doctor
Un *médico residente (interno)* lo examina en la sala de   intern
   emergencia.
El paciente tiene *dolores abdominales*.   abdominal pains
El (la) médico(a) quiere una *radiografía*.   x-ray
Llevan al paciente al departamento de radiología*.

ABOUT THE LANGUAGE

The medical departments in a hospital named after a medical science are almost always the same in English and Spanish since the words stem from Latin roots. However, the –y in English becomes –*ía* in Spanish. Thus radiology becomes *radiología*. Other common examples are *urología, neurología,* and *cardiología*. The same is true for the doctor who is a specialist in a particular field. The English ending –ologist becomes –*ólogo(a)*: *urólogo(a), neurólogo(a), cardiólogo(a), ginecólogo(a)*, etc.

1. Answer.
   1. ¿Cómo llega el paciente al hospital?
   2. ¿Puede andar a pie el paciente?
   3. ¿Cómo entra él en el hospital?
   4. ¿Qué le toma un enfermero?
   5. ¿Quién examina al paciente?
   6. ¿Dónde lo examina?
   7. ¿Qué tiene el paciente?
   8. ¿Qué quiere el médico?
   9. ¿Adónde llevan al paciente?

2. Complete.

   Por lo general cuando un paciente llega al hospital él o un miembro de su familia tiene que llenar un _____ en la recepción. En el _____ tiene que escribir el nombre de la com-
   ^{1} ^{2}
   pañía de _____ y el número de su _____.
            ^{3} ^{4}

3. Complete.
   1. Muchos pacientes llegan al hospital en una _____.
   2. Si el paciente no es ambulatorio lo ponen en una _____ o en una _____
      _____ _____.
   3. Cuando un paciente llega al hospital en una ambulancia, por lo general va enseguida a la
      _____ _____ _____.
   4. Casi siempre un(a) enfermero(a) le toma el _____ y la _____ al paciente.
   5. Si el (la) médico(a) no sabe lo que tiene el paciente, frecuentemente querrá una _____.

SURGERY (FIG. 19-2)

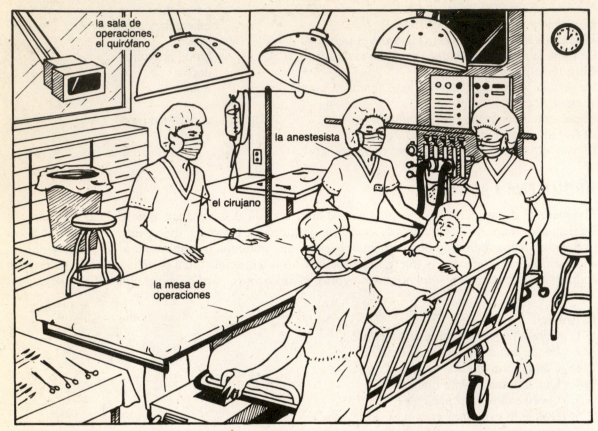

Fig. 19-2

Van a operar al paciente.	
Le van a (*operar*) *hacer una intervención quirúrgica.*	operate
Le dan al paciente una inyección de un *calmante* (*tranquilizante*).	tranquilizer
Lo preparan para la operación.	
Lo llevan a la *sala de operaciones* (al *quirófano*) en una camilla.	operating room
Lo ponen en la *mesa de operaciones.*	operating table
El (la) *anestesista* le da la anestesia.	anesthetist
Le da *pentotal sódico.*	sodium pentothal
El (la) *cirujano*(a) le opera (hace una intervención quirúrgica).	surgeon
Le opera al paciente del *apéndice.*	appendix
Le *saca* el apéndice.	takes out
El paciente tuvo (sufrió) un ataque de apendicitis.	

ABOUT THE LANGUAGE

Note the use of the preposition *de. Le opera del apéndice. Le opera del intestino.*

4. Complete.

El médico decide que el paciente necesita una _____ . Le va a hacer una
_____ _____ . Antes de llevarlo a la _____ _____ _____ ,
le dan una inyección de un _____ porque no quieren que esté muy nervioso. Lo llevan a
la sala de operaciones en una _____ porque el paciente no puede ir a pie. Cuando llegan
al quirófano, ponen al paciente en la _____ _____ _____ . El
_____ le da _____ y luego el _____ empieza la operación. Le operan
_____ apéndice.

5. Give other words for:
1. la sala de operaciones
2. hacer una intervención quirúrgica
3. una operación
4. un tranquilizante
5. extraer
6. la sala de emergencia

IN THE RECOVERY ROOM

Después de una operación, el paciente va a la *sala de recuperación* (*la sala de restablecimiento*).	recovery room
En la sala de recuperación le dan oxígeno.	
No lo ponen en una *tienda de oxígeno*.	oxygen tent
Le dan *alimento por vía intravenosa*.	intravenous feeding
La enfermera le explica que el *pronóstico* (la *prognosis*) no es grave.	prognosis
Pero si el paciente está muy enfermo, lo llevan a *la unidad de cuidados intensivos*.	intensive care unit

6. Complete.
1. El paciente va a la _____ _____ _____ después de la operación.
2. Para que el paciente respire fácilmente le dan _____ .
3. A veces le dan alimento al paciente por _____ _____ .
4. El paciente estaba contento porque le dijeron que _____ _____ no era grave.

IN THE DELIVERY ROOM

La señora está *encinta* (*embarazada, preñada*).	pregnant
Va a *parir* (*dar a luz*).	give birth
Está *de parto*.	in labor
Tiene *dolores de parto*.	labor pains
Está en la *sala de parto*.	delivery room
El (la) *obstétrico(a)* la atiende.	obstetrician

7. Complete.

La señora está _____ . Dentro de poco, ella va a _____ . En este momento tiene
_____ de parto. El _____ la atiende en la _____ _____
_____ .

Un día Carlos se despertó con un dolor de estómago. No pudo levantarse de la cama. No sabía qué hacer y decidió llamar a una ambulancia. La ambulancia llegó dentro de algunos minutos. Pusieron a Carlos en una camilla y lo llevaron al hospital. Después de cinco minutos él se encontró en la sala de emergencia. Un enfermero le tomaba el pulso y otro le tomaba la tensión arterial. Entró un médico que le pidió sus síntomas. Carlos le describió el dolor que tenía. El médico quería saber si había vomitado o si tenía diarrea. Carlos le dijo que no, que sólo tenía el dolor abdominal. El médico lo examinó y le dijo que quería una radiografía. Una enfermera ayudó a Carlos a sentarse en una silla de ruedas y lo llevó al departamento de radiología, donde le tomaron (sacaron) unos rayos equis. Una hora más tarde el médico le explicó que sufría de un ataque de apendicitis y que sería necesario hacer una intervención quirúrgica. Le dieron una inyección de un calmante y casi enseguida el paciente se encontró acostado en la mesa de operaciones en el quirófano. La anestesista le puso una inyección en el brazo derecho y le dijo que contara de uno a diez. El cirujano le operó del apéndice y luego le tomó (cogió) algunos puntos. Al despertarse, Carlos se encontró en la sala de recuperación con tubos de oxígeno en la nariz. Le daban también suero por vía intravenosa. El pobre Carlos no sabía dónde estaba cuando se acercó una enfermera que le dijo que todo estaba bien. Habían terminado con la operación y el cirujano le dio un pronóstico muy bueno. En un día él podría salir del hospital sano y salvo, no en una camilla ni en una silla de ruedas, sino a pie.

8. Complete.
1. Carlos tenía un _____ de estómago.
2. Él fue al hospital en una _____.
3. Él no se sentó en la ambulancia. Lo pusieron en una _____.
4. En el hospital lo llevaron a la _____ _____ _____.
5. Allí le tomaron el _____ y la _____ _____.
6. Él le dijo sus _____ al médico.
7. Llevaron al paciente al departamento de _____ donde le tomaron algunos _____.
8. El médico decidió hacer una _____ _____.
9. Antes de llevarlo a la sala de operaciones le dieron una _____ de un _____.
10. En el quirófano lo pusieron en la _____ _____ _____.
11. La _____ le dio anestesia.
12. El _____ le operó _____ apéndice.
13. Después de la operación el cirujano le _____ algunos _____.
14. Cuando Carlos se despertó estaba en la _____ _____ _____.
15. Para que respirara sin problema tenía _____ _____ _____ en la nariz.
16. Tomaba suero por _____.
17. Carlos no estaba nervioso porque el cirujano le dio un _____ muy bueno.

Key Words

abdominal   abdominal
la ambulancia   ambulance
las amígdalas   tonsils
la anestesia   anesthesia
el (la) anestesista   anesthetist
el apéndice   appendix
la apendicitis   appendicitis
el ataque   attack
el calmante   tranquilizer
la camilla   stretcher
las cataratas   cataracts
el (la) cirujano(a)   surgeon
la clínica   hospital, clinic
el colon   colon
la compañía de seguros   insurance company
dar a luz   to give birth
de parto (estar)   in labor
el dolor   pain, ache
los dolores de parto   labor pains
embarazada   pregnant
encinta   pregnant
el (la) enfermero(a)   nurse
examinar   to examine
extraer   to take out
el formulario   form
grave   serious
hacer una intervención quirúrgica   to operate, do surgery
las hemorroides   hemorrhoids, piles
la histerectomía   hysterectomy
el hospital   hospital
la intervención quirúrgica   surgery
el intestino   intestine, bowel
la inyección   injection
el (la) médico(a)   doctor
el (la) médico(a) residente   intern
la mesa de operaciones   operating table
el (la) obstétrico(a)   obstetrician

la operación   operation
operar   to operate
el ovario   ovary
el oxígeno   oxygen
el (la) paciente   patient
parir   to give birth
el pentotal sódico   sodium pentothal
el pólipo   polyp
la póliza (de seguro)   policy
por vía intravenosa   intravenous(ly)
preñada   pregnant
la presión sanguínea   blood pressure
la prognosis   prognosis
el pronóstico   prognosis
el pulso   pulse
el quirófano   operating room
el quiste   cyst
la radiología   radiology
la radiografía   x-ray
sacar   to take out
la sala de emergencia (urgencias)   emergency room
la sala de operaciones   operating room
la sala de partos   delivery room
la sala de recuperación   recovery room
la sala de restablecimiento   recovery room
el seno   breast
la silla de ruedas   wheelchair
la tensión arterial   blood pressure
la tienda de oxígeno   oxygen tent
el tranquilizante   tranquilizer
las úlceras   ulcers
la unidad de cuidados intensivos   intensive care unit
la vejiga   bladder
la vejiga de la bilis   gallbladder
la vesícula   bladder
la vesícula biliar   gallbladder

CHAPTER 20: At the theater and the movies
CAPÍTULO 20: En el teatro y en el cine

SEEING A SHOW

Quiero ir al *teatro*.	theater
¿Qué tipo de *obra* quieres ver?	work
un *drama*.	drama
una *tragedia*.	tragedy
una *comedia*.	comedy
Quiero ver una *obra musical*.	musical
una *revista musical*.	musical revue
una *zarzuela*.	operetta
¿Quién es el *actor* (la *actriz*)?	actor (actress)
¿Quién *hace el papel* de Adán?	plays the part, takes the role
¿Quién es el (la) *protagonista*?	lead
La obra tiene tres *actos*.	acts
Cada acto tiene dos *escenas*.	scenes
Hay un *intermedio* después del segundo acto.	intermission
El actor (la actriz) *entra en escena*.	enters, comes on stage
Los *espectadores* aplauden.	spectators
Les gusta el *espectáculo*.	show
Los espectadores *patean* si no les gusta el espectáculo.	stamp their feet
Se levanta el telón.	The curtain goes up.
Cae el telón.	The curtain goes down.

Regional Variations

*zarzuela   A *zarzuela* is a short Spanish musical comedy or operetta.

1. Complete.
1. ¿Por qué no vamos al _____? Quiero ver una obra teatral.
2. No quiero ver una tragedia. Prefiero ver una _____.
3. El _____ Horacio López hace el papel del rey y la _____ Leonora Riscal hace el _____ de la reina.
4. Ella tiene el papel más importante. Ella es la _____.
5. La obra es bastante larga. Tiene cinco _____ y cada uno tiene dos _____.
6. Cae el _____ después de cada acto.
7. Entre el tercer acto y el cuarto hay un _____ de quince minutos.
8. Todos los espectadores aplauden cuando la protagonista _____ _____ _____ por primera vez.
9. Los espectadores aplauden porque les gusta el _____.
10. Si a los espectadores no les gusta, luego _____.

2. Give the opposite.
1. una comedia
2. un actor
3. aplaudir
4. Se cae el telón.

IN THE THEATRE (FIG. 20-1)

Fig. 20-1

En la *taquilla*	ticket window, box office
¿Quedan *localidades** para la *función de esta noche*?	seats; tonight's performance
Lo siento. Están *agotadas*.	sold out (all gone)
¿Hay localidades para la función de mañana	
en el *patio* (la *platea*)?	orchestra
en el *entresuelo* (el *anfiteatro*)?	mezzanine
Quiero sentarme en la *galería* (el *balcón*).	balcony
el *gallinero* (el *paraíso*).	top balcony
Quiero dos *butacas** de patio (platea).	orchestra seats
Quiero un *palco de platea*.	parterre box
Quiero dos *delanteras* en el entresuelo.	front-row seats
¿*Cuánto valen* las localidades?	how much are
Aquí tiene Ud. sus *entradas**.	tickets
Tienen los asientos 15 y 16 en la *fila* D.	row
¿A qué hora *empieza* la función?	starts
Podemos dejar el abrigo en el *vestuario* (*guardarropa*).	cloakroom
El (la) *acomodador(a)* nos dará un programa.	usher
Tenemos que darle una *propina* al (a la) acomodador(a).	tip

Regional Variations

*seat   The word *localidad* can mean "seat" or "ticket."
*ticket   Take special note that the word for theater or movie tickets is *entradas* and not *boletos* or *billetes*.

3. Complete.

En la _____ del teatro
                   1

— ¿ _____ localidades para la _____ de esta noche?
     2   3

— ¿No, señor. Están _____. Pero quedan _____ para la función de mañana.
                       4   5

— Para mañana está bien.

— ¿Prefiere Ud. sentarse en el _____, en el _____ o en la _____?
                                    6   7   8

— Quiero dos _____ de patio, por favor.
                    9

— ¡Ay, perdón! Lo siento. Para la función de mañana el patio está completo. Pero me quedan

    algunas _____ en el entresuelo.
                   10

— Está bien. ¿Cuánto _____ las localidades?
                       11

— Sesenta pesos cada una.

— De acuerdo.

— Aquí tiene Ud. sus _____. Uds. están en la _____ *A* del entresuelo.
                       12   13

— Gracias. Y perdón. ¿A qué hora _____ la función?
                             14

— Se _____ el telón a las ocho en punto.
          15

4. Read the conversation and answer the questions that follow.

Marta: ¿Fuiste a la taquilla del teatro hoy?
Elena: Sí, fui.
Marta: Luego, ¿vamos al teatro esta noche?
Elena: Esta noche, no. No quedaban localidades. Estaban agotadas pero tengo dos entradas
              para la función de mañana.
Marta: Está bien. ¿Estamos en el patio?
Elena: No, no quedaban butacas de patio pero había algunas delanteras en el entresuelo.
              Estamos en la primera fila del entresuelo.
Marta: Está bien. De allí se ve muy bien. No me gusta sentarme ni en el balcón ni en el
              gallinero. De allí no se oye bien. Prefiero estar o en el patio o en el entresuelo.

  1. ¿Adónde fue Elena hoy?
  2. ¿Van Elena y Marta al teatro esta noche?
  3. ¿Qué no quedaba para la función de esta noche?
  4. ¿Estaban agotadas para la función de mañana también?
  5. ¿Cuántas entradas tiene Elena para la función de mañana?
  6. ¿Están en el patio?
  7. ¿Por qué no?
  8. ¿Dónde van a sentarse Marta y Elena?
  9. A Marta, ¿por qué no le gusta sentarse ni en el balcón ni en el gallinero?
10. ¿Dónde prefiere sentarse ella?

5. Correct each statement.
  1. Se puede comprar (sacar) entradas para el teatro en el vestuario.
  2. El taquillero les muestra a los espectadores dónde están sus asientos.
  3. Al entrar en el teatro una persona puede dejar su abrigo en la taquilla.
  4. Se cae el telón cuando empieza la función.
  5. En el teatro se oye mejor en el gallinero.

6. Give another word for:
   1. la platea
   2. el entresuelo
   3. el gallinero
   4. el balcón

AT THE MOVIES

En el *cine*	movies
¿*Qué* película *están poniendo* (*presentando, pasando*) esta noche?	showing, playing
¿Quién *actúa* en la película?	is playing, acting
¿Quedan localidades para esta noche?	
No quiero sentarme muy cerca de la *pantalla*.	screen
Es una película española pero está *doblada* en inglés.	dubbed
¿Dónde fue *rodada* la película?	shot
¿Prefieres ver la película en versión original?	
Muchas películas en versión original llevan subtítulos.	

7. Complete.
   1. Están _____ una nueva _____ del director Humberto Vargas en el _____ Imperial.
   2. Es una película española y fue _____ en el sur de España.
   3. No entiendo muy bien el español. ¿Sabe Ud. si la película está _____ en inglés?
   4. ¿Por qué no vamos a ver la película esta noche si quedan _____ ?
   5. En el cine no me gusta sentarme muy cerca de la _____.
   6. Yo prefiero ver las películas _____. No me gustan las películas dobladas.
   7. Si no entiendo todo lo que están diciendo los actores, leo _____.

Key Words

el (la) acomodador(a) usher	*el drama* drama
el acto act	*empezar(ie)* to begin
el actor actor	*la entrada* ticket
la actriz actress	*entrar en escena* enter, come on stage
actuar to act, play a part	*el entresuelo* mezzanine
agotado gone, sold out	*la escena* scene
el anfiteatro mezzanine	*el escenario* stage
aplaudir to applaud	*el espectáculo* show
el balcón balcony	*el (la) espectador(a)* spectator
la butaca seat (in a theater or movie theater)	*la fila* row
caer to go down (curtain)	*la función* show, performance
el cine movies	*la galería* balcony
la comedia comedy	*el gallinero* top balcony
dejar to leave, to check	*el guardarropa* cloakroom
la delantera a seat in one of the front rows	*hacer el papel* to play the part, take the role
doblar to dub	*el intermedio* intermission

levantarse   go up, rise (curtain)
la localidad   seat, ticket
la obra   work
la obra musical   musical
el palco   box seat
la pantalla   screen
el paraíso   top balcony
el patio   orchestra
patear   to stamp one's feet
la película   movie, film
la platea   orchestra
poner   to present, show, play
presentar   to present
el programa   program

la propina   tip
el (la) protagonista   lead performer
la revista musical   musical revue
rodar (ue)   to shoot (a film)
el subtítulo   subtitle
la taquilla   ticket window, box office
el teatro   theater
el telón   curtain (of a stage)
la tragedia   tragedy
la versión original   original version
el vestuario   cloakroom
la zarzuela   Spanish musical comedy or
        operetta

CHAPTER 21: Sports
CAPÍTULO 21: Los deportes

SOCCER

Es un *equipo* de fútbol*.	team
Hay once *jugadores* en cada equipo.	players
Están en el *campo* de fútbol.	field
Los jugadores *lanzan el balón* con los pies.	toss the ball
El *portero* (*guardameta*) guarda la *portería* (*la puerta*).	goalie; goal
El portero *para* el balón.	stops, blocks
El *ala izquierda* pasa el balón a un compañero.	left end
El jugador *hace* (*mete*) *un gol*.	makes a goal
Marca un tanto (*punto*).	scores a point
Un jugador *le da una patada* al otro.	kicks
El *árbitro* suena (silba) el *silbato*.	referee; whistle
Llama (declara) un foul.	
Es el final del primer *tiempo*.	period
El juego está *empatado*.	tied
El partido quedó empatado en cero.	It was a no-score game.
Ningún equipo *ganó*.	won
Se ve el *tanto* en el *tablero* (*cuadro*) *indicador*.	point; scoreboard

---

Regional Variations

*football   The term *fútbol* refers to the game known as soccer in the United States and is derived from the word football.

---

1. Answer.
1. ¿Cuántos jugadores hay en un equipo de fútbol?
2. ¿Cuántos equipos juegan en un partido de fútbol?
3. ¿Dónde juegan los jugadores (al) fútbol?
4. ¿Quién guarda la portería?
5. ¿Con qué lanzan el balón los jugadores?
6. ¿Qué quiere hacer con el balón el portero?
7. Si un jugador mete un gol, ¿marca un tanto o no?
8. ¿Quién declara un foul?
9. ¿Qué silba el árbitro?
10. ¿Está empatado el juego al final del primer tiempo?

2. Complete.

El partido empieza. Los dos _____ están en el _____ de fútbol. En total hay 22
                                              1   2
_____. Un jugador le da una _____ al balón. Otro del equipo contrario lo inter-
          3   4
cepta. Él lo _____ a un compañero. Él se acerca a la _____, pero el balón no
                     5   6
entra. El portero salta y _____ el balón. Es casi el final del primer _____ y el
                                   7   8
_____ queda _____ en cero. Ningún equipo está ganando.
          9   10

3. Identify each item in Fig. 21-1.

Fig. 21-1

TENNIS

Hay un *torneo* de tenis.	tournament
Las dos jugadoras están en la *cancha de tenis*.	tennis court
Cada una tiene su *raqueta*.	racket
Están jugando un *juego de individuales*.	singles
No están jugando *dobles*.	doubles
Una jugadora *sirve* la pelota.	serves the ball
La otra la *devuelve*.	returns
Ella lanza la pelota *por encima de la red*.	over the net
La pelota está out.	
El tanto está a quince–*nada* (*cero*).	love
Hizo un *net*.	net ball
Ella ganó dos de los tres *sets*.	sets

4. Complete.

1. Hay dos _____ en un juego de individuales y hay cuatro en un juego de _____.
2. Para jugar (al) tenis, hay que tener una _____ y algunas _____.
3. Se juega (al) tenis en una _____ de tenis.
4. En un juego de tenis hay que lanzar la _____ por encima de la _____.

5. Si la pelota roza (touches) la red, es un _____.
6. Una jugadora _____ la pelota y la otra la _____.
7. Cuando un jugador ha marcado, y el otro no ha marcado, el tanto es quince- _____.

BASKETBALL

Los jugadores están en la *cancha* (el *campo*) de básquetbol.	court
Un jugador *tira* el balón.	shoots
Lo mete en el *cesto* (la *canasta*).	basket
Tiene que meter el balón en el cesto en la *meta* del equipo contrario.	goal
Si tira el balón y no lo mete en el cesto, *falla el tiro*.	misses the shot
Si el jugador mete el balón en el cesto, *marca un punto* (*tanto*).	scores a point

5. Answer on the basis of Fig. 21-2.
1. ¿Dónde está la jugadora?
2. ¿Qué juega?
3. ¿Qué tiró?
4. ¿Dónde lo metió?
5. ¿Falló el tiro o no?
6. ¿Marcó un tanto la jugadora?

Fig. 21-2

GOLF (FIG. 21-3)

el campo
(la cancha)
de golf

el hoyo

el palo

la bola,
la pelota

Fig. 21-3

6. Complete.

El golf se juega en un _____ de golf. El jugador o la jugadora tiene que darle un golpe a
                                        1

la _____ con un _____ para meterla en un _____.
       2   3   4

Key Words

el ala   end (player)
el árbitro   umpire, referee
el balón   ball
el baloncesto   basketball
el básquetbol   basketball
la bola   ball (golf)
el campo   field, court
la canasta   basket
la cancha   field, court

el cero   zero, love (tennis)
el cesto   basket
el cuadro indicador   scoreboard
darle una patada   to kick
el deporte   sport
devolver (ue)   to return
dobles   doubles (tennis)
empatado   tied (score)
el equipo   team

fallar   to miss
el foul   foul
el fútbol   soccer
ganar   to win
el gol   goal (point)
el guardameta   goalie
hacer un gol   to make a goal
el hoyo   hole
individuales   singles (tennis)
el juego   game, match
el (la) jugador(a)   player
jugar (ue)   to play
marcar   to score
la meta   goal
meter   to put in
meter un gol   to make a goal
nada   nothing, love (tennis)
el net   net ball
el palo   club (golf)
parar   to stop, block

el partido   game
la pelota   ball (small)
la portería   goal
el portero   goalie
la puerta   goal
el punto   point
la raqueta   racket
la red   net
servir (i,i)   to serve (a ball)
el set   set
silbar   to whistle
el silbato   whistle
el tablero indicador   scoreboard
el tanto   point
el tenis   tennis
el tiempo   period
tirar   to throw, shoot
el tiro   shot
el torneo   tournament

CHAPTER 22: The beach
CAPÍTULO 22: La playa

TALKING ABOUT THE SEA

Hoy el mar está muy *calmo (tranquilo, calmado, apacible)*.	calm
Ayer estaba muy *agitado (turbulento, revuelto)*.	rough
Las *olas* son muy grandes.	waves
Las olas *se rompen (revientan, estallan)* contra las rocas.	break
¿Cuándo es la *marea alta*?	high tide
¿Cuándo es la *marea baja*?	low tide
Hay una *corriente fuerte*.	strong current
Hay una *contracorriente (resaca) peligrosa*.	dangerous undertow

1. Complete.
   1. Hoy no hay olas en el mar. Está muy _____.
   2. Ayer había olas grandísimas y muy fuertes. El mar estaba muy _____.
   3. Hoy la marea alta es por la mañana y la _____ _____ es por la tarde.
   4. A veces las olas _____ _____ contra las rocas con mucha violencia.
   5. Es peligroso bañarse en el mar cuando hay una _____.

2. Match to complete each statement.

A	B
1. Hay más playa. . .	(*a*) durante la marea alta.
2. Las olas son grandísimas. . .	(*b*) las olas se rompen con violencia.
3. Cuando el mar está agitado. . .	(*c*) cuando hay corrientes peligrosas.
4. Hay menos playa. . .	(*d*) cuando el mar está muy tranquilo.
5. Es mejor no bañarse. . .	(*e*) cuando la marea está baja.
	(*f*) cuando el mar está muy agitado.

ACTIVITIES ON THE BEACH (FIG. 22-1)

Voy a *veranear* en la playa.	spend the summer
Es un *balneario* muy conocido.	seaside resort
Se puede alquilar una *cabaña*.	cabin
Me gusta *nadar*.	swim
flotar (hacer la plancha).	float
bucear.	scuba-dive
correr (montar) las olas.	ride the waves, surf
esquiar en el agua.	water-ski
Me gusta *caminar por la orilla* del mar.	walk along the seashore
bañarme en el mar.	bathe
tomar el sol.	sunbathe
Te estás poniendo muy *quemado(a)*.	burned
Los *rayos del sol* pueden ser muy *peligrosos*.	sun rays; dangerous
Pueden causar *cáncer de la piel*.	skin cancer

Fig. 22-1

Hay que usar una bronceadora protectora (bloqueadora).	sun block
Estás muy *bronceado(a)**.	tanned
¿Qué *bronceador(a)* tienes?	tanning lotion
Me gusta tu *bañador* (*traje de baño*)*.	bathing suit
tu *bata*.	beach robe
Me gustan tus *gafas para el sol* (*anteojos de sol*).	sunglasses
tus *sandalias* (*zapatillas*) *playeras*.	beach sandals

Regional Variations

*tanned   The word *tostado(a)* is also used.

*bathing suit   The words *bañador* and *traje de baño* are equally common in usage. *Un bañador de dos piezas* is a two-piece bathing suit for a woman. The word *el bikini* is also used.

---

3. Complete.
1. Me parece que te estás poniendo muy quemado(a). Debes sentarte debajo de la _____ y ponerte _____.
2. Me gusta mucho _____ en el mar y luego _____ el sol.
3. No me gusta sentarme en la _____. Prefiero sentarme en una _____.
4. ¿Por qué no caminamos un poco por la _____ del mar?
5. Ella está llevando un bañador de dos _____.
6. Voy a flotar en este _____ _____.

4. Say in a different way.
 1. Voy a *hacer la plancha*.
 2. Voy a *hacer surf*.
 3. Voy a *esquiar en el agua*.
 4. Voy a *hacer natación submarina*.
 5. Voy a *pasar el verano* en la playa.

5. Complete.
 1. Voy a cambiarme la ropa y ponerme el traje de baño. Voy a alquilar una _____.
 2. No quiero sentarme en el sol. Voy a alquilar una _____.
 3. Quiero esquiar en el agua. Voy a alquilar _____ _____.
 4. No quiero sentarme en la arena. Voy a alquilar una _____.
 5. Quiero flotar en el agua. Voy a alquilar un _____ _____.
 6. Voy a correr (montar) las olas. Voy a alquilar una _____ _____ _____.
 7. Quiero ir en un bote de vela. Voy a alquilar un _____.

6. Write *sí* or *no*.
 Podemos nadar cuando. . .
 1. el vigilante está.
 2. la playa no está vigilada.
 3. hay una contracorriente (resaca).
 4. el mar está tranquilo.
 5. las olas están estallándose violentamente.
 6. hay un montón de barcas (lanchas) en el mar.

Key Words

agitado   rough
los anteojos de sol   sunglasses
apacible   calm (sea)
la arena   sand
el balneario   bathing or beach resort
el bañador   bathing suit
bañarse   to bathe
la barca   small boat
la bata   beach robe
el bikini   bikini
bronceado   tan
la bronceadora   tanning lotion
la bronceadora protectora (bloqueadora)   sun block
bucear   to scuba-dive
cabaña   cabin
calmo.   calm
calmado   calm (sea)
el colchón neumático   air mattress
la contracorriente   undertow
correr las olas   to ride the waves, surf
la corriente   current
esquiar en el agua   to water-ski

los esquís acuáticos   water skis
estallarse   to break
el faro   lighthouse
flotar   to float
las gafas para el sol   sunglasses
hacer el esquí acuático   to water-ski
hacer la plancha   to float with hands behind the head
la lancha   boat, launch
el mar   sea
la marea   tide
montar las olas   to ride the waves, surf
nadar   to swim
la natación   swimming
la ola   wave
la orilla   shore
peligroso   dangerous
la playa   beach
quemado   burned, sunburned
la resaca   undertow
reventarse (ie)   to break
revuelto   rough, churned up (sea)
la roca   rock

romperse   to break
el (la) salvavidas   lifeguard
las sandalias playeras   beach sandals
la silla de lona   canvas beach chair
la silla plegable   folding chair
la tabla de vela   windsurf
la tabla hawaiiana   surfboard
tomar el sol   to sunbathe
tostado   sunburned, tanned

el traje de baño   bathing suit
tranquilo   calm
turbulento   rough
el velero   sailboat
veranear   to spend the summer
el (la) vigilante   lifeguard
la zapatilla   sandal

CHAPTER 23: Skiing
CAPÍTULO 23: El esquí

SKIING (FIG. 23-1)

las montañas

el telesilla

el esquiador

la pista

el esquí alpino

la estación de esquí

el anorak

la esquiadroa

el telesquí

los guantes

los bastones

las botas

los esquís

el esquí de fondo (nórdico)

Fig. 23-1

En *una estación de esquí* grande hay pistas fáciles,   ski resort
   intermedias, difíciles y muy difíciles.
Los esquiadores expertos bajan las pistas muy difíciles.
Y los *principiantes* (*novatos*) bajan las pistas fáciles.   beginners

1. Complete.
  1. Hay muchas _____ de esquí en los Alpes, en los Pirineos, en la Sierra Nevada y en el
     sur de los Andes.
  2. Una estación de esquí tiene _____ para principiantes y expertos.
  3. Hay pistas _____, _____ y _____.

4. Los esquiadores no suben la pista, _____ la pista.

5. Y no suben la montaña a pie. Toman _____ o _____.

2. Prepare a list of the equipment one needs to ski.

Key Words

el anorak   parka

bajar   to descend, go down

el bastón   pole

la bota   boot

el esquí   ski, skiing

el esquí alpino   downhill skiing

el esquí de fondo (nórdico)   cross country
skiing

el (la) esquiador(a)   skier

la estación de esquí   ski resort

los guantes   gloves

la montaña   mountain

la pista   slope

subir   to go up, climb

el telesilla   chairlift

el telesquí   ski lift

CHAPTER 24: Camping
CAPÍTULO 24: El camping

¿Se puede *acampar* aquí?	to camp
¿Es este un *camping* oficial?	campsite
¿Dónde podemos *estacionar* (*aparcar, parquear*)	park, trailer
la *casaremolque* (el *cámper*)?	
¿Cuáles son los *servicios* que tienen Uds.?	facilities
¿Dónde están los *baños*?	baths
las *duchas?*	showers
los *retretes*?	toilets
¿Dónde hay *agua potable*?	drinking water
Voy a poner el agua en un *termo*.	thermos

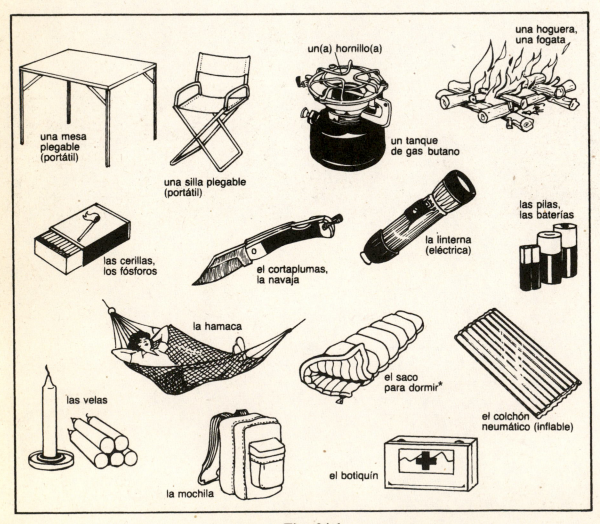

Fig. 24-1

1. Complete.

La Estrella del Mar es un _____ oficial. Aquí viene mucha gente en el verano para

_____ . Tiene un parking muy grande donde la gente puede estacionar sus
      2

_____ . El camping ofrece muchos _____ . Tiene _____ ,
   3   4   5

_____ y _____ .
   6   7

Voy a *armar la tienda* (*de campaña*) (*la carpa**) aquí.	pitch the tent
¿Dónde está el *martillo*?	hammer
Quiero *clavar estas estacas* en la tierra.	hammer these spikes
Voy a *atar* (*amarrar*) *las cuerdas* de la tienda a las estacas.	tie the cords (ropes)
¿Dónde están los *palos*?	poles

Regional Variations

*tent   *La carpa* is commonly used in Latin America and *la tienda de campaña* in Spain.
*sleeping bag   You will hear both *el saco* and *la bolsa para (de) dormir*.

2. Answer.
1. ¿Qué va a armar la joven?
2. ¿Qué tiene que clavar en la tierra?
3. ¿Qué tiene que usar para clavarlas en la tierra?
4. ¿A qué va a atar las cuerdas de la tienda?

Fig. 24-2

3. Answer on the basis of Fig. 24-2.
1. ¿Es éste un camping oficial?
2. ¿Están estacionados al lado de las tiendas los cámpers?
3. ¿Qué está armando la joven?
4. ¿Qué está clavando en la tierra?
5. ¿Con qué está clavándolas?
6. ¿Qué está preparando el joven?
7. ¿En qué está cocinando?
8. ¿Dónde está durmiendo la joven?
9. ¿Qué tiene al lado de su saco de dormir?

4. Identify each item in Fig. 24-3.

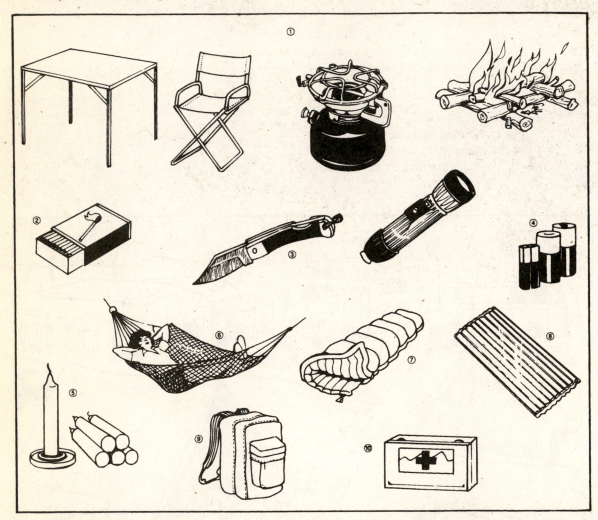

Fig. 24-3

5. Complete.
1. Voy a preparar la comida en el _____.
2. No queda gas. Me hace falta un tanque de gas _____.
3. Si no hay gas, ¿por qué no enciendes una _____?
4. Si una mesa y cuatro sillas no pueden caber en el cámper, tendré que comprar una mesa y sillas _____.

    5. Para encender una hoguera necesito _____.

    6. Cuando voy de camping, no llevo una maleta. Pongo mi ropa en una _____.

    7. Aquí no hay luz eléctrica. Tendremos que poner _____ en la mesa.

    8. ¿Tienes un(a) _____? Quiero cortar algo.

    9. No puedo encender la linterna porque no tiene _____.

    10. Tengo aspirinas, vendajes y yodo [iodine] en el _____.

    11. Cuando vamos de camping podemos dormir en una _____, en un _____, _____ o en un _____ _____ _____.

6. Complete.

    1. Como no hay luz eléctrica, tendremos que usar _____ o una _____ si queremos ver.

    2. Podemos preparar la comida en un _____ o podemos encender una _____.

    3. Voy a llevar mi ropa en una _____ y no puedo olvidar llevar un _____ de agua potable.

Key Words

acampar to camp	*la hamaca* hammock
el agua potable (*f*) drinking water	*la hoguera* bonfire
amarrar to tie	*el hornillo* burner
aparcar to park	*la linterna* (*eléctrica*) flashlight
armar una tienda to pitch (a tent), to put up	*el martillo* hammer
atar to tie	*la mesa plegable* folding table
el baño bath	*la mochila* backpack
la batería battery	*la navaja* penknife, razor
la bolsa de dormir sleeping bag	*el palo* pole
el botiquín first-aid kit	*el mástil* pole
el cámper camper	*parquear* to park
el camping camping, campsite	*portátil* portable
la caravana trailer	*la pila* battery
la casa-remolque trailer	*el retrete* toilet
la cerilla match	*el saco de dormir* sleeping bag
el colchón neumático air mattress	*los servicios* facilities
el cortaplumas penknife	*la silla plegable* folding chair
la cuerda cord, rope	*el tanque* tank
la ducha shower	*el termo* thermos
encender (*ie*) to burn, to light a fire	*la tienda de campaña* tent
la estaca spike	*la carpa* tent
estacionar to park	*la vela* candle
la fogata bonfire	*el yodo* iodine
el fósforo match	
el gas butano butane gas	

CHAPTER 25: The weather
CAPÍTULO 25: El tiempo

Hace *buen tiempo*.	nice
mal tiempo.	bad
calor.	hot
frío.	cold
fresco.	cool
viento.	windy
Hay *sol*.	sun
nubes.	clouds
lluvia.	rain
nieve.	snow
neblina (niebla).	fog
relámpagos (rayos).	lightning
trueno.	thunder
Llueve (está lloviendo).	It's raining.
Nieva (está nevando).	It's snowing.
Llovizna (está lloviznando).	It's drizzling.
Graniza (está granizando).	It's hailing.
Truena (está tronando).	It's thundering.
El tiempo está *agradable*.	nice
caluroso.	warm
despejado.	clear
húmedo.	humid
lluvioso.	rainy
inestable.	unstable
tempestuoso.	stormy
Había *una tempestad (una tormenta, un temporal)*.	storm
una nevada (una nevasca).	snowfall (snowstorm)
una tronada.	thunderstorm
una ráfaga.	sudden windstorm
un aguacero (un chubasco, un chaparrón).	shower
Hemos tenido un día *caliente*.	warm
fresco.	cool
frío.	cold
húmedo.	humid
nublado.	cloudy
soleado.	sunny
bochornoso.	sultry

1. Complete.
   1. En el verano hace _____ y hay mucho _____.
   2. En el invierno hace _____ y a veces _____.
   3. Hay sol. El cielo está_____. El día está _____.
   4. Hay _____. El cielo está nublado.
   5. No hace ni frío ni calor. Hace _____.
   6. No se ve casi nada. Hay mucha _____.

7. A veces durante una tempestad hay _____ y _____.
8. No _____ en el verano, pero en el invierno, sí. Y a veces _____ también.
9. No está lloviendo mucho. Sólo está _____.

2. Complete.
   1. Durante un _____, llueve.
   2. Durante una _____, nieva.
   3. Hay truenos durante una _____.
   4. Hay viento y relámpagos durante una _____.

3. Tell more about the weather.
   1. El tiempo está inestable. ¿Cómo está?
   2. El tiempo está despejado. ¿Cómo está?
   3. El tiempo está tempestuoso. ¿Cómo está?
   4. El tiempo está agradable. ¿Cómo está?

4. Give a word related to each of the following.
   1. soleado
   2. nevada
   3. tronada
   4. tempestad
   5. humedad
   6. nube
   7. calor
   8. lluvia

5. Complete.
   1. Está lloviendo bastante. Hay un_____.
   2. Ayer hacía mucho calor. Tuvimos un día_____.
   3. Un momento hace buen tiempo y el otro hay una tormenta. El tiempo está muy_____.
   4. Ayer hacía mucho sol. Disfrutamos de un día_____.

6. Write *true* or *false*.
   1. Cuando el cielo está despejado hay muchas nubes.
   2. Cuando el cielo está despejado no hay nubes, el sol brilla y disfrutamos de un día soleado.
   3. Cuando hace mucho frío y el cielo está nublado, es posible que nieve o granice.
   4. Durante un chubasco, nieva.
   5. Durante una nevada, hay por lo general muchos truenos y relámpagos.

7. Read the following weather reports and then answer the questions.
   (1) Pronóstico meteorológico
        Nubosidad variable con aguaceros dispersos (scattered) y posibilidad de aguaceros con tro-
   nadas sobre el interior. Vientos del este a 20 kilómetros por hora, con ráfagas locales reduciéndose
   de noche. Posibilidad de lluvia (precipitación) 95 por ciento. Temperatura máxima de 28 grados
   centígrados. Temperatura mínima de 22 grados. La presión barométrica (atmosférica) de 735
   milímetros y cayendo.
   1. ¿Está haciendo buen tiempo?
   2. ¿Está totalmente nublado?
   3. ¿Se despeja el cielo a veces?
   4. ¿Hay aguaceros por toda la región?
   5. ¿Dónde habrá aguaceros con tronadas?
   6. ¿De dónde vienen los vientos?
   7. ¿A cuántos kilómetros por hora soplan los vientos?
   8. ¿Cuál es la probabilidad de precipitación?

9. ¿Cuál será la temperatura máxima?
10. ¿Cuál será la temperatura mínima?
11. ¿Cuál es la presión barométrica?

(2) Pronóstico meteorológico
    Parcialmente nublado de noche con nubosidad variable de tarde con algunas nevadas. Temperatura máxima de dos grados centígrados. Temperatura mínima de tres grados bajo cero. Mañana despejándose (aclarándose) con temperaturas más altas alcanzando los diez grados centígrados.
    1. ¿Estará completamente nublado?
    2. Y por la tarde, ¿cómo estará el tiempo?
    3. ¿Va a nevar?
    4. ¿Está haciendo frío o calor?
    5. ¿Cuál será la temperatura máxima?
    6. ¿Y la mínima?
    7. ¿Cuándo va a despejarse?
    8. ¿Cómo será la temperatura?

8. Give other terms for:
    1. aguaceros en algunas partes de la región, pero no en todas
    2. nubes que van y vienen
    3. probabilidad de lluvia
    4. la presión atmosférica
    5. aclarándose

Key Words

el aguacero (rain) shower
alcanzar to reach
bochornoso sultry
el calor heat
caluroso warm, hot
caliente warm
centígrado celsius (centigrade)
el chaparrón shower
el chubasco shower
despejado clear
despejarse to clear
disperso scattered
fresco cool
frío cold
granizar to hail
húmedo humid
inestable unstable, changeable
llover (ue) to rain
lloviznar to drizzle
la lluvia rain
lluvioso rainy
la neblina fog
la nevada snowfall
nevar (ie) to snow
la nevada snowstorm
la nevasca snowstorm

la niebla fog, mist
la nieve snow
la nube cloud
nublado cloudy, overcast
la nubosidad cloudiness
la precipitación precipitation
la presión barométrica (atmosférica) barometric pressure
el pronóstico meteorológico weather forecast
la ráfaga sudden windstorm, small cloud that brings a sudden change in weather
los rayos lightning
los relámpagos lightning
el sol sun
soleado sunny
la temperatura temperature
la tempestad storm
tempestuoso stormy
el temporal storm
el tiempo weather
la tormenta storm
la tronada thunderstorm
tronar (ue) to thunder
el trueno thunder
el viento wind

CHAPTER 26: Crime
CAPÍTULO 26: Delitos y crímenes

Fig. 26-1

La pistola es un arma de fuego.
El cuchillo es un arma blanca.   knife
El robo es la toma ilegal de la propiedad de otro.
La toma ilegal de la propiedad de otro por la fuerza es *el latrocinio*.   armed robbery
El asalto es el acto de causarle *daño* físico a otro.   harm
El homicidio es el acto de causar la *muerte* de otra persona   death
    sin justificación.
El asesino es el que *mata*.   kills
El asesinado es el que fue asesinado, es decir la víctima de
    un homicidio.
La violación sexual es el acceso sexual a una persona por la fuerza
    o sin el consentimiento.

1. Complete.
1. El _____ empujó al señor y luego le robó la cartera.
2. El que roba es un _____.
3. El _____ es el acto de robarle a una persona. Es decir tomarle su propiedad ilegalmente.
4. La entrada ilegal a un edificio, sea casa o negocio, con el interés de cometer un delito (un crimen) es el _____.
5. Matarle a una persona es un _____.
6. La víctima de un homicidio es el _____ y el que comete un homicidio es el_____.
7. La pistola es _____ y el cuchillo es _____.
8. La _____ es un crimen sexual cometido con más frecuencia contra las mujeres.

AT THE POLICE STATION

La señorita fue a la *comisaría*.   police station
Ella *denunció* un robo.   reported
El policía la interrogó (le hizo preguntas).
Ella le dio una descripción del autor del delito.

2. Answer in the affirmative.
1. ¿Fue la señorita la víctima de un crimen?
2. ¿Le robó la cartera en la estación de metro?
3. ¿Había dos carteristas?
4. ¿La empujó un carterista mientras el otro le quitó la cartera?
5. ¿Fue la joven a la comisaría?
6. ¿Denunció el crimen?
7. ¿Le dio una descripción de los carteristas al agente de policía?

Key Words

el (la) agente de policía police officer
el arma blanca weapon with a blade
el arma de fuego firearm
el asalto assault
el asesinado person killed
el asesino murderer
el (la) carterista pickpocket
la comisaría police station
el consentimiento consent
el crimen crime
el cuchillo knife
el daño harm
el delito crime
denunciar un crimen to report a crime
empujar to push, shove

el escalamiento breaking and entering
físico physical
el homicidio homicide, murder
interrogar to interrogate
el ladrón robber, thief
el latrocinio armed robbery
la muerte death
el autor perpetrator
la pistola pistol, gun
el policía police officer
la propiedad property
el robo robbery
la toma taking, seizing
la víctima victim
la violación sexual rape

CHAPTER 27: Education
CAPÍTULO 27: La educación

ELEMENTARY SCHOOL

Los niños pequeños asisten a una *escuela de párvulos*.	nursery school
Los niños en los primeros seis grados asisten a una *escuela primaria* (*elemental*).	elementary school
El (la) *maestro(a)* les *enseña*.	teacher; teaches
Los alumnos aprenden.	the pupils learn
La maestra les *da una lección* de geografia.	gives a lesson
Ella escribe algo en la *pizarra* (el *pizarrón*).	chalkboard
Los alumnos tienen sus *libros de texto* (*libros escolares*).	textbooks
Tienen sus libros en sus *pupitres*.	desks
La maestra les lee un cuento de su *libro de lectura*.	reading book
El (la) *director(a)* entra en el *aula* (la *sala de clase*).	principal; classroom

1. Match.

A	B
1. el (la) alumno(a)	(*a*) una escuela para niños pequeños
2. el aula	(*b*) da una lección
3. una escuela de párvulos	(c) lo que hacen los alumnos en la escuela
4. enseña	(*d*) niño(a) que asiste a una escuela primaria
5. escuela primaria	(*e*) libro que les enseña a los alumnos a leer
6. el (la) maestro(a)	(*f*) escuela que por lo general tiene los primeros seis grados
7. aprenden	(*g*) sala de clase
8. libro de lectura	(*h*) el (la) jefe(a) de la escuela
9. el (la) director(a)	(*i*) persona que enseña en una escuela primaria

2. Complete.

Una escuela para niños pequeños es una _____ _____ _____. Los niños
de los primeros seis grados son _____ y ellos asisten a una escuela _____. La
persona que les enseña es_____ _____. Él o ella les _____ muchas
lecciones. Les enseña a leer de sus libros de_____. A veces él o ella escribe algo en
la_____.

SECONDARY SCHOOL

Después de la primaria, los estudiantes asisten a la *escuela secundaria* (*a la preparatoria, al colegio, al liceo*).	secondary school
El (la) *profesor(a)* les enseña.	
En muchos colegios hay *internos y externos*.	boarders; day students
En muchos colegios los estudiantes tienen que llevar *uniforme*.	uniform
Llevan sus libros en una *cartera* (un *portalibros*, una *mochila**).	book bag
Ellos siguen un *plan de estudios*.	course of study
El plan de estudios incluye muchas *asignaturas* (*materias*).	subjects
Cada día tienen que seguir su *horario*.	schedule

Mientras habla el (la) profesor(a), los estudiantes *toman apuntes*.	take notes
Escriben los apuntes en un *cuaderno* (*bloc*).	notebook
Escriben con un *bolígrafo**.	ballpoint pen
Todos quieren *salir bien* en los exámenes.	pass
No quieren *salir mal* (*ser suspendidos*).	fail
Quieren recibir (sacar) buenas *notas* (*calificaciones*).	marks, grades
Al graduarse del colegio, los estudiantes reciben el bachillerato*.	upon graduating
Algunas calificaciones son *sobresaliente*.	outstanding
notable (*muy bueno*).	very good
bueno.	good
aprobado (*regular*).	passing
suspenso (*desaprobado, cate*).	failing

Regional Variations

*private and public	In most of the Spanish-speaking countries there are many more private and church-supported schools than here in the United States.
*backpack	Today many youngsters carry their books in a backpack, *una mochila*.
*ballpoint pen	Terms you will hear for ballpoint pen are *el bolígrafo* and *el lapicero*, sometimes *la lapicera*. In some countries you will hear *la pluma* but this term usually refers to a fountain pen.
*degrees	In many Spanish-speaking countries students receive *el bachillerato* upon completion of the *preparatoria* (often shortened in colloquial speech to *la prepa*). The word *bachillerato* translates into English as "bachelor's degree," but it does not necessarily mean that the individual has a college or university degree.
*grading system	There is no one grading system that is followed in all the Spanish-speaking countries, but these terms are used in many areas.

3. Answer.
1. ¿Cuáles son otras palabras que significan "escuela secundaria"?
2. ¿Quiénes asisten a una escuela secundaria?
3. ¿Quiénes enseñan en una escuela secundaria?
4. ¿Quiénes son los estudiantes que viven en el colegio?
5. ¿Quiénes son los estudiantes que vuelven a casa todos los días?
6. ¿Cómo llevan sus libros los estudiantes?
7. En muchos colegios, ¿qué tienen que llevar los estudiantes?
8. ¿Qué incluye un plan de estudios?
9. ¿Qué hacen los estudiantes mientras el profesor habla?
10. ¿En qué escriben sus apuntes?
11. ¿Con qué escriben?
12. ¿Cómo quieren salir en sus exámenes los estudiantes?
13. ¿Qué quieren recibir?

4. Give another word for:
1. el liceo   4. salir mal
2. el bloc   5. regular
3. la nota

5. Choose the appropriate word.
1. _____ asisten a una escuela secundaria. (*a*) los (las) alumnos (*b*) los estudiantes
2. _____ enseñan en la secundaria. (*a*) los profesores (*b*) los maestros
3. _____ no vuelven a casa todos los días. (*a*) los externos (*b*) los internos
4. El álgebra y la historia son_____. (*a*) un plan de estudios (*b*) asignaturas
5. El estudiante escribe apuntes en su_____. (*a*) bloc (*b*) bolígrafo

6. Give equivalent words for the following grades in the United States.
1. A, A +
2. B
3. C
4. F
5. B +, A –

7. Complete.
1. Un _____ es una escuela secundaria en la mayoría de los países hispanos.
2. La mayoría de los estudiantes llevan sus libros en una _____.
3. Los estudiantes tienen que llevar _____ a clase.
4. Los estudiantes no quieren ser suspendidos. Prefieren _____ buenas _____.

UNIVERSITY

Él (ella) quiere *matricularse* en la universidad.	register, matriculate
El bachillerato es un *requisito* para matricularse en la universidad.	requirement
Espera recibir una *beca*.	scholarship
Los *derechos de matrícula* son caros.	tuition
La *apertura de curso* es el 10 de octubre.	beginning of the term
Él (ella) quiere *inscribirse* en cinco cursos.	enroll
En otro quiere ser *oyente*.	auditor
El profesor da una *conferencia*.	lecture
Él (ella) quiere *especializarse* en literatura.	major
graduarse.	graduate
licenciarse.	get a master's degree
doctorarse.	get a doctorate
La universidad se divide en *facultades*.	schools
El doctor Hurtado es *rector*.	rector
decano.	dean
Los internos se hospedan en el *dormitorio* (*el colegio mayor*).	dormitory

Regional Variations

*tuition — In most Spanish-speaking countries tuition at a university is relatively low in comparison to tuition in the United States. Often tuition at a good preparatory school is more expensive than college or university tuition.

*lecture — Take special note that *conferencia* is not a conference but rather a lecture. *Lectura* means "reading." A conference would be *una reunión*, which literally means "meeting." A very large conference such as a convention is *un congreso*.

*degrees — *Licenciarse* translates into English as "to get a master's degree" and *doctorarse* "to get a doctorate." The time spent to earn such a degree will vary from country to country.

*school — Note that the word *facultad* does not mean faculty but rather school in the sense of "school of medicine, school of humanities," etc. In general the universities have the following schools: *facultad de ciencias, ciencias económicas, ciencias políticas, derecho* (law), *filosofía, filosofía y letras, humanidades, ingeniería, letras, medicina*. The word for "faculty" is *el profesorado*.

*university life — Universities and university life in the Spanish-speaking countries are quite different from what is usual in the United States. Generally the universities are located in the larger cities. The small type of U.S. college with a large campus, located in a small town, is almost nonexistent. For this reason it is less common for a student to board or live on campus.

8. Give the word being defined.
1. lo que uno tiene que pagar para estudiar en la universidad
2. inscribirse en cursos en la universidad
3. el día que empiezan las clases
4. los estudiantes que viven en la universidad
5. lo que puede recibir un(a) estudiante para ayudarle a pagar los gastos universitarios
6. el (la) director(a) de una universidad
7. recibir el doctorado
8. una cosa necesaria u obligatoria
9. lo que dan los profesores
10. el (la) que asiste a un curso sin recibir créditos
11. terminar con los estudios universitarios y salir de la universidad
12. recibir la licenciatura

9. Complete.
1. Si Ud. quiere asistir a la universidad, tiene que _____.
2. Ella quiere ser médica. Va a _____ en medicina.
3. Ella estudia literatura. Es estudiante en la _____ de letras.
4. Para matricularse en la universidad, hay que pagar los _____ _____

   _____.
5. Este semestre, yo quiero _____ en sólo tres cursos.
6. Por lo general, la _____ _____ _____ en Estados Unidos es a principios de septiembre.
7. El profesor de literatura hispanoamericana da una _____ sobre Borges.
8. El curso del nivel 100 es un _____ para continuar en un curso del nivel 200.

10. Answer.
1. ¿Tienen que matricularse los universitarios?
2. ¿Cuál es un requisito para matricularse en la universidad?
3. En Estados Unidos, ¿cuestan mucho los derechos de matrícula?
4. ¿Cuándo es la apertura de curso en Estados Unidos?
5. ¿Tienen que especializarse en algún campo los estudiantes?
6. ¿Es posible ser oyente en algunos cursos?
7. ¿Tiene una universidad más profesores que decanos?

11. Tell in which school one would enroll if one wished to become the following.
1. médico(a)
2. profesor(a) de literatura
3. abogado(a)
4. biólogo(a)
5. ingeniero(a)

Key Words

el (la) alumno(a)   pupil
la apertura de curso   beginning of classes, opening of school
aprender   to learn
aprobado   passing
asistir   to attend
el aula (f)   classroom
el bachillerato   bachelor's degree
la beca   scholarship
el bloc   pad
el bolígrafo   ballpoint pen
bueno   good (mark)
la calificación   mark, grade
la cartera   book bag
cate   failing
el colegio   high school
el colegio mayor   dormitory
la conferencia   lecture
el cuaderno   notebook
el curso   course
dar una lección   to present (give) a lesson
el (la) decano(a)   dean
los derechos de matrícula   tuition
desaprobado   failing
el (la) director(a)   director, principal, headmaster, headmistress
el doctorado   doctorate
doctorarse   to get a doctorate
el dormitorio   dormitory
enseñar   to teach
la escuela   school
la escuela de párvulos   nursery school
la escuela primaria   elementary school
la escuela secundaria   secondary school
especializarse   to specialize, to major in
el (la) estudiante   student
el examen   test, exam
el (la) externo(a)   day student
la facultad   school

el grado   grade (in school)
graduarse   to graduate
el horario   schedule
inscribirse   to enroll
el (la) interno(a)   boarding student
la lectura   reading
el libro de texto   textbook
el libro escolar   school book
licenciarse   to get a master's degree
la licenciatura   master's degree
el liceo   high school
el (la) maestro(a)   elementary school teacher
la materia   subject (in school)
matricularse   to register, to matriculate
la nota   mark, grade
notable   very good (mark)
el (la) oyente   auditor
la pizarra   chalkboard
el pizarrón   chalkboard
el plan de curso (estudios)   course of study, curriculum
el portalibros   book bag
la preparatoria (prepa)   prep school
el profesorado   faculty
el pupitre   school desk
el (la) rector(a)   rector
regular   fair or passing grade
el requisito   requirement
la sala de clase   classroom
salir bien   to pass
salir mal   to do poorly
ser suspendido(a)   to fail
sobresaliente   outstanding or excellent grade
suspendido(a)   failing, failed
suspenso   fail
tomar apuntes   to take notes
el uniforme   uniform
la universidad (uni)   university

CHAPTER 28: Business
CAPÍTULO 28: El comercio

El propósito del *comercio* es el de producir y vender productos.	business
Los *vendedores* venden y los *compradores* compran.	sellers, buyers
Los compradores son *consumidores*.	consumers
Compran *bienes* y *servicios*.	goods and services
Los vendedores pueden vender *al por mayor* o *al por menor* (*al detal*).	wholesale retail
Los que venden al por mayor son *mayoristas*.	wholesalers
Los que venden al por menor son *detallistas*.	retailers
Hay muchos tipos de *empresas comerciales*.	business enterprises
Hay grandes *corporaciones* o *sociedades anónimas*.	corporations
Hay también *sociedades colectivas* o *asociaciones*.	partnerships
Una asociación tiene dos o más *socios*.	partners
Hay también empresas de propiedad individual.	
La toma de decisiones en las grandes corporaciones está en manos de *la junta directiva*.	decision making board of directors
Los administradores y *los gerentes* también toman muchas decisiones.	managers
La junta directiva siempre quiere cumplir con los intereses de *los accionistas*.	stockholders
Los accionistas tienen *acciones*.	stocks
Las acciones pagan dividendos.	
Las acciones bajan o suben en valor según los resultados de la empresa.	
Las acciones *se comercian* en la *Bolsa de Valores*.	are traded; stock market

1. Match the related words.

A	B
1. comerciar	(*a*) la venta, el vendedor
2. vender	(*b*) la toma
3. comprar	(*c*) el consumo, el consumidor
4. consumir	(*d*) el comercio, el comerciante
5. tomar	(*e*) la compra, el comprador
6. producir	(*f*) la producción, el producto

2. Rewrite using another word or expression.
1. El propósito del comercio es *la producción y la venta de* bienes y servicios.
2. *Los que compran* son los clientes.
3. *Los que compran* son *los que consumen*.
4. IBM es *una corporación*.
5. Ella vende *al por mayor*.
6. Y él vende *al por menor*.

3. Complete.
1. Los_____ venden y los_____ compran.
2. Los compradores son los_____.
3. Los que venden en grandes cantidades son_____.
4. Los que venden en pequeñas cantidades son_____.
5. Los mayoristas venden_____.
6. Las mercancías son_____, no servicios.
7. Hay_____comerciales grandes y pequeñas. IBM, por ejemplo, es una_____grandísima y la tienda Hermanos Otero es pequeña.
8. Una empresa que tiene sólo un propietario es una empresa_____.
9. Una sociedad colectiva tiene dos o más_____.
10. Los administradores o los_____de la empresa toman muchas decisiones.
11. La_____ tiene que tomar en cuenta los intereses de los accionistas.
12. Las_____que tienen los accionistas les pagan dividendos.
13. Si la empresa tiene buenos resultados financieros las acciones_____en valor. Pero si tiene malos resultados las acciones_____en valor.

MARKETING

Cada producto o servicio tiene que tener *un mercado*.	market
El servicio (departamento) de marketing se responsabiliza por la promoción y *la publicidad*.	advertising
Antes de producir un producto nuevo hay que tomar en cuenta *la oferta y demanda*.	supply and demand
Hay que *fijar un precio*.	establish a price
La empresa tiene que recuperar los costos (gastos) y realizar *un beneficio*.	profit
Las empresas comerciales, como los individuos, tienen que pagar *impuestos*.	taxes
Tienen que pagar impuestos sobre *el ingreso gravable*.	taxable income

4. Answer
1. ¿Qué tiene que tener un producto o servicio?
2. ¿De qué se responsabiliza el departamento de marketing?
3. ¿Qué tiene que recuperar una empresa que crea o lanza un producto nuevo?
4. ¿Y qué tiene que realizar la empresa?
5. ¿Qué tienen que pagar al gobierno las empresas comerciales?

5. Give the word being defined.
1. el conjunto de clientes, consumidores posibles de un producto
2. las contribuciones que tienen que hacer las empresas y los individuos al gobierno
3. lo que queda después de pagar los costos de producción, los gastos generales y los impuestos
4. el valor que se le da a algo
5. la cantidad de productos disponibles vs. la cantidad pedida
6. los ingresos sobre los cuales es necesario pagar impuestos
7. anuncios dedicados a promover un producto

ACCOUNTING

Los *contables* preparan los *estados financieros*.	accountants, statements
Los estados financieros indican *los activos* y *los pasivos*.	assets; liabilities
La hoja de balance es un tipo de estado financiero muy importante.	balance sheet
Si una empresa no es rentable, tiene que declarar *la quiebra*.	bankruptcy

6. Complete.

1. Los contables y los tenedores de libros trabajan en el servicio (departamento) de _____.
2. Los contables preparan muchos tipos de _____ financieros.
3. La _____ de balance compara los activos con los pasivos.
4. Los _____ son deudas.
5. Los _____ son el total de lo que posee la empresa o el individuo.
6. Una empresa que realiza un beneficio es _____.
7. Si a la empresa no le quedan fondos, tiene que declarar la _____.

Key Words

la acción stock
el (la) accionista stockholder
los activos assets
el administrador administrator
al por detal (detalle) retail
al por mayor wholesale
al por menor retail
la asociación partnership
bajar to decrease, go down
los bienes goods
comercial commercial, business
el comercio commerce, business
el comprador buyer, purchaser
el consumidor consumer
consumir to consume
la contabilidad accounting
el contable accountant
la corporación corporation
el costo cost
el departamento department
el detallista retailer
el dividendo dividend
la empresa enterprise
el estado financiero financial statement
fijar to fix, set
fijar un precio to set a price
las ganancias profit
el gerente manager

gravable taxable
la hoja de balance balance sheet
los impuestos taxes
el ingreso income
la junta directiva Board of Directors
el marketing marketing
el mayorista wholesaler
el menorista retailer
el mercado market
los pasivos liabilities
la producción production
producir to produce
el producto product
la propaganda advertising
la publicidad advertising
recuperar to recover
rentable profitable
las rentas profits, income
los resultados results
el servicio department
los servicios services
la sociedad anónima corporation
la sociedad colectiva partnership
el socio partner
subir to increase, go up, raise
la toma de decisiones decision making
tomar una decisión to make a decision
el vendedor sales representative

CHAPTER 29: The Computer
CAPÍTULO 29: La computadora

SOME COMPUTER PARTS

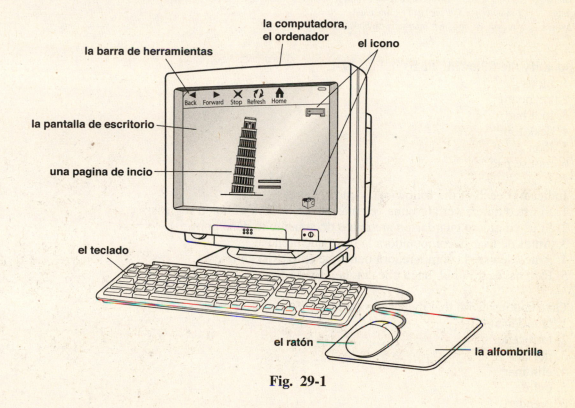

Fig. 29-1

la computadora, el ordenador*	computer
el ratón	mouse
la alfombrilla	mouse pad
la pantalla de escritorio	desk top screen
el teclado	keyboard
el icono	icon
herramientas	tools
la barra de herramientas	tool bar
una página de inicio	home page

USING THE COMPUTER

La muchacha quiere *entrar en línea*.	go online
Prende la computadora.	starts up

Hace clic con el ratón.	clicks on
Navega la red. (el, la Internet)	searches the Web
Quiere *regresar* a un sitio anterior.	go back
Oprime (pulsa) *el botón regresar/retroceder*.	return key
Ella no quiere *guardar el archivo*.	keep the file
No lo necesita y lo *borra (elimina)*.	trashes
Cuando termina, *apaga* la computadora.	turns off, shuts down

Regional Variations

*computer	*La computadora* is used throughout Latin America. *El ordenador* is used in Spain.
*on line	You will hear and see both *en línea* and *on line*.
*Internet	You will see and hear *Internet* with both *el* and *la*.

1. Identify the following items in Fig. 29-1.
1. mouse
2. keyboard
3. tool bar
4. desk top
5. icon
6. mouse pad

2. Indicate if each of the following is true or false.
1. Si usted quiere ver algo una vez más puede oprimir el botón regresar.
2. Si usted quiere guardar un archivo o documento lo debe borrar.
3. Antes de usar la computadora la tiene que prender.
4. Antes de usar la computadora tiene que entrar (ir) en línea.
5. Para navegar la red, haga clic con la alfombrilla.

3. Give another word that means the same thing.
1. el ordenador
2. retroceder
3. pulsar
4. eliminar
5. online
6. prender
7. la red

OTHER COMMON COMPUTER FUNCTIONS

La *carpeta* tiene varios *archivos (documentos)*.	folder, files
Si quiere *trasladar* un archivo a otra carpeta lo puede *arrastrar* y colocarlo en la carpeta donde lo quiera.	move, drag, place
Para copiar y mover sus archivos (documentos) a diferentes carpetas en su *unidad de disco duro* es fácil usar su ratón para arrastrarlo hasta allí.	hard disc drive
Si no quiere continuar, puede *cerrar la sesión*.	log off
Si quiere puede *descargar (bajar)* muchas cosas en su computadora.	download
Si quiere puede *grabar* sus archivos o documentos en un disco.	burn
Puede grabar un video.	
Puede grabar fotografías.	
Puede grabar música.	

4. Complete.
1. Una _____ tiene varios archivos.
2. Un archivo es también un _____.
3. Si usted quiere puede _____ un archivo de un lugar a otro con su _____.
4. Puede almacenar (store) sus carpetas en su unidad de _____.
5. Puede _____ sus archivos, un video, una canción o lo que sea para tener una copia.
6. Cuando no quiere continuar con el trabajo que está haciendo, puede _____.

E-MAIL

Important e-mail terms

el correo electrónico, el e-mail	e-mail
la bandeja de entrada	inbox
la bandeja de salida	outbox
la carpeta *de elementos enviados*	sent items
la carpeta *de elementos eliminados*	deleted items
la carpeta de *borradores*	drafts
correo no deseado	junk mail

Cuando recibe un correo electronico, puede no hacer nada.
O puede

responder (contestar)	respond
archivar el mensaje	file
imprimir el mensaje	print
eliminar (borrar) el mensaje	erase, trash

Si quiere una *copia dura* de su mensaje, lo puede imprimir.	hard copy
La copia dura sale de la *impresora*.	printer
A veces quiere enviar un *documento adjunto* con su e-mail.	attachment
Se anexa el *adjunto* al correo etectrónico.	
Unos documentos adjuntos de *usuarios desconocidos* pueden contener un virus.	unknown users

5. Tell what you're going to pull up.
1. los e-mails que te esperan
2. los e-mails que ya has borrado o eliminado
3. los e-mails que has enviado
4. los e-mails que has empezado a escribir pero que quieres revisar o terminar

6. Complete.
1. Es posible enviar una tarjeta o un artículo con un correo electrónico en forma de _____.
2. Puede _____ un mensaje que quiere leer más tarde.
3. Si quiere una _____ de un mensaje lo puede imprimir.
4. Para imprimirlo es necesario tener una _____.

7. Answer
¿ Por qué pueden ser peligrosos los documentos adjuntos?

Key Words

apagar to turn off, shut down
archivar to file
el archivo file
arrastrar to drag
bajar to download
la bandeja de entrada inbox
la bandeja de salida outbox
los borradores drafts
borrar erase, trash
el botón button
cerrar la sesión to log off
la carpeta folder
la computadora computer
la computadora portátil portable computer
una copia dura hard copy
copiar to copy
el correo electrónico e-mail
el correo no deseado junk mail
descargar to download
el documento document
el documento adjunto attachment
elementos borrados erased, trashed items
elementos eliminados deleted items
elementos enviados sent items
eliminar eliminate, trash
el e-mail e-mail

en línea online
entrar en línea go online
el escritorio desktop
grabar to burn
guardar to save
hacer clic click on
la impresora printer
imprimir to print
el (la) Internet Internet
navegar la red search the web
oprimir to press
el ordenador computer
la pantalla screen
la pantalla de escritorio desktop screen
prender to start (up)
pulsar to press
el ratón mouse
regresar go back
responder to respond
retroceder go back
el sitio anterior previous site
la tecla key
el teclado keyboard
la unidad de disco duro hard drive disc
el usuario user

CHAPTER 30: Government and politics
CAPÍTULO 30: El gobierno y la política

FORMS OF GOVERNMENT AND IDEOLOGIES

Ideología

el comunismo
el fascismo
el monarquismo
el socialismo
la democracia

Términos afines

el aislacionismo
el imperialismo
el intervencionismo
el marxismo
el militarismo
el progresismo
el racismo
el separatismo
el terrorismo
el anticlericalismo
el liberalismo
el radicalismo
el conservatismo

Miembro o partidario

el (la) comunista
el (la) fascista
el (la) monarquista[*]
el (la) socialista
el (la) demócrata

el (la) aislacionista
el (la) imperialista
el (la) intervencionista
el (la) marxista
el (la) militarista[*]
el (la) progresista
el (la) racista
el (la) separatista
el (la) terrorista
el (la) anticlerical
el (la) liberal
el (la) radical
el (la) conservador(a)

Regional Variations

[*]ideologies Since the terms for the forms of government and political ideologies are cognates, merely study these terms. Note that the word for the person who espouses a particular ideology usually ends in *-ista*, but there are some exceptions.

[*]monarch El (*la*) *monarquista* is a monarchist. The monarch (*el rey o la reina*) is el (*la*) *monarca*.

[*]military El (*la*) *militarista* is a militarist. A person in the military is *el* (*la*) *militar*.

---

1. Give the noun or adjective for the individual who espouses each of the following doctrines or ideologies.

1. la democracia
2. el marxismo
3. el liberalismo
4. el conservatismo
5. el socialismo
6. el radicalismo
7. el aislacionismo
8. el intervencionismo
9. el comunismo
10. el monarquismo
11. el progresismo
12. el terrorismo
13. el anticlericalismo
14. el racismo
15. el separatismo

RIGHTS OF THE PEOPLE

En los países democráticos *el pueblo* tiene el *derecho al voto*.	the people; voting rights
Bajo un *régimen autocrático (despótico)*, es posible no tener el derecho al voto.	autocratic regime
Los *ciudadanos* del país pueden votar en las elecciones nacionales y locales.	citizens
Los que pueden votar tienen que ser *mayores de edad*.	of legal age
El (la) que gana la *mayoría* de los votos *es elegido(a) presidente (a) o primer(a) ministro(a)*.	majority; is elected president or prime minister
El gobierno tiene la responsabilidad de *proteger* los *derechos del pueblo (derechos humanos)*.	protect the rights of the people
En muchos países existe la *libertad de prensa (libertad de palabra)*.	freedom of the press (freedom of speech)
Un *dictador* es un líder autocrático (despótico).	dictator
Muchos países están bajo una *dictadura*.	dictatorship
Muchos están bajo el control de una *junta* militar.	junta
A veces hay *manifestaciones y sublevaciones*.	demonstrations and uprisings
A veces el gobierno declara la *ley marcial*.	martial law
A veces imponen un *toque de queda*.	curfew
Los políticos de ideas más progresivas son de la *izquierda*.	left
Son *izquierdistas*.	leftists
Los de ideas más conservadoras son de la *derecha*.	right
Son *derechistas*.	rightists
Los derechistas y los izquierdistas tienen ideas *contrarias (opuestas, del otro lado, de la otra acera)*.	opposite

2. Answer.
  1. ¿En qué países tiene el pueblo el derecho al voto?
  2. ¿En qué países es posible no tener el derecho al voto?
  3. ¿En Estados Unidos ¿existe la libertad de prensa? ¿Y la libertad de palabra?
  4. ¿Tenemos el derecho al voto en Estados Unidos?
  5. ¿Elegimos a un nuevo presidente cada tres años?
  6. ¿Cuál es una responsabilidad que debe tener el gobierno?
  7. En algunos países, ¿abusan los líderes de los derechos humanos?
  8. En un país que tiene el derecho al voto, ¿sólo pueden votar en las elecciones los ciudadanos?
  9. ¿Pueden votar los menores de edad?
  10. ¿Gobierna una junta militar en muchos países?
  11. Una junta militar, ¿es una forma de gobierno autocrática o democrática?
  12. Cuando hay muchas sublevaciones y manifestaciones, ¿qué suele declarar el gobierno?
  13. ¿Qué acompaña muchas veces a la ley marcial?
  14. Los socialistas, ¿son izquierdistas o derechistas?
  15. Los conservadores, ¿son izquierdistas o derechistas?
  16. ¿Hay dictaduras en algunos países latinoamericanos?

3. Complete.
  1. El _____ _____ _____ significa que el pueblo tiene el derecho de elegir un presidente o primer ministro.
  2. En muchos países bajo el control de una _____, el derecho al _____ no existe.
  3. Cuando no hay derecho al voto, decimos que es un régimen _____.
  4. En muchos regímenes autocráticos no existe ni la _____ _____ ni la _____ _____ _____ _____.
  5. Cuando el pueblo está en contra de la política del gobierno, a veces hay _____ o _____.

6. Cuando hay muchas manifestaciones el gobierno suele declarar la _____
   y poner en efecto (imponer) un _____ _____ _____.
7. Si está en efecto el _____ _____ _____, la gente no puede estar
   en la calle durante ciertas horas, sobre todo por la noche.
8. Una persona de ideas políticas muy liberales o progresivas es _____.
9. Una persona de ideas políticas muy conservadoras es _____.

POLITICAL ORGANIZATION

En muchos países hay dos o más *partidos políticos*.	political parties
Algunos gobiernos tienen el *sistema bicameral*	bicameral system
Otros tienen un sistema *unicameral*.	unicameral
Bajo el sistema unicameral hay sólo una *cámara de diputados**.	chamber of deputies
Bajo el sistema bicameral hay la *cámara alta** y la *cámara baja**.	upper chamber lower chamber
La cámara alta en Estados Unidos es el *senado*.	Senate

Regional Variations

*Chamber of Deputies The term *la cámara de diputados* is somewhat difficult to translate since its English equivalent would depend upon the organization of this particular government. In France, for example, it would translate as the Chamber of Deputies. In U.S. parlance it would be the House of Representatives. Some countries do not have a *cámara de diputados* as such. Terms such as *la dieta* or *el parlamento* would be used. In Spain the term *Las Cortes* refers to *la corte alta* and *la corte baja*. The term *la corte*, in addition to denoting the court of the king or queen, can also mean a court of law or justice. Therefore *la corte suprema* means the supreme court. An equally common term is *el tribunal* or *el tribunal supremo*.

*Upper chamber, house In U.S. parlance *la cámara alta* or the upper chamber would be *el senado*. In Spanish newspapers you would read "*el senado de Estados Unidos*" and a person elected to the U.S. Senate would be *un (a) senador(a)*.

*Lower house In U.S. parlance *la cámara baja* is the House of Representatives, and you will read in Spanish newspapers "el congreso de Estados Unidos," Since the word *congreso* can mean any large, important meeting such as a convention, the word *congresista* means a person attending such a meeting or conference. To avoid confusion the translation for a U.S. representative in Congress would be *el (la) diputado(a) al congreso* or *el (la) representante al congreso*.

La cámara baja en los Estados Unidos es el *congreso**.	House of Representatives
El (la) presidente(a) o el (la) primer(a) ministro(a) tiene su	
consejo de ministros (gabinete).	cabinet
Algunos departamentos gubernamentales importantes son:	
ministerio de agricultura	ministry of agriculture
ministerio de comunicaciones	
*ministerio de estado** (*de relaciones exteriores*)	ministry of foreign affairs
ministerio de hacienda	ministry of the treasury
ministerio de justicia	
ministerio de instrucción pública (*educación*)	
ministerio de gobernación (*del interior*)	
ministerio de trabajo	labor ministry

Regional Variations

*Ministry of foreign affairs The translation for many of these governmental organizations would vary depending upon the terminology of the specific country. For example, *el ministerio de estado* or *el ministerio de relaciones exteriores* would translate as State Department or Department of State in the United States and as the Foreign Office in the United Kingdom. *El ministerio de gobernación* or *El ministerio del interior* would be the Department of the Interior in the United States and the Home Office in the United Kingdom. Note that government offices in many of the Spanish-speaking countries and other countries of the world are referred to as ministries and not departments, as in the United States. Therefore the most common translation for "department" in this sense is *ministerio* in Spanish, but in newspapers the word *departamento* is used when the specific reference is to a U.S. Department. Since Puerto Rico follows the United States system, the term *departamento de instrucción pública* is used rather than *ministerio de instrucción pública*. In the United States the director of each department is called a secretary, whereas in many countries he or she is referred to as a minister. In a Spanish newspaper the term *ministro(a) de educación* would be used for France, but the term *secretario(a) de educación* would be used for the United States.

4. Answer.
1. ¿Cuántos partidos políticos principales hay en Estados Unidos?
2. ¿Tenemos un sistema unicameral?
3. ¿Cuántos senadores hay de cada estado?
4. ¿Cuántos diputados al Congreso hay de cada estado?
5. En el gobierno de Estados Unidos, ¿cómo se llama la cámara baja?
6. ¿Cómo se llama la cámara alta?

5. Complete.
1. En algunos países como Francia hay muchos _____ _____.
2. Inglaterra tiene una _____ _____ y Estados Unidos tiene un _____.
3. El presidente no toma todas las decisiones. Consulta con su _____ _____ _____.
4. Si un país tiene solamente una _____ _____ _____ tiene un sistema de gobierno unicameral.
5. En el sistema bicameral hay una _____ _____ y una _____ _____.

6. Tell which government department has responsibility for each of the following areas.
1. la educación de los niños
2. asuntos o relaciones con el extranjero
3. el trabajo
4. asuntos nacionales o domésticos
5. las finanzas

PROCEDURES

Los diputados van a *tomar en consideración* una *enmienda* a la constitución.	take into consideration / amendment
Van a *enmendar* la constitución.	amend
No van a *anular* la constitución.	nullify
Un diputado *presentó una moción*.	made a motion
Otro *apoyó* la moción.	seconded, supported
Los diputados van a *discutir* la moción.	discuss
Tienen que *deliberar* antes de llegar a una decisión.	deliberate
Parece que la *mayoría* va a *aprobar* la enmienda.	majority; approve
La *oposición (minoría)* tiene que ceder a los deseos de la mayoría.	opposition (majority)
Los diputados van a votar en una *sesión plenaria*.	plenary session
No van a votar en una *sesión secreta*.	closed (secret) session
El comité no puede votar sin un *quórum*.	quorum
La oposición está *en contra de* la política del primer ministro.	against
El primer ministro va a pedir un *voto de confianza*.	vote of confidence
Habrá un *plebiscito (referéndum)*.	plebiscite
Había muchos votos *en (a) favor* y pocos *en contra*.	in favor (for); against

7. Give the word or term being defined.
1. expresar conformidad, autorizar, aceptar
2. hablar en contra y en favor de una cosa
3. un grupo de cuatro
4. los en contra
5. salir de una sesión o reunión para discutir y pensar en el pro y el contra de algún asunto
6. considerar

    7. la mayor parte
    8. añadir algo o cambiar algo en la constitución
    9. la acción de pedir al pueblo que vote en favor o en contra de algún asunto o de alguna resolución
  10. declarar algo inválido

8. Put the following in the proper order.
    1. Alguien apoyó la moción.
    2. La sometieron a votación.
    3. Todos discutieron la moción.
    4. Alguien presentó una moción.
    5. La moción fue aprobada.

9. Complete.
    1. Si un comité quiere aceptar o aprobar una resolución, hay que tener presente un
       _____ antes de votar.
    2. A veces el presidente o primer ministro someterá una resolución a un _____ para
       determinar si el pueblo está en favor o en contra de la resolución.
    3. En muchos países donde hay muchos partidos políticos es necesario en la cámara de diputados
       formar una coalición para ganar la mayoría de los votos. Si el primer ministro encuentra una
       oposición muy fuerte, a veces someterá su política a un _____
       _____.
    4. Para aprobar o desaprobar una resolución, alguien tiene que _____ una moción, otro la
       tiene que _____. Luego todos la pueden _____ antes de votar en pro o en
       contra de la resolución.
    5. Como la mayoría quiere aprobar la resolución, parece que la _____ (los en contra), que
       consiste en una _____, tendrá que ceder.

Key Words

el aislacionismo isolationism
el (la) aislacionista isolationist
el (la) anticlerical anticlerical person
el anticlericalismo anticlericalism
apoyar una moción to second a motion,
    to support a motion
aprobar (ue) to approve, accept
autocrático autocratic
bajo under
bicameral bicameral (two-house)
la cámara alta upper house, senate, upper
    chamber
la cámara baja lower house, lower chamber
la cámara de diputados Chamber of
    Deputies, House of
    Representatives
Cámara de Representantes Chamber of
    Deputies, House
    of Representatives
el (la) canciller chancellor
ceder to concede, give in to
el (la) ciudadano(a) citizen

el comité committee
el comunismo communism
el (la) comunista communist
conceder to concede
el congreso House of Representatives (U.S.), large
    meeting, convention, conference
el consejo de ministros cabinet
el (la) conservador(a) conservative
el conservatismo conservatism
la constitución constitution
contrario opposite, contrary
el control control
la corte chamber, court
las Cortes upper and lower chambers (in Spain)
declarar to declare
de la otra acera on the other side, with a
    completely different point of
    view or opinion
deliberar to deliberate
del otro lado on the other side
la democracia democracy
el (la) demócrata democrat

la derecha   right (with regard to political
orientation)
el (la) derechista   rightist
el derecho   right
el derecho al voto   voting right
los derechos humanos   human rights
el (la) dictador(a)   dictator
la dictadura   dictatorship
la dieta   diet
el (la) diputado(a)   deputy, representative
el (la) diputado(a) al Congreso   representative in
Congress (U.S.)
discutir   to discuss
la elección   election
elegir (i,i)   to elect
en contra   against
en favor   in favor
enmendar (ie)   to amend
la enmienda   amendment
el fascismo   fascism
el (la) fascista   fascist
el gabinete   cabinet
el gobierno   government
gubernamental   governmental
el imperialismo   imperialism
el (la) imperialista   imperialist
imponer   to impose
el intervencionismo   interventionism
el (la) intervencionista   interventionist
la izquierda   left
el (la) izquierdista   leftist
la junta   junta
la ley   law
la ley marcial   martial law
el (la) liberal   liberal
el liberalismo   liberalism
la libertad   freedom
la libertad de palabra   freedom of speech
la libertad de prensa   freedom of the press
la manifestación   demonstration
el marxismo   marxism
el (la) marxista   marxist
mayor de edad   of legal age
la mayoría   majority
el (la) militar   military person
el militarismo   militarism
el (la) militarista   militarist
el ministerio de agricultura   ministry of agriculture
el ministerio de comunicaciones   ministry of
communications
el ministerio de educación   ministry of education
el ministerio de estado   ministry of state
el ministerio de gobernación   ministry of the
interior

el ministerio de hacienda   ministry of the treasury
el ministerio de instrucción   ministry of education
pública
el ministerio del interior   ministry of the interior
el ministerio de justicia   ministry of justice
el ministerio de relaciones   ministry of foreign
exteriores   affairs
el ministerio de trabajo   ministry of labor
la minoría   minority
la moción   motion
el (la) monarca   monarch
el monarquismo   monarchism
el (la) monarquista   monarchist
nacional   national
la oposición   opposition
de la otra acera   on the other side
opuesto   opposite
el parlamento   parliament
el partido   party
el plebiscito   plebiscite
la política   politics, political policy
político   political
presentar una moción   to make a motion
el (la) presidente(a)   president
el (la) primer(a) ministro(a)   prime minister
el progresismo   progressivism
el progresista   progressive
proteger   to protect
el pueblo   the people
el quórum   quorum
el racismo   racism
el (la) racista   racist
el (la) radical   radical
el radicalismo   radicalism
el referéndum   referendum
el régimen   regime
el senado   senate
el (la) senador(a)   senator
el separatismo   separatism
el (la) separatista   separatist
la sesión plenaria   plenary session
el sistema   system
el socialismo   socialism
el (la) socialista   socialist
la sublevación   uprising
el terrorismo   terrorism
el (la) terrorista   terrorist
tomar en consideración   to take into consideration
el toque de queda   curfew
el tribunal   court
unicameral   unicameral
votar   to vote
el voto   vote
el voto de confianza   vote of confidence

APPENDIX 1: Days of the week
APÉNDICE 1: Los días de la semana

lunes, martes, miércoles, jueves, viernes, sábado, domingo

Lunes es el primer día de la semana.
El segundo día es martes.
Vamos a clase *los lunes*.   on Mondays
Julia va a volver *el lunes*.   on Monday
el fin de semana   weekend
día de entre semana   weekday
día festivo (de fiesta)   holiday
día laborable   workday
día de santo   saint's day
el cumpleaños   birthday
la Navidad   Christmas
la víspera de Navidad (*la Nochebuena**)   Christmas eve
el Año Nuevo   New Year
la víspera del Año Nuevo (*la Nochevieja**)   New Year's eve
la Pascua (Florida)   Easter

ABOUT THE LANGUAGE

Note the use of the article with days of the week. The definite article *el* or *los* is used to translate the English preposition "on." *El lunes* means on Monday and *los lunes* means on Mondays.

Regional Variations

*La Nochebuena and *la Nochevleja* are more commonly used in Spain than in Latin America.

ENERO						
domingo	lunes	martes	miércoles	jueves	viernes	sábado
			1	2	3	4
5	6	7	8	9	10	11
12	13	14	15	16	17	18
19	20	21	22	23	24	25
26	27	28	29	30	31	

Fig. A1-1

APPENDIX 2: Months of the year and dates
APÉNDICE 2: Los meses del año y las fechas

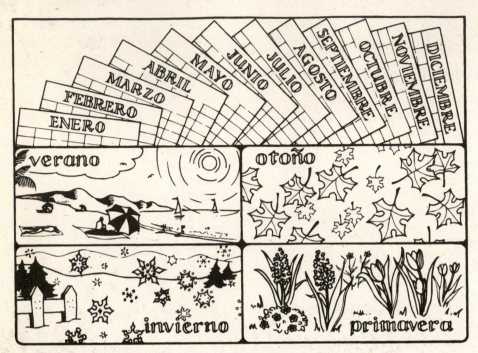

Fig. A2-1

enero
febrero
marzo
abril
mayo
junio
julio
agosto
septiembre
octubre
noviembre
diciembre

¿Qué día es hoy?
¿Cuál es la fecha (de) hoy?
¿Qué fecha tenemos?   What's today's date?
¿A cómo estamos hoy?
¿A cuántos estamos?

Hoy es el veinticinco de marzo.
Hoy es lunes, el veinticinco de marzo.
Tenemos el veinticinco de marzo.
Estamos a veinticinco.
} Today is the 25th of March.

Hoy es el primero de marzo.   Today is the first of March.

ABOUT THE LANGUAGE

Note that the cardinal numbers are used for expressing the date, with the exception of the first of the month, in which case the ordinal number *primero* is used.

APPENDIX 3: Time and expressions of time

APÉNDICE 3: La hora y expresiones de tiempo

¿Qué hora es?
¿Qué hora tiene Ud.?
¿Qué horas son?

What time is it?

Es la una. — It's one o'clock.
Son las dos. — It's two o'clock.
Son las tres. — It's three o'clock.
Es la una y cinco. — It's 1:05.
Son las dos y diez. — It's 2:10.
Son las tres y cuarto. — It's a quarter past three.
Son las cuatro y media. — It's four thirty.

Es la una menos cinco.
Faltan (los) cinco para la una.

It's five to one.

Son las dos menos diez.
Faltan (los) diez para las dos.

It's ten to two.

Son las tres menos cuarto.

Faltan (los) quince para las tres.
Falta un cuarto de hora para las tres.

It's a quarter to three.

Van a salir *a la una*. — at one o'clock
Van a salir *a las cinco y media*. — at 5:30
El tren sale *a las catorce y diez*. — at 14:10
Estaré *a las ocho en punto*. — at exactly eight o'clock
Estaré *a eso de las ocho*. — at about eight
Estaré *a las ocho y pico*. — a little after eight
Favor de llegar *a tiempo*. — on time
Favor de no llegar *tarde*. — late
Favor de no llegar *temprano*. — early
Vamos a llegar *por la mañana*. — in the morning
       por la tarde. — in the afternoon
       por la noche. — in the evening
Vamos a llegar a las cuatro *de la mañana*. — in the morning
       de la tarde. — in the afternoon

ABOUT THE LANGUAGE

You will sometimes hear, particularly on the radio, *Son las dos con diez minutos.*
The twenty-four hour clock is commonly used for train and plane schedules, etc.
Note that the preposition *por* is used when no specific time or hour is stated. When specific time is stated, the preposition *de* must be used.

DIVISIONS OF TIME

el segundo	second
el minuto	minute
la hora	hour
el día	day
la semana, ocho días	week
dos semanas, quince días	two weeks
el mes	month
el año	year
el siglo	century

OTHER IMPORTANT TIME EXPRESSIONS

el amanecer	dawn
el anochecer	dusk
la madrugada	early morning (midnight to sunrise)
la mañana	morning
la tarde	afternoon
la noche	evening, night
el mediodía	noon
la medianoche	midnight

hoy	today
(el) mañana	tomorrow
pasado mañana	day after tomorrow
mañana por la mañana	tomorrow morning
ayer	yesterday
ayer por la mañana	yesterday morning
antes de ayer (anteayer)	day before yesterday

hasta el lunes	until Monday
el año pasado	last year
el año que viene	next year
hace un año	a year ago
el dos del actual (del presente, corriente)	the second of this month
a principios de este siglo	around the beginning of this century
a mediados del año pasado	around the middle of last year
a fines de este año	around the end of this year
a últimos del mes	around the end of the month

ABOUT THE LANGUAGE

Note that the preposition *de* is used to express the English "by" or "at" in a statement such as *No me gusta viajar de noche.*

Note the use of the plural *a fines de este año, a últimos del mes* when the time is not specific.

APPENDIX 4: Spanish-speaking countries and nationalities

APÉNDICE 4: Países y nacionalidades de habla española

País	Nacionalidad
País	**Nacionalidad**
México	mexicano(a)
Guatemala	guatemalteco(a)
El Salvador	salvadoreño(a)
Honduras	hondureño(a)
Nicaragua	nicaragüense
Costa Rica	costarricense
(El) Panamá	panameño(a)
Cuba	cubano(a)
Puerto Rico	puertorriqueño(a)
Venezuela	venezolano(a)
Colombia	colombiano(a)
(El) Ecuador	ecuatoriano(a)
(El) Perú	peruano(a)
Bolivia	boliviano(a)
Chile	chileno(a)
(La) Argentina	argentino(a)
(El) Uruguay	uruguayo(a)
(El) Paraguay	paraguayo(a)
España	español(a)

APPENDIX 5: Numbers
APÉNDICE 5: Los números

uno	1
dos	2
tres	3
cuatro	4
cinco	5
seis	6
siete	7
ocho	8
nueve	9
diez	10
once	11
doce	12
trece	13
catorce	14
quince	15
dieciséis (diez y seis)	16
diccisiete	17
dieciocho	18
diecinueve	19
veinte	20
veintiuno (veinte y uno)	21
veintidós	22
veintitrés	23
veinticuatro	24
veinticinco	25
veintiséis	26
veintisiete	27
veintiocho	28
veintinueve	29
treinta	30
treinta y uno	31
cuarenta y dos	42
cincuenta y tres	53
sesenta y cuatro	64
setenta y cinco	75
ochenta y seis	86
noventa y siete	97
ciento (cien)	100
doscientos	200

ABOUT THE LANGUAGE

Note that the numbers 16 to 29 are usually written as one word. Compound numbers from 31 to 99 are written as three words.

trescientos	300
cuatrocientos	400
quinientos	500
seiscientos	600
setecientos	700
ochocientos	800
novecientos	900
ciento treinta y cuatro	134
doscientos cincuenta y cinco	255
quinientos sesenta y ocho	568
setecientos ochenta y nueve	789
novecientos noventa y nueve	999
mil	1,000
dos mil	2,000
cinco mil	5,000
nueve mil	9,000
mil once	1,011
mil cuatrocientos noventa y dos	1,492
mil setecientos ochenta y cuatro	1,784
mil ochocientos doce	1,812
mil novecientos noventa y siete	1,997
un millón	1,000,000
dos millones	2,000,000
un billón	1,000,000,000
dos billones	2,000,000,000

Ordinal numbers	**los números ordinales**
primero(a)	first
segundo(a)	second
tercero(a)	third
cuarto(a)	fourth
quinto(a)	fifth
sexto(a)	sixth
séptimo(a)	seventh
octavo(a)	eighth
noveno(a)	ninth
décimo(a)	tenth

ABOUT THE LANGUAGE

Note that *y* is used only between the tens and unit digits.

Note that the word *mil* is never pluralized. Also note that in some countries, such as Spain, 2,000 is written as 2.000. In these countries, a comma is used in place of a decimal point, so that what we write as 1.75 is instead 1,75.

Note that the word *mil* is never preceded by *un* but *un* is used with *millón* and *billón*.

The ordinal numbers are less frequently used in Spanish than in English. The ordinal numbers beyond tenth (*décimo*) are seldom used. Note that the words for "first" and "third" are used in the shortened form *primer* (*tercer*) when they precede a masculine noun.

When expressing years of the twenty-first century the definite article should be used: *en el dos mil nueve.*

APPENDIX 6: Foods
APÉNDICE 6: Las comidas

Vegetables	**Los vegetales, las legumbres**
artichoke	*la alcachofa, la cotufa*
asparagus	*los espárragos*
beans	*las judías, los frijoles, las habichuelas, los porotos*
beans (green)	*las judías verdes, los ejotes, las vainitas, las chauchas, los porotos verdes, las verduras*
beet	*la remolacha, el betabel, la betarraga, la beteraba*
broad beans	*las habas*
broccoli	*el brocolí*
Brussels sprout	*la col de Bruselas*
cabbage	*la col, el repollo*
cabbage, red	*la col morada*
caper	*la alcaparra*
carrot	*la zanahoria*
cassaba	*la yuca*
cauliflower	*la coliflor*
celery	*el apio*
chard	*la acelga*
chick-peas	*los garbanzos*
chicory	*la achicoria*
corn	*el maíz, el elote, el choclo*
cucumber	*el pepino*
eggplant	*la berenjena*
endive	*la escarola, la endibia*
garlic	*el ajo*
leeks	*el puerro*
lentils	*las lentejas*
lettuce	*la lechuga*
lima beans	*las habas de lima, las habaitas pallares*
mushroom	*la seta, el champiñón, el hongo*
onion	*la cebolla*
parsnip	*la chirivía*
peas	*los guisantes, los chícharos, las alberjas*
peppers	*los pimientos, los morrones, los poblanos, los ajíes, los chipotles*

potato	*la patata, la papa*
pumpkin	*la calabaza, el zapallo*
radish	*el rábano*
rice	*el arroz*
spinach	*las espinacas*
squash	*el calabacín, el zapallo*
sweet potato	*la batata, el camote*
turnip	*el nabo*
watercress	*los berros*
zucchini	*el calabacín*

Fruits	**Las frutas**
apple	*la manzana*
apricot	*el albaricoque, el damasco*
avocado	*el aguacate, la palta*
banana	*el plátano, la banana, el guineo*
blackberry	*la mora*
cherry	*la cereza, la guinda*
coconut	*el coco*
currant	*la grosella*
date	*el dátil*
fig	*el higo*
grape	*la uva*
grapefruit	*la toronja, el pomelo*
guava	*la guayaba*
lemon	*el limón*
lime	*la lima, el limón*
melon	*el melón*
orange	*la naranja, la china*
papaya	*la papaya*
peach	*el melocotón, el durazno*
pear	*la pera*
pineapple	*la piña*
plum	*la ciruela*
pomegranate	*la granada*
prune	*la ciruela*
raisins	*las pasas*
raspberry	*la frambuesa*
strawberry	*la fresa, la frutilla*
tomato	*el tomate, el jitomate*
watermelon	*la sandía*
wild strawberry	*la fresa silvestre*

Meats	**Las carnes**
bacon	*el tocino, el lacón, el bacón*
beef	*la carne de res, el bife*
blood pudding	*la morcilla*
brains	*los sesos*
cold cuts	*los fiambres*
filet mignon	*el lomo fino*
goat	*el cabrito, el chivo*
ham	*el jamón*
hard sausage	*el chorizo*
heart	*el corazón*
kidneys	*los riñones*
lamb	*el cordero, el borrego*
liver	*el hígado*
meatballs	*las albóndigas*
oxtail	*el rabo de buey, la cola de res*
pork	*el cerdo, el puerco, el chancho*
sausage	*la salchicha*
suckling pig	*el lechón, el cochinillo*
sweetbreads	*las criadillas, las mollejas*
tongue	*la lengua*
tripe	*la tripa, el mondongo, las pancitas, los callos*
veal	*la ternera*

Fish and shellfish	**Pescados y mariscos**
anchovies	*las anchoas, los boquerones*
barnacles	*los percebes*
bass	*el robalo, la lubina*
clams	*las almejas, las conchas*
cod	*el bacalao*
crab	*el cangrejo,* (land crab) *la jaiba, el juey*
crayfish	*la cigala*
eel	*la anguila*
flounder	*el lenguado, el rodaballo, la platija*
frogs' legs	*las ancas de rana*
grouper	*el mero*
hake	*la merluza*
herring	*el arenque*
lobster	*la langosta*
mackerel	*la sierra*
mussel	*el mejillón, la cholga*
octopus	*el pulpo*
oyster	*la ostra, el ostión*
perch	*la percha*
plaice	*la platija*
prawns	*los camarones, las gambas, los langostinos*
red snapper	*el guachinango, el huachinango, el pargo*
salmon	*el salmón*

sardine	*la sardina*
sea bass	*el mero, la lubina, el robalo*
sea urchin	*el erizo*
shrimp	*el camarón, la gamba, el langostino, la quisquilla*
snail	*el caracol*
sole	*el lenguado*
squid	*el calamar, el pulpo, el chipirón*
swordfish	*la pez espada*
trout	*la trucha*
tuna	*el atún*
turbot	*el rodaballo*
weakfish	*la corvina*
whiting	*el romero*

Fowl and game	**Aves y caza**
capon	*el capón*
chicken	*el pollo*
duck	*el pato*
goose	*el ganso*
partridge	*la perdiz*
pheasant	*el faisán*
pigeon	*el pichón*
quail	*la codorniz*
turkey	*el pavo*

Condiments, sauces, and spices	**Condimentos, salsas, y especias**
achiote	*el achiote*
anise	*el anís*
basil	*la albahaca*
bay leaf	*el laurel*
capers	*las alcaparras*
cinnamon	*la canela*
coriander	*el cilantro, el culantro*
dill	*el eneldo*
garlic	*el ajo*
ginger	*el jengibre*
ketchup	*la salsa de tomate, el catsup*
marjoram	*la mejorana*
mint	*la menta*
mayonnaise	*la mayonesa, la mahonesa*
mustard	*la mostaza*
nutmeg	*la nuez moscada*
oregano	*el orégano*
paprika	*el pimentón dulce*
parsley	*el perejil*
pepper	*la pimienta;* (red hot pepper) *el ají, la guindilla*
rosemary	*el romero*
saffron	*el azafrán*
salt	*la sal*
sesame	*el ajonjolí*

tarragon	*el estragón*
thyme	*el tomillo*
vanilla	*la vainilla*

Eggs **Huevos**

fried eggs	*los huevos fritos*
hard-boiled eggs	*los huevos duros*
poached eggs	*los huevos escalfados*
soft-boiled eggs	*los huevos pasados por agua,*
	los huevos tibios
scrambled eggs	*los huevos revueltos*

Sweets **Los dulces**

cake	*el pastel, la torta, la tarta,*
	el queque
candy	*el caramelo, el dulce,*
	la confitura,
	el bombón
caramel custard	*el flan*
cookie	*la galleta, la bizcocho*
custard	*la natilla*
doughnut	*el churro, la dona*
honey	*la miel*
ice cream	*el helado*
jam	*la mermelada*
jello	*la gelatina*
sponge cake	*el bizcocho, el bizcochuelo*
syrup	*el jarabe, el sirope, el almíbar*
tart	*la tarta*

Beverages **Las bebidas**

aperitif	*el aperitivo*
beer	*la cerveza*
tap beer	*la cerveza de barril, la cerveza*
	de presión
cider	*la sidra*
coffee	*el café*
black coffee	*el café solo*
coffee with milk	*el café con leche*
expresso	*el café exprés*
juice	*el jugo, el zumo*

lemonade	*la limonada*
milk	*la leche*
milk shake	*el batido*
mineral water	*el agua mineral*
carbonated	*con gas*
uncarbonated	*sin gas*
soda	*la soda, la gaseosa, la cola*
tea	*el té*
iced tea	*el té helado*
wine	*el vino*
red wine	*el vino tinto*
white wine	*el vino blanco*

Miscellaneous

baking powder	*el polvo de hornear*
biscuit	*la galleta*
bread	*el pan*
breadcrumbs	*el pan rallado*
butter	*la mantequilla*
cheese	*el queso*
cornstarch	*la maicena*
cracker	*la galleta*
cream	*la crema, la nata*
egg white	*el blanquillo*
egg yolk	*la yema de huevo*
gravy	*la salsa*
juice	*el jugo, el zumo*
lard	*la manteca*
noodles	*los fideos*
nuts	*las nueces (sg. la nuez)*
oil	*el aceite*
olive	*la aceituna*
olive oil	*el aceite (de oliva)*
peanut	*el cacahuate, el cacahuete,*
	el maní
roll	*el panecillo, el bollo, el bolillo*
sandwich	*el bocadillo, el sándwich*
spaghetti	*los espaguetis, los tallarines*
sugar	*el azúcar*
vinegar	*el vinagre*

Answers to exercises
Respuestas a los ejercicios

CHAPTER 1: *At the airport*

1. 1. electrónicos
    2. boletos
    3. ir on line (en línea)
    4. electrónico
    5. el sitio
    6. opciones
    7. consolidor

2. 1. Sí, puede usar su computadora para comprar un boleto electrónico.
    2. Sí, tiene que ir en línea.
    3. Sí, puede ir al sitio de la línea aérea.
    4. También puede ir a un sitio de un consolidor.
    5. Un consolidor puede dar una variedad de opciones de muchas líneas aéreas.
    6. Sí.
    7. Tiene que dar la fecha de caducidad.

3. 1. aeropuerto de salida
    2. aeropuerto de llegada
    3. con una tarjeta de crédito
    4. la tarifa
    5. la fecha de caducidad
    6. una tarifa cara
    7. una tarifa económica
    8. clase económica, clase preferente o ejecutiva, primera clase

4. No answers

5. 1. impresora
    2. una copia
    3. embarque
    4. pasabordo
    5. asignar
    6. un asiento
    7. confirmación

6. 1. comprar un boleto
    2. de ida y regreso, redondo
    3. oprimir
    4. el pasaje
    5. en línea
    6. una reserva

7. 1. autobús
    2. terminal
    3. salen

8. 1. terminal
    2. vuelos
    3. terminal
    4. nacionales
    5. vuelo
    6. terminal

9. 1. mostrador
    2. fila
    3. mostrador
    4. boleto (billete)
    5. vuelo
    6. pasaporte

10. 1. internacional
    2. mostrador
    3. boleto (billete), pasaporte
    4. fila, pasillo, ventanilla
    5. equipaje de mano, maletín
    6. etiqueta
    7. tarjeta de embarque
    8. vuelo, asiento, fila, pasillo
    9. talones, reclamar (recoger)
    10. asiento, compartimiento superior
    11. debajo, superior, facturar

11. 1. La señora está en el mostrador de la compañía de aviación.
    2. Ella habla con el agente.
    3. Ella le da su boleto (billete) y su pasaporte al agente.
    4. Ella quiere sentarse en la sección de no fumar.
    5. Ella lleva dos maletas.

6. Sí, lleva equipaje de mano.
7. Lleva un maletín.
8. Sí, el maletín puede caber debajo del asiento.
9. El agente le da su tarjeta de embarque.
10. Sale en el vuelo 430.
11. Ella va a Madrid.
12. Tiene el asiento 22*C*.
13. Está en el pasillo en la fila 22.
14. Ella ha facturado dos maletas.
15. Ella puede reclamar sus maletas en Madrid.

12. 1. *b*　　　　4. *c*
2. *c*　　　　5. *b*
3. *a*

13. 1. d　　　　4. a
2. c　　　　5. b
3. e

14. 1. La compañía de aviación
2. salida
3. vuelo
4. con destino a
5. control de seguridad
6. control de seguridad
7. puerta
8. embarque

15. 1. salida
2. destino
3. control de seguridad
4. puerta, ocho

16. 1. llegada
2. vuelo
3. procedente de

17. 1. la salida
2. procedente de
3. desembarcar

18. 1. demora
2. demora, retraso
3. anulado (cancelado)
4. confirmado, sin escala, cambiar
5. conexión (trasbordo)
6. perdió
7. completo (lleno), disponibles

19. 1. terminales, vuelos, nacionales
2. agente, mostrador, aviación
3. boletos (billetes), pasaporte

4. equipaje
5. talones, talones
6. maletín, mano, debajo del
7. pasillo
8. completo, asientos
9. tarjeta, asiento, fila
10. escala, cambiar
11. embarque, destino a
12. puerto
13. retraso, anulado

20. 1. La señora Molina llega al aeropuerto.
2. Hay dos terminales en el aeropuerto.
3. Hay una para vuelos nacionales y otra para vuelos internacionales.
4. La señora va al mostrador de la compañía de aviación.
5. El agente quiere ver su boleto (billete) y su pasaporte.
6. La señora factura dos maletas.
7. La agente pone los talones en el sobre del boleto (billete).
8. Ella puede reclamar su equipaje en Bogotá.
9. Ella lleva un maletín abordo.
10. El equipaje de mano tiene que caber debajo del asiento.
11. Sí, la señora tiene un asiento reservado pero no lo indica la computadora.
12. No hay problema porque el vuelo no está completo. Hay asientos disponibles.
13. La señora tiene el asiento 25*C*.
14. El vuelo va a salir por la puerta seis.
15. No, no es un vuelo sin escala. Hace una escala en Panamá.

21. 1. vuelo
2. destino
3. escala
4. cambiar
5. asiento
6. fila
7. pasillo

22. 1. Va a salir con una demora.
2. Hay un problema técnico.
3. Es bastante largo.
4. Sí, han anulado otro vuelo.
5. A causa del tiempo.

23. 1. comprar un boleto
2. on line
3. pulsar

4. un billete de ida y vuelta
5. un boleto de ida solo
6. el pasaje (el precio)
7. el pasabordo
8. una reservación
9. una demora
10. lleno

CHAPTER 2: On the airplane

1. 1. tripulación
2. asistentes de vuelo
3. trasera
4. principal
5. cabina del piloto
6. seguridad
7. despega
8. aterriza

2. 1. tripulación
2. bienvenida
3. despegar
4. tiempo de vuelo
5. aproximadamente
6. altura
7. velocidad
8. por hora

3. 1. Los chalecos salvavidas están debajo del asiento.
2. La máscara de oxígeno se caerá.
3. Hay salidas de emergencia sobre las alas.
4. No, no se puede fumar durante el vuelo.
5. No, no se permite fumar en los aseos.

4. 1. despegue
2. aterrizaje
3. sentados
4. cinturón de seguridad
5. cinturón
6. turbulencia
7. brinca

5. 1. pasillos
2. caber
3. asiento
4. compartimientos
5. despegue
6. aterrizaje
7. respaldo

8. posición
9. la tableta
10. un descansabrazos

6. 1. bebidas, meriendas
2. periódicos, revistas
3. el mareo, bolsillo
4. alternativas, entretenimiento
5. pantalla táctil
6. audífonos (auriculares)

7. 1. almohada
2. manta

8. 1. cabinas, delantera, clase, cabina, económica
2. vuelo, tarjetas de embarque
3. máscara de oxígeno
4. equipaje de mano, compartimentos sobre la cabeza (superiores)
5. despegue, aterrizaje
6. señal de no fumar
7. respaldo, posición
8. cinturones de seguridad
9. bebidas, comida
10. un juego de audífonos, cargo

9. 1. *e*
2. *i*
3. *f*
4. *b*
5. *a*
6. *j*
7. *c*
8. *l*
9. *h*
10. *k*

10. 1. Los asistentes de vuelo les dan la bienvenida a los pasajeros mientras abordan el avión.
2. Hay dos cabinas en la mayoría de los aviones.
3. Los pasajeros tienen que aprender a usar el cinturón de seguridad, la máscara de oxígeno, y el chaleco salvavidas.
4. Los pasajeros tienen que poner su equipaje de mano debajo de su siento o en el compartimiento sobre la cabeza.
5. No, no se puede fumar en el avión.
6. Los pasajeros tienen que poner el respaldo de su asiento en posición vertical. También tienen que abrocharse el cinturón de seguridad.
7. Es una buena idea mantener los cinturones abrochados durante todo el vuelo porque no se sabe cuándo el avión encontrará alguna turbulencia inesperada y empezará a brincar.

8. Los asistentes de vuelo sirven bebidas y una comida durante el vuelo.
9. Ofrecen almohadas y mantas y también juegos de audífonos.
10. El piloto les da a los pasajeros la ruta de vuelo, el tiempo de vuelo, la altura a que van a volar y la velocidad que van a alcanzar.

CHAPTER 3: Passport control and customs

1.
1. Siempre hay una cola (fila) delante del control de seguridad.
2. Antes de entrar en el área del control de seguridad hay que mostrar un pasaporte o una forma de identificación (identidad) gubernamental al agente.
3. Tiene que poner su equipaje de mano sobre una correa.
4. Tiene que poner todos los objetos metálicos en un contenedor.
5. Tiene que poner los líquidos y geles en una bolsa sellada.
6. Todo tiene que pasar por una máquina de rayos equis.

2.
1. control
2. pasaporte
3. tiene
4. estar
5. (any appropriate length of time)
6. hospedado(a)
7. negocios
8. turismo
9. turismo

3.
1. declarar, flecha, algo, flecha roja
2. declarar, impuestos
3. declaración
4. efectos
5. agrícolas
6. agricultura

CHAPTER 4: At the train station

1.
1. billete
2. un billete de ida y vuelta
3. billete sencillo

2.
1. boleto
2. boleto sencillo
3. boleto de ida y regreso

3.
1. máquina
2. ranura
3. pulsar, destino
4. tiquete
5. de cercanías
6. de largo recorrido
7. lujo, suplemento
8. parada

4.
1. No, no está en las cercanías.
2. Es un tren de largo recorrido.
3. Debe salir a las catorce veinte.
4. No, no va a salir a tiempo.
5. Va a salir a las quince diez.
6. Sí, hay una demora.
7. Va a salir con cincuenta minutos de retraso.
8. Los pasajeros esperan en la sala de espera.
9. Tienen que transbordar en Sevilla.

5.
1. demora
2. cincuenta
3. retraso
4. sala de espera

6.
1. pantalla, salidas, tablero
2. cambiar, paradas

7.
1. llegada
2. salida
3. recorrido
4. espera
5. transbordar

8.
1. equipaje
2. llevar
3. mozo, (maletero)
4. carrito
5. depositar

9.
1. andén, vía
2. asiento
3. andén
4. (se) bajan, (se) suben

10.
1. revisor (recogedor)
2. coche cama
3. coche comedor, la bufetería

11. 1. T 5. F
2. F 6. F
3. F 7. T
4. F 8. F

12. 1. La señora va a la estación de ferrocarril en taxi.
2. Ella lleva cuatro maletas.
3. La señora llama a un mozo.
4. No, el tren no va a salir a tiempo.
5. El tren va a salir con un retraso de una hora y media.
6. La señora deposita su equipaje en la consigna.
7. Ella compra su boleto en la ventanilla.
8. Ella compra un boleto de ida y regreso.
9. Ella va a viajar en el rápido (tren expreso).
10. La señora le da el talón para reclamar su equipaje.
11. El mozo lleva el equipaje al andén.
12. Ellos buscan el coche 114D.
13. Ella tiene el asiento 6 en el compartimiento *C*.
14. Ella no tiene una cama porque el viaje no es muy largo y si ella quiere tomar una siesta puede dormir en su asiento.
15. Ella le pregunta si hay un coche comedor.

13. 1. *b* 4. *f*
2. *d* 5. *a*
3. *e* 6. *c*

14. 1. *e* 4. *a*
2. *c* 5. *d*
3. *b* 6. *f*

15. 1. *b* 5. *g*
2. *f* 6. *c*
3. *d* 7. *e*
4. *a*

CHAPTER 5: The automobile

1. 1. alquilar
2. día, por semana
3. cuesta (cobran) por, por
4. kilometraje
5. kilómetro
6. un permiso de conducir (una licencia)
7. seguro completo (contra todo riesgo)

2. 1. alquilar
2. carro (coche)
3. [optional: grande or pequeño]
4. por día
5. por semana
6. semana
7. kilometraje
8. cobran
9. incluida
10. seguro
11. permiso de conducir
12. depósito
13. crédito
14. tarjeta de crédito
15. firmar

3. 1. *b* 7. *b*
2. *a* 8. *b*
3. *b* 9. *a*
4. *a* 10. *b*
5. *c* 11. *c*
6. *a*

4. 1. cambiar de velocidad
2. intermitentes
3. guantera
4. el baúl (la maletera, la cajuela, la maleta)
5. el silenciador

5. 1. poner la llave en el arranque
2. arrancar el motor poniendo el pie en el acelerador
3. embragar
4. poner el carro en primera velocidad

6. 1. el tanque (el depósito), gasolinera
2. llenar, litros
3. radiador, batería
4. los neumáticos (las gomas, las llantas)
5. parabrisas
6. aceite, frenos
7. engrase, afinación

7. 1. arranca
2. una llanta baja
3. se caló (murió)
4. una avería
5. hace mucho ruido
6. se calienta demasiado

8. 1. avería (descompostura)
2. caló
3. arrancar
4. grúa
5. remolcar

9. 1. golpeando, fallando
2. goteando, demasiado
3. grúa
4. repuestos
5. reparar

CHAPTER 6: Asking for directions

1. 1. perdido(a)
2. calle
3. con
4. lejos
5. lejos
6. cerca
7. ir a pie (andar, caminar)
8. la vuelta
9. derecho
10. doble
11. cuadra (manzana)
12. izquierda
13. con
14. derecho
15. cuadras (manzanas)
16. la derecha
17. cuadra (manzana)
18. a la izquierda
19. más

2. 1. lejos
2. ir a pie (andar, caminar)
3. autobús
4. parada del autobús
5. esquina
6. parada (esquina)
7. tomar
8. baje

3. 1. afueras
2. carretera de Valencia
3. tráfico (tránsito, mucha circulación)
4. hora de mayor afluencia
5. autopista
6. peaje (una cuota)
7. peaje, caseta de peaje
8. carriles (pistas, bandas)
9. el carril derecho (la pista [banda] derecha), salida
10. sentido único (dirección única)
11. semáforo
12. embotellamientos

4. 1. el semáforo (or) la luz
2. la autopista
3. el carril (or) la pista
4. la salida
5. la caseta de peaje

5. 1. la carretera
2. la cuota
3. el tránsito (la circulación)
4. de dirección única
5. la cabina (la garita) de peaje
6. el carril (la banda)
7. caminar (ir a pie)
8. la manzana (el bloque)

6. 1. *d*   5. *b*
2. *a*   6. *e*
3. *f*   7. *c*
4. *g*   8. *h*

7. 1. con   4. de
2. a   5. de
3. a

CHAPTER 7: Making a telephone call

1. 1. teléfono público
2. tarjeta
3. Información, guía telefónica

2. d, f, a, e, b, c

3. 1. una llamada de larga distancia
2. una llamada internacional
3. una llamada local (urbana)
4. cargo reversible (de cobro revertido)
5. el prefijo del país
6. el código (la clave) de área
7. de persona a persona

4. 1. ¡Hola (¡diga!)
2. ¿Está [make up a name]?
3. ¿parte de quién?
4. De parte de [give your name]
5. momentito
6. está
7. mensaje (recado)

5. 1. timbre
2. sonidos
3. mensajes
4. correo electrónico (e-mail)

5. digitales
6. videomensaje
7. escucha, cortando
8. Se nos cortó la línea.

6.
1. señal
2. descompuesto (estropeado, fuera de servicio)
3. comunicando
4. número equivocado
5. intentar, de nuevo
6. parásitos
7. nos ha cortado la línea
8. central, extensión

7.
1. La línea estaba ocupada. Estaba comunicando.
2. No contestó nadie. (No hubo contestación.)
3. El telefonista le dio un número equivocado.
4. Se les cortó la linea.

8. 4, 1, 5, 3, 6, 7, 2

9.
1. fuera de servico (estropeado, descompuesto)
2. está comunicando
3. central
4. mensaje (recado)
5. número equivocado

10.
1. La señora va a hacer una llamada de larga distancia.
2. No tiene que consultar la guía telefónica porque ya sabe el número de teléfono de su amiga.
3. Ella sabe también la clave de área.
4. No puede marcar directamente porque está haciendo una llamada de larga distancia.
5. Ella descuelga el auricular.
6. Espera la señal (el tono).
7. Marca el cero.
8. La telefonista contesta.
9. La señora Ramírez quiere comunicarse con el 771-15-80.
10. La clave de área es 31.
11. No puede hablar con su amiga porque la línea está ocupada.
12. No puede hablar la segunda vez que llama porque no contesta nadie.
13. Sí, la tercera vez alguien contesta.
14. No, no es su amiga.
15. El telefonista le dio un número equivocado.
16. Sí, la cuarta vez contesta su amiga.
17. Sí, hablan un poco.
18. No pueden terminar la conversación porque se les ha cortado la línea.

CHAPTER 9: At the hotel

1.
1. sencillo
2. cuarto doble
3. doble, camas, matrimonio
4. calle, patio
5. mar
6. pensión completa
7. servicio, desayuno, impuestos
8. aire acondicionado, calefacción
9. un baño
10. reservación (reserva), confirmación
11. empleado (recepcionista)
12. completo, disponibles
13. ficha, pasaporte
14. botones
15. tarjeta de crédito

2.
1. cuarto
2. reservación
3. completo
4. disponibles
5. dos camas
6. matrimonio
7. [answer optional]
8. da al
9. dan a
10. cuarto
11. servicio
12. servicio
13. impuestos
14. [answer optional]
15. aire acondicionado
16. baño
17. llenar
18. firme
19. pasaporte
20. botones

3.
1. la camarera
2. lavado
3. lavar, planchar
4. lavar en seco
5. enchufe
6. manta (frazada, cobija, frisa)
7. toalla de baño
8. jabón
9. perchas (ganchos)
10. papel higiénico

4.
1. el lavabo
2. el retrete (or) el inodoro
3. la manta (or) la frazada
4. la cama

5. la ducha
6. la toalla
7. el enchufe
8. el papel higiénico
9. la percha (or) el gancho (or) el armador
10. el armario

5. 1. bombilla, interruptor
2. grifo (la llave)
3. atascado
4. caliente

6. 1. el lavabo
2. el grifo
3. la luz
4. la bombilla
5. el interruptor

7. 1. cuenta
2. [your name]
3. cargos
4. llamada
5. cuenta
6. total
7. servicio de cuartos
8. tarjetas de crédito
9. tarjeta

8. 1. recepción, recepcionista
2. llenar, pasaporte
3. un cuarto sencillo (una habitación sencilla), un cuarto (una habitación) doble, camas, matrimonio
4. servicio, impuestos, desayuno
5. da a, da
6. reservación (reserva), confirmación
7. disponibles, completo
8. botones
9. camarera
10. toallas, jabón, papel higiénico
11. calefacción, aire acondicionado
12. manta (frazada), cama
13. perchas (ganchos)
14. servicio de lavado
15. servicio de cuartos
16. abandonar
17. recepción, caja
18. tarjeta de crédito

9. 1. No, el cuarto no da a la calle. Da al mar.
2. Sí, tiene balcón.
3. El cuarto tiene una cama de matrimonio.
4. Es un cuarto doble.

5. Sí, tiene un cuarto de baño particular.
6. Hay una ducha en el cuarto de baño.
7. El cuarto tiene aire acondicionado.
8. Para los días que hace frío tiene calefacción.

10. 1. Los señores están en la recepción.
2. Ellos llegan al hotel.
3. Ellos hablan con el recepcionista.
4. El señor está llenando una ficha.
5. El botones tiene la llave del cuarto.
6. La señora tiene una tarjeta de crédito en la mano.

11. 1. Es un cuarto sencillo.
2. En la cama hay una almohada y una manta.
3. La camarera está trabajando en el cuarto.
4. Ella limpia el cuarto.
5. Hay perchas (ganchos) en el armario.
6. El lavabo está en el cuarto de baño.
7. Sí, hay una ducha.
8. Hay dos toallas.
9. Hay un rollo de papel higiénico.

CHAPTER 10: At the bank

1. 1. dinero
2. en
3. comisión
4. banco
5. cambio

2. 1. cambiar
2. cheques de viajero
3. el
4. caja

3. 1. al contado
2. dinero en efectivo
3. cobra un cheque

4. 1. suelto
2. billete
3. pesos

5. 1. dólares
2. cambio
3. al
4. caja
5. caja
6. billetes
7. cambiar
8. billete
9. billetes
10. suelto
11. billete
12. moneda

6. 1. cuenta de ahorros
2. depositar
3. depósito
4. ventanilla
5. libreta
6. ahorrar
7. sacar

7. 1. saldo
2. talonario
3. cobrar, cuenta corriente
4. endosar
5. cheque

8. 1. cajero automático
2. transacciones
3. ingresar, retirar
4. cambiar
5. la pantalla
6. código, pin
7. recibo

9. 1. a plazos
2. al contado
3. pago inicial
4. préstamo
5. tasa de interés
6. pagos mensuales
7. fecha de vencimiento

10. 1. una hipoteca   5. sí
2. sí   6. cuotas
3. (varies)   7. sí
4. a largo plazo   8. el primero del mes

11. 1. *b*   9. *r*
2. *m*   10. *c*
3. *u*   11. *q*
4. *l*   12. *f*
5. *a*   13. *s*
6. *d*   14. *p*
7. *g*   15. *h*
8. *j*

12. 1. cambiar   6. hacer
2. depositar   7. cargar
3. cobrar   8. pagar
4. endosar   9. hacer
5. cambiar   10. hacer

13. 1. a, el   4. en
2. al   5. al, a
3. a, por

CHAPTER 11: At the post office

1. 1. buzón
2. correo
3. franqueo

4. sellos (estampillas)
5. los sellos (las estampillas)
6. correo

2. 1. el destinatario
2. el franqueo
3. una carta recomendada
4. la estampilla
5. la dirección

3. 1. la postal
2. enviar
3. correo recomendado
4. estampilla
5. la casa de correos

4. 1. El franqueo cuesta 30 pesos.
2. Van a enviar la carta por correo aéreo.
3. El nombre del destinatario es Emilio García Bravo.
4. Su zona postal es Madrid 14.
5. El nombre de la remitente es Alicia Ramos.
6. Hay dos estampillas (sellos) en el sobre de la carta.

5. 1. paquete, pesa, balanza
2. asegurar
3. llenar una declaración
4. frágil

6. 1. correo   3. reparte
2. cartero   4. correo

CHAPTER 12: At the hairdresser's

1. 1. corte   5. subir
2. recorte   6. corte
3. champú   7. navaja, tijeras
4. bigote, patillas   8. afeito

2. 1. arriba   3. por los lados
2. en el cuello   4. por detrás

3. 1. *c*   4. *b*
2. *e*   5. *d*
3. *a*   6. *f*

4. 1. ondulado   4. corte (cortado)
2. lavado   5. tinte
3. rizado   6. esmalte

5. Personal answers will vary.

6. 1. el bucle   4. el mono
    2. rizado   5. la trenza
    3. la cola de caballo   6. el flequillo

7. 1. peine, cepillo   3. rizador
    2. secador   4. rulos

CHAPTER 13: At the clothing store

1. 1. Son zapatos.
    2. Sí, tienen suelas de goma.
    3. Los tacones son bajos.
    4. Sí, tienen cordones.

2. 1. zapatos   6. color
    2. número   7. quedan
    3. número   8. dedos
    4. tacón   9. estrechos
    5. tacones   10. ancho (amplio)

3. [Answers may vary.]

4. 1. puedo servirle   9. mangas
    2. inarrugable   10. rayas
    3. lana   11. rayas
    4. franela   12. cuadros
    5. sintética   13. traje
    6. talla   14. corbata
    7. talla   15. juego
    8. mangas

5. 1. *c*   3. *c*
    2. *d*   4. *d*

6. 1. a cuadros
    2. cremallera
    3. calcetines
    4. cinturón
    5. impermeable
    6. camisetas, calzoncillos
    7. medidas
    8. sintéticas
    9. queda
    10. apretado

7. [Answers can vary.]

8. 1. *a*   4. *b*
    2. *a*   5. *a*
    3. *b*

9. 1. bragas, combinación, sostén, faja
    2. combinación
    3. juego, a cuadros
    4. medidas

10. 1. a rayas   3. con lunares
    2. a cuadros

CHAPTER 14: At the dry cleaner's

1. 1. encogerse, limpiar en seco, tintorería
    2. sucia, planchar
    3. almidón
    4. forro, descosido, coser
    5. remendar
    6. coser
    7. mancha
    8. zurcir

2. 1. lavar   5. quitar
    2. planchar   6. mancha
    3. almidón   7. encogerse
    4. quitar   8. limpiar en seco

CHAPTER 15: At the restaurant

1. 1. reservado, mesa   3. lujo, económicos
    2. de lujo   4. afuera

2. 1. reservación (reserva)
    2. reservado
    3. mesa
    4. nombre
    5. [optional name]
    6. rincón (restaurante)
    7. afuera
    8. patio
    9. aperitivo

3. 1. mesero (camarero)   3. menú
    2. aperitivo   4. menú

4. 1. Es un restaurante de lujo.
    2. Hay cuatro personas a la mesa.
    3. La mesa está en el rincón del restaurante.
    4. El mesero (camarero) les sirve.
    5. Él tiene un aperitivo en la bandeja.
    6. Él tiene el menú en la mano.

5. 1. menú del día
2. especialidad de la casa
3. platos
4. plato
5. plato principal
6. lista (carta) de vinos
7. sugerir

6. 1. a la parrilla   5. asado
2. en su jugo   6. picado
3. asado al homo   7. salteado
4. guisado (estofado)

7. 1. pollo asado   3. pollo a la brasa
2. la pechuga   4. el muslo

8. 1. bien asado   3. casi crudo
2. bien asado   4. a término medio

9. 1. hervido   4. frito
2. cocido al vapor   5. a la romana
3. salteado   6. a la plancha

10. 1. salero, pimentero, azúcar
2. cuchara, cucharita, tenedor, cuchillo
3. salada
4. dura

11. 1. la cuchara   6. el platillo
2. la cucharita   7. el salero
3. el mantel   8. la servilleta
4. el vaso   9. el cuchillo
5. el plato   10. el tenedor

12. 1. cuenta   4. tarjetas de crédito
2. incluido   5. recibo
3. propina

13. 1. restaurante   5. aperitivo
2. rincón   6. mesero
3. mesa   7. menú turístico
4. patio   8. platos

14. 1. Faltaba un cubierto.
2. Tomaron un vino blanco.
3. La comida estaba riquísima.
4. En aquel restaurante se preparaban bien los mariscos, pescados, carnes, y aves.
5. No, no tomaron postre.
6. Todos querían un café.
7. Sí, el servicio estaba incluido en la cuenta.
8. Dejaron más propina para el mesero porque él les dio un servicio muy bueno.

CHAPTER 16: Shopping for food

1. 1. pastelería   5. pescadería
2. carnicería   6. panadería
3. frutería   7. charcutería
4. lechería   8. marisquería

2. 1. la frutería   8. la huevería
2. la panadería   9. la lechería
3. la carnicería   10. la charcutería
4. la pescadería   11. la charcutería
5. la marisquería   12. la charcutería
6. la frutería   13. la lechería
7. la lechería

3. 1. ultramarinos   3. colmado
2. abarrotes   4. bodega

4. (1) 1. a cómo es (a cuánto está)
(2) 1. frescos
2. pinta
3. cuánto están
4. Déme (Póngame)
5. cuarenta
6. bolsa

5. 1. *a*   5. *a*
2. *c*   6. *b*
3. *c*   7. *a*
4. *b*   8. *b*

6. 1. congelado   3. devolver
2. envolver   4. envolver

7. 1. repollo   8. chuletas
2. docena   9. lonjas (tajadas)
3. paquete   10. gramos
4. atado   11. lata
5. repollo   12. botellas
6. racimo   13. caja
7. kilo

CHAPTER 17: At home

1. 1. desagüe
2. la pileta
3. tapón
4. grifo
5. la pileta (el fregadero)
6. polvo de lavar

7. estropajo (fregador)
8. escurridero
9. secar
10. paño
11. una lavadora

2. 1. la caldera
2. la cazuela (or) la cacerola
3. la tartera (la tortera)
4. la (el) sartén

3. 1. el trinchante   4. el colador
2. el pelador   5. el sacacorchos
3. el batidor   6. el abrelatas

4. 1. picar, freír   3. asar
2. cocer   4. hervir, llevar

5. 1. asar al horno   4. hervir
2. freír   5. asar
3. saltear   6. derretir

6. 1. Sí, hay una lavadora en la cocina.
2. La pileta tiene dos grifos.
3. No, no hay platos en el escurridero.
4. Sí, la cocina tiene despensa.
5. Sí, hay algunos comestibles en la alacena.
6. Hay una estufa de gas.
7. La estufa tiene cuatro hornillas.
8. Sí, hay cubitos de hielo en el refrigerador.
9. Los cubitos de hielo están en la congeladora.

7. 1. lavabo (lavamanos), jabón, paño (toalla de cara)
2. jabonera
3. la tina (el baño)
4. toalla (de baño)
5. el toallero
6. espejo
7. pasta dentífrica, botiquín
8. gorra de baño
9. retrete
10. bata de baño
11. alfombrilla de baño

8. 1. la bata de baño
2. el paño (or) la toalla de cara
3. el retrete (or) el inodoro
4. el botiquín
5. la tina (or) la bañera (or) el baño
6. la ducha
7. la toalla de baño
8. el espejo
9. el papel higiénico

10. el jabón
11. el toallero
12. la gorra de baño
13. la jabonera
14. la alfombrilla
15. el lavabo (or) el lavamanos

9. 1. el azucarero   4. el pimentero
2. el mantequero   5. la salsera
3. el salero

10. 1. ensaladera   4. salera
2. sopera   5. calientaplatos
3. fuente

11. 1. la cucharita   8. el vaso
2. la cuchara   9. la copa
3. el cuchillo   10. el salero
4. el tenedor   11. el pimentero
5. el plato   12. el mantel
6. el platillo   13. la servilleta
7. la taza

12. 1. cortinas, persianas
2. la librería
3. una butaca (un sillón), la chimenea
4. mesa, sofá
5. un marco
6. televisión, escucho
7. alfombra, moqueta
8. butaca, sofá
9. convidados

13. 1. velero, despertador
2. matrimonio
3. almohadas, fundas
4. sábanas, mantas, sobrecama
5. cajones
6. perchas (ganchos)

14. la almohada, la funda, las sábanas, la manta (la frazada, la frisa, la cobija), la sobrecama (el cubrecama, la colcha), el colchón

15. 1. Me acuesto a las _____.
2. Sí, pongo (or) no pongo el despertador antes de acostarme.
3. Yo duermo _____ horas cada noche.
4. Sí, me duermo enseguida. (or) Yo siempre paso tiempo dando vueltas en la cama antes de dormirme.
5. Me levanto a las _____ de la mañana.
6. Sí, hago (or) no hago la cama enseguida.

16. 1. lavado   6. aspirar
     2. lavadora   7. aspiradora
     3. planchado   8. aspirar
     4. plancha   9. lavadora
     5. tabla   10. quitar

17. 1. *b*   4. *c*
     2. *d*   5. *f*
     3. *a*

18. 1. basura   2. basurero

19. 1. fundida   3. enchufar
     2. bombilla   4. enchufe

20. 1. apagado
     2. se quemó
     3. tablero (cuadro) de fusibles
     4. fusible
     5. electricista

21. 1. vaciar
     2. tapón
     3. atascado
     4. al plomero (fontanero)
     5. cañería

CHAPTER 18: At the doctor's office

1. 1. enfermo
     2. garganta
     3. fiebre intermitente
     4. hinchadas
     5. tos
     6. congestión
     7. resfriado (resfrío, catarro)
     8. gripe

2. 1. consulta
     2. catarro (resfrío, resfriado)
     3. gripe
     4. síntomas
     5. garganta
     6. congestión
     7. boca
     8. garganta
     9. glándulas
     10. Respire
     11. pecho
     12. tos
     13. temperatura
     14. fiebre
     15. alergia
     16. manga
     17. inyección
     18. recetar
     19. pastillas (píldoras, comprimidos)

3. 1. catarro (resfrío, resfriado), fiebre, gripe
     2. escalofríos
     3. boca, examina
     4. inyección, manga

4. 1. enfermedad del corazón
     2. alergia
     3. poliomielitis, sarampión, viruelas, paperas, enfermedades
     4. asma
     5. órganos vitales
     6. tipo (grupo) sanguíneo
     7. enfermedades mentales
     8. El hígado, el corazón, los pulmones, los riñones
     9. sufrido
     10. pulmones
     11. tensión arterial (presión sanguínea)
     12. análisis
     13. electrocardiograma
     14. estómago

5. 2, 4, 5, 6, 8, 10, 11, 12

6. 1. la pierna
     2. radiografiar (tomar una radiografía de)
     3. cirujano
     4. ensalmar
     5. enyesar
     6. muletas

7. 1. vendar   2. puntos

8. 1. los dedos   5. el tobillo
     2. el brazo   6. la cadera
     3. la muñeca   7. la espalda
     4. la pierna

CHAPTER 19: At the hospital

1. 1. El paciente llega al hospital en una ambulancia.
     2. No, el paciente no puede andar a pie.
     3. Él entra en el hospital en una camilla.

4. Un enfermero le toma el pulso y la tensión arterial.
5. Un médico residente examina al paciente.
6. Lo examina en la sala de emergencia.
7. El paciente tiene dolores abdominales.
8. El médico quiere una radiografia.
9. Lo llevan al departamento de radiología.

2.
1. formulario
2. formulario
3. seguros
4. póliza

3.
1. ambulancia
2. camilla, silla de ruedas
3. sala de emergencia
4. pulso, tensión arterial (presión sanguínea)
5. radiografia

4.
1. operación
2. intervención quirúrgica
3. sala de operaciones (al quirófano)
4. calmante (tranquilizante)
5. camilla
6. mesa de operaciones
7. anestesista
8. anestesia
9. cirujano
10. del

5.
1. el quirófano
2. operar
3. una intervención quirúrgica
4. un calmante
5. sacar (quitar)
6. la sala de urgencias

6.
1. sala de recuperación
2. oxígeno
3. vía intravenosa
4. la prognosis (el pronóstico)

7.
1. encinta (embarazada, preñada)
2. parir
3. dolores
4. obstétrico
5. sala de partos

8.
1. dolor
2. ambulancia
3. camilla
4. sala de emergencia
5. pulso, tensión arterial (presión sanguínea)
6. síntomas
7. radiología, rayos equis

8. intervención quirúrgica
9. inyección, calmante (tranquilizante)
10. mesa de operaciones
11. anestesista
12. cirujano, del
13. tomó, puntos
14. sala de recuperación
15. un tubo de oxígeno
16. vía intravenosa
17. pronóstico

CHAPTER 20: At the theater and the movies

1.
1. teatro
2. comedia
3. actor, actriz, papel
4. protagonista
5. actos, escenas
6. telón
7. intermedio
8. entra en escena
9. espectáculo
10. patean

2.
1. una tragedia
2. una actriz
3. patear
4. Se levanta el telón.

3.
1. taquilla
2. quedan
3. función
4. agotadas
5. localidades
6. patio (la platea)
7. entresuelo (anfiteatro)
8. galería (el balcón)
9. butacas
10. delanteras
11. cuestan
12. entradas
13. fila
14. empieza
15. levanta

4.
1. Elena fue a la taquilla del teatro.
2. No, no van al teatro esta noche.
3. No quedaban localidades para la función de esta noche.
4. No, para la función de mañana no estaban agotadas. Quedaban localidades.
5. Elena tiene dos entradas para la función de mañana.
6. No, no están en el patio.
7. Porque no quedaban butacas de patio.
8. Van a sentarse en el entresuelo (anfiteatro). Tienen dos delanteras en el entresuelo.

9. No le gusta sentarse ni en el balcón ni en el gallinero porque de allí no se oye bien.
10. Ella prefiere sentarse o en el patio o en el entresuelo.

5. 1. Se puede(n) comprar entradas para el teatro en la taquilla.
   2. El acomodador les muestra a los espectadores dónde están sus asientos.
   3. Al entrar en el teatro una persona puede dejar su abrigo en el vestuario (el guardarropa).
   4. Se levanta el telón cuando empieza la función.
   5. En el teatro se oye mejor en el patio.

6. 1. el patio   3. el paraíso
   2. el anfiteatro   4. la galería

7. 1. presentando (poniendo), película, Cine
   2. rodada
   3. doblada
   4. localidades
   5. pantalla
   6. en versión original
   7. los subtítulos

CHAPTER 21: Sports

1. 1. Hay once jugadores en cada equipo de fútbol.
   2. Dos equipos juegan en un partido de fútbol.
   3. Los jugadores juegan en el campo (la cancha) de fútbol.
   4. El portero guarda la portería.
   5. Los jugadores lanzan el balón con el pie.
   6. El portero quiere parar el balón.
   7. Sí, si un jugador mete un gol, marca un tanto.
   8. El árbitro declara un foul.
   9. Silba el silbato.
   10. Sí, el juego está empatado al final del primer tiempo.

2. 1. equipos   6. portería (puerta)
   2. campo   7. para
   3. jugadores   8. tiempo
   4. patada   9. juego
   5. pasa   10. empatado

3. 1. la puerta (la portería)
   2. el portero
   3. el tablero (cuadro) indicador

   4. el balón
   5. el árbitro
   6. el silbato

4. 1. jugadores, dobles   5. net
   2. raqueta, pelotas   6. sirve, devuelve
   3. cancha   7. nada (cero)
   4. pelota, red

5. 1. La jugadora está en el campo de básquetbol.
   2. Juega (al) básquetbol (baloncesto).
   3. Tiró el balón.
   4. Lo metió en el cesto (la canasta).
   5. No, no falló el tiro.
   6. Sí, marcó un tanto.

6. 1. campo   3. palo
   2. bola   4. hoyo

CHAPTER 22: The beach

1. 1. tranquilo (calmo)
   2. agitado (turbulento, revuelto)
   3. marea baja
   4. se rompen (se revientan, se estallan)
   5. contracorriente

2. 1. *e*   4. *a*
   2. *f*   5. *c*
   3. *b*

3. 1. sombrilla, bronceadora
   2. nadar, tomar
   3. arena, silla de lona
   4. orilla
   5. piezas
   6. colchón neumático

4. 1. flotar
   2. correr las olas
   3. hacer el esquí acuático
   4. bucear
   5. veranear

5. 1. cabina
   2. sombrilla
   3. esquís acuáticos
   4. silla de lona
   5. colchón neumático
   6. tabla hawaiana
   7. velero

6. 1. sí   4. sí
    2. no   5. no
    3. no   6. no

CHAPTER 23: *Skiing*

1. 1. estaciones
    2. pistas
    3. fáciles, intermedias, difíciles
    4. bajan
    5. el telesilla, el telesquí

2. 1. los esquís   3. las botas
    2. los bastones   4. el anorak

CHAPTER 24: *Camping*

1. 1. camping   5. baños
    2. acampar   6. duchas
    3. campers   7. retretes
    4. servicios

2. 1. La joven va a armar una tienda
       (de campaña).
    2. Tiene que clavar las estacas en la tierra.
    3. Tiene que usar un martillo para clavarlas
       en la tierra.
    4. Va a atar las cuerdas de la tienda a las estacas.

3. 1. Sí, es un camping oficial.
    2. Sí, los campers están estacionados al lado
       de las tiendas (carpas).
    3. La joven está armando una tienda (de
       campaña).
    4. Está clavando las estacas en la tierra.
    5. Está clavándolas con un martillo.
    6. El joven está preparando la comida.
    7. Está cocinando en el hornillo.
    8. La joven está durmiendo en un saco de
       dormir.
    9. Al lado de su saco de dormir tiene una
       mochila.

4. 1. la silla plegable (or) portátil
    2. las cerillas (or) los fósforos
    3. el cortaplumas (or) la navaja
    4. las pilas (or) las baterías
    5. las velas
    6. la hamaca
    7. el saco de dormir

    8. el colchón neumático
    9. la mochila
   10. el botiquín

5. 1. hornillo
    2. butano
    3. hoguera, (fogata)
    4. plegables
    5. fósforos (cerillas)
    6. mochila
    7. velas
    8. cortaplumas
    9. pilas (baterías)
   10. botiquín
   11. hamaca, colchón, neumático, saco de
       dormir

6. 1. velas, linterna   3. mochila, termo
    2. hornillo, hoguera

CHAPTER 25: *The weather*

1. 1. buen tiempo, sol   6. neblina (niebla)
    2. frío, nieva   7. truenos, relámpagos
    3. despejado, soleado   8. nieva, graniza
    4. nubes   9. lloviznando
    5. fresco

2. 1. aguacero (chubasco, chaparrón)
    2. nevasca (nevada)
    3. tronada
    4. tempestad (tormenta)

3. 1. (Answer may vary) Un momento hace
       buen tiempo y el otro hace mal tiempo.
       Un momento el cielo está despejado y el
       otro está nublado.
    2. Hay mucho sol. El cielo no está
       nublado.
    3. Está lloviendo. Hay truenos y relámpagos.
    4. Hace buen tiempo. Hace (hay) sol. El
       cielo está despejado. No está lloviendo.

4. 1. sol
    2. nieve, nevar, nevasca
    3. trueno, tronar
    4. tiempo, tempestuoso
    5. húmedo
    6. nublado, nubosidad
    7. caluroso
    8. llover, lluvioso

5.
1. aguacero (chubasco, chaparrón)
2. caluroso
3. inestable
4. soleado

6.
1. F 4. F
2. T 5. F
3. T

7. (1) 1. No, no está haciendo muy buen tiempo.
2. No, hay nubosidad variable. Está parcialmente nublado.
3. Sí, a veces se despeja el cielo.
4. No, hay aguaceros dispersos.
5. Habrá aguaceros con tronadas en el interior del país.
6. Los vientos vienen del este.
7. Los vientos están soplando a 20 kilómetros por hora.
8. La probabilidad de precipitación es 95 por ciento.
9. La temperatura máxima será 28 grados centígrados.
10. La temperatura mínima será 22 grados centígrados.
11. La presión barométrica está a 735 milímetros y cayendo.

(2) 1. No, estará parcialmente nublado.
2. De tarde habrá nubosidad variable con algunas nevadas.
3. Sí, va a nevar.
4. Está haciendo frío.
5. La temperatura máxima será dos grados centígrados.
6. La temperatura mínima será tres grados bajo cero.
7. Va a despejarse mañana.
8. Mañana las temperaturas serán más altas, alcanzando los diez grados centígrados.

8.
1. aguaceros dispersos
2. nubosidad variable
3. probabilidad de precipitación
4. la presión barométrica
5. despejándose

CHAPTER 26: Crime

1.
1. el carterista
2. ladrón
3. robo

4. escalamiento
5. homicidio
6. asesinado, asesino
7. un arma de fuego, un arma blanca
8. violación

2.
1. Sí, la señorita fue víctima de un crimen.
2. Sí, alguien le robó la cartera en la estación de metro.
3. Sí, había dos carteristas.
4. Sí, un carterista la empujó mientras el otro le quitó o le robó la cartera.
5. Sí, la joven fue a la comisaría.
6. Sí, denunció el crimen.
7. Le dio una descripción de los carteristas al agente de policía.

CHAPTER 27: Education

1.
1. d 6. i
2. g 7. c
3. a 8. e
4. b 9. h
5. f

2.
1. escuela de párvulos
2. alumnos
3. primaria (elemental)
4. el (la) maestro(a)
5. da
6. lectura
7. pizarra

3.
1. Otras palabras que significan "escuela secundaria" son: colegio, liceo y preparatoria.
2. Los estudiantes (secundarios) asisten a una escuela secundaria.
3. Los profesores enseñan en una escuela secundaria.
4. Los internos viven en el colegio.
5. Los estudiantes que vuelven a casa todos los días son los externos.
6. Los estudiantes llevan sus libros en una cartera o mochila.
7. En muchos colegios los estudiantes tienen que llevar uniforme.
8. Un plan de estudios incluye todos los cursos o asignaturas que un estudiante va a seguir (tomar).
9. Los estudiantes toman apuntes mientras el profesor habla.

10. Escriben sus apuntes en un bloc (cuaderno).
11. Escriben con un bolígrafo.
12. Los estudiantes quieren salir bien en sus exámenes.
13. Quieren recibir buenas calificaciones (notas).

4. 1. el colegio, la preparatoria, la escuela secundaria
2. el cuaderno
3. la calificación
4. ser suspendido
5. aprobado

5. 1. *b*   4. *b*
2. *a*   5. *a*
3. *b*

6. 1. sobresaliente
2. bueno
3. aprobado, regular
4. suspenso, suspendido, desaprobado, cate
5. notable

7. 1. colegio
2. cartera
3. uniforme
4. recibir (sacar) notas (calificaciones)

8. 1. los derechos de matrícula
2. matricularse
3. la apertura de curso
4. los internos
5. una beca
6. el (la) rector(a)
7. doctorarse
8. requisito
9. conferencias
10. oyente
11. graduarse
12. licenciarse

9. 1. matricularse
2. especializarse
3. facultad
4. derechos de matrícula
5. inscribirme
6. apertura de curso
7. conferencia
8. requisito

10. 1. Sí, los universitarios tienen que matricularse.

2. El bachillerato es un requisito para matricularse en la universidad.
3. Sí, los derechos de matrícula cuestan mucho en Estados Unidos.
4. La apertura de curso en Estados Unidos es generalmente a principios de septiembre.
5. Sí, los estudiantes tienen que especializarse en algún campo.
6. Sí, es posible ser oyente en algunos cursos.
7. Sí, una universidad tiene más profesores que decanos.

11. 1. la facultad de medicina
2. la facultad de letras (de filosofía y letras)
3. la facultad de derecho
4. la facultad de ciencias
5. la facultad de ingeniería

CHAPTER 28: Business

1. 1. *d*   4. *c*
2. *a*   5. *b*
3. *e*   6. *f*

2. 1. producir y vender
2. los compradores
3. los compradores, los consumidores
4. sociedad anónima
5. al detal (al detalle)

3. 1. vendedores, compradores
2. consumidores
3. mayoristas
4. detallistas
5. al por mayor
6. bienes
7. empresas
8. de propiedad individual
9. socios
10. gerentes
11. junta directiva
12. acciones
13. suben, bajan

4. 1. un mercado
2. la promoción, la publicidad
3. los costos de producción
4. un beneficio (ganancias)
5. impuestos

5. 1. el mercado
  2. los impuestos
  3. el beneficio
  4. el precio
  5. la oferta y demanda
  6. el ingreso gravable
  7. la publicidad (la propaganda)

6. 1. contabilidad   5. activos
  2. estados   6. rentable
  3. hoja   7. quiebra
  4. pasivos

CHAPTER 29: The computer

1. 1. el ratón
  2. et teclado
  3. la barra de herramientas
  4. el escritorio
  5. el icono
  6. la alfombrilla

2. 1. T   4. F
  2. F   5. F
  3. T

3. 1. la computadora
  2. regresar
  3. imprimir
  4. borrar
  5. en línea
  6. emprender
  7. el (la) Internet

4. 1. carpeta
  2. documento
  3. arrastrar, ratón
  4. disco duro
  5. grabar
  6. cerrar la sesión

5. 1. la bandeja de entradas
  2. la carpeta de eliminados
  3. la bandeja de enviados
  4. la carpeta de borradores

6. 1. documento adjunto
  2. archivar
  3. copia dura
  4. impresora

7. Pueden ser peligrosos porque a veces tienen un virus.

CHAPTER 30: Government and politics

1. 1. el (la) demócrata
  2. el (la) marxista
  3. el (la) liberal
  4. el (la) conservador(a)
  5. el (la) socialista
  6. el (la) radical
  7. el (la) aislacionista
  8. el (la) intervencionista
  9. el (la) comunista
  10. el (la) monarquista
  11. el (la) progresista
  12. El (la) terrorista
  13. El (la) anticlerical
  14. el (la) racista
  15. el (la) separatista

2. 1. En los países democráticos el pueblo tiene el derecho al voto.
  2. En los países autocráticos es posible no tener el derecho al voto.
  3. Sí, la libertad de prensa y también la libertad de palabra existen en Estados Unidos.
  4. Sí, tenemos el derecho al voto en Estados Unidos.
  5. No, elegimos a un nuevo presidente cada cuatro años.
  6. Una responsabilidad que debe tener un gobierno es la de proteger los derechos del pueblo (de sus ciudadanos).
  7. Sí, en algunos países los líderes abusan de los derechos humanos.
  8. Sí, sólo los ciudadanos pueden votar en las elecciones.
  9. No, los menores de edad no pueden votar, solo los mayores de edad.
  10. Sí, una junta militar gobierna en muchos países.
  11. Una junta militar es una forma de gobierno autocrática.
  12. Cuando hay muchas sublevaciones y manifestaciones, el gobierno suele declarar la ley marcial.
  13. Un toque de queda acompaña muchas veces a la ley marcial.
  14. Los socialistas son izquierdistas.
  15. Los conservadores son derechistas.
  16. Sí, hay dictaduras en algunos países latinoamericanos.

3. 1. derecho al voto
2. dictadura, voto
3. autocrático
4. libertad de prensa, libertad de palabra
5. sublevaciones, manifestaciones
6. ley marcial, toque de queda
7. toque de queda
8. izquierdista
9. derechista

4. 1. Hay dos partidos políticos principales en Estados Unidos.
2. No, no tenemos un sistema unicameral. Tenemos un sistema bicameral.
3. Hay dos senadores de cada estado.
4. El número de diputados al Congreso varía de un estado a otro.
5. La cámara baja es el Congreso.
6. La cámara alta es el Senado.

5. 1. partidos políticos
2. primera ministra, presidente
3. Consejo de Ministros
4. cámara de diputados
5. cámara alta, cámara baja

6. 1. el ministerio de instrucción pública
2. el ministerio de estado (de relaciones exteriores)

3. el ministerio de trabajo
4. el ministerio de gobernación (del interior)
5. el ministerio de hacienda

7. 1. aprobar
2. discutir
3. un quórum
4. la oposición
5. deliberar
6. tomar en consideración
7. la mayoría
8. enmendar
9. el plebiscito (el referéndum)
10. anular

8. 1. Alguien presentó una moción.
2. Alguien apoyó la moción.
3. Todos discutieron la moción.
4. La sometieron a votación.
5. La moción fue aprobada.

9. 1. quórum
2. plebiscito
3. voto de confianza
4. presentar, apoyar, discutir
5. oposición, minoría

Key words: English—Spanish
Palabras importantes: inglés—español

CHAPTER 1: Air travel

agent   *el (la) agente*
air fare   *la tarifa, el pasaje*
airline   *la línea aérea*
airline company   *la compañía aérea*
aisle   *el pasillo*
arrival   *la llegada*
arriving from   *procedente de*
available   *disponible*
bag claim   *el talón*
baggage   *el equipaje*
boarding   *el embarque*
boarding pass   *la tarjeta de embarque, el pasabordo*
briefcase   *el maletín*
business class   *clase ejecutiva*
cancel   *anular, cancelar*
change planes   *cambiar de avión, transbordar*
check, leave   *depositar*
check in   *facturar*
confirmation number   *número de confirmación*
consolidator   *el consolidador*
counter   *el mostrador*
credit card   *tarjeta de crédito*
delay   *un retraso, una demora*
domestic   *nacional, doméstico*
departure   *la salida*
economy class   *clase económica*
expensive   *caro*
expiration date   *fecha de caducidad*
fare   *la tarifa, el pasaje*
to fit   *caber*
flight   *el vuelo*
gate   *la puerta*
going to   *con destino a*
ground personnel   *personal de tierra*
hand luggage   *equipaje de mano*
hard copy   *copia dura*
inexpensive   *económico*
in front of   *delante de*
international   *internacional*

label   *la etiqueta*
late   *tarde*
luggage   *el equipaje*
to miss (flight)   *perder*
overhead compartment   *el compartimiento superior*
passenger   *el (la) pasajero (a)*
to pick up   *recoger*
policy   *la política*
price   *el precio*
printer   *la impresora*
to print   *imprimir*
reclaim   *reclamar*
refund   *el reembolso*
restriction   *la restricción*
seat   *el asiento, el palco*
self check in   *autofacturación*
scale   *la báscula*
security control   *el control de seguridad*
slot   *la ranura*
stop   *la escala*
suitcase   *la maleta*
terminal   *la terminal*
ticket   *el boleto, el billete (electrónico)*
  one way   *un boleto de ida (sencilla)*
  round trip   *el boleto de ida y regreso, el billete de ida y vuelta, un redondo*
transit passenger   *pasajero en tránsito*
under   *debajo de*
visa   *la visa, el visado*
weight   *el peso*

CHAPTER 2: On the airplane

air pressure   *la presión del aire*
airsickness   *el mareo*
airsickness bag   *la bolsa (el saco) para el mareo*
aisle   *el pasillo*
altitude   *la altura*
an hour   *por hora*
arm rest   *el descansabrazos*
blanket   *la manta, la frazada, la frisa*

to bounce   *brincar*
cabin   *la cabina*
channel   *el canal*
charge   *el cargo*
choices   *las alternativas*
cockpit   *la cabina del piloto (de mando)*
crew   *la tripulación*
economy class   *la clase económica*
emergency   *la emergencia*
emergency exit   *la salida de emergencia*
entertainment   *el entretenimiento*
to fasten   *abrocharse*
first class   *la primera clase*
to fit   *caber*
flight   *el vuelo*
flight attendant   *el (la) asistente(a) de vuelo, el (la) aeromozo(a), la azafata*
flight time   *el tiempo de vuelo*
to fly   *volar(ue)*
forward   *delantero*
hand luggage   *el equipaje de mano*
headset (for music)   *el juego de audífonos, el juego de auriculares*
illuminated   *iluminado*
in case of   *en caso de*
to keep   *mantener*
to land   *aterrizar*
landing   *el aterrizaje*
life jacket, vest   *el chaleco salvavidas*
main   *principal*
meal   *la comida*
movie   *la película*
no-smoking light   *la señal de no fumar*
no-smoking section   *la sección de no fumar*
overhead compartment   *el compartimiento superior*
oxygen mask   *la máscara de oxígeno*
pillow   *la almohada, el cojín*
pilot   *el (la) piloto(a), el (la) comandante*
rear   *trasero*
remain   *permanecer*
route of flight   *la ruta de vuelo*
safety   *la seguridad*
seat   *el asiento*
seated   *sentado*
seat back   *el respaldo del asiento*
seat bed   *la butaca-cama*
seat pocket   *el bolsillo del asiento*
snack   *la merienda*
speed   *la velocidad*
stereophonic music   *la música estereofónica*
to take off   *despegar*
takeoff   *el despegue*
toilet   *el retrete, el aseo*

tray table   *la tableta*
turbulence   *la turbulencia*
under the seat   *debajo del asiento*
unexpected   *inesperado*
to welcome aboard   *dar la bienvenida abordo*
wing   *el ala (f)*

CHAPTER 3: Security control, passport control and customs

agriculture control   *el control de agricultura*
arrow   *la flecha*
cigarettes   *los cigarrillos*
container   *el contenedor*
conveyor belt   *la correa*
customs   *la aduana*
customs agent   *el (la) agente de aduana*
customs declaration   *la declaración de la aduana*
to declare   *declarar*
duty   *el impuesto*
fruit   *la fruta*
gels   *los geles*
government identity   *identidad gubernamental*
how long?   *¿cuánto tiempo?*
lodged (staying)   *hospedado*
on business   *de negocios*
to open   *abrir*
passport   *el pasaporte*
passport control   *el control de pasaportes, la inmigración*
passing through   *de paso*
personal effects   *los efectos personales*
sealed bag   *bolsa sellada*
tobacco   *el tabaco*
touch screen   *la pantalla táctil*
tourism (pleasure trip)   *de turismo*
tourist card   *la tarjeta de turista*
vegetable   *la legumbre, la verdura*
visa   *el visado, la visa*
whiskey (spirits)   *el whisky*

CHAPTER 4: At the train station

to board   *abordar, subir a*
to buy a ticket   *comprar un boleto, sacar un billete*
buffet car   *la bufetería*
car (of a train)   *el coche, el vagón, el carro*
cart   *el carrito*
to carry   *llevar*
center aisle   *el pasillo central*
to change trains   *transbordar*
check (receipt) for luggage   *el talón*
to check (leave) (luggage)   *depositar*

to check (luggage) through   *facturar*
to climb (get) on   *subir a*
conductor   *el revisor, el recogedor de boletos (billetes), el cobrador*
delay   *la demora*
departure   *la salida*
destination   *el destino*
dining car   *el coche comedor, el buffet*
to get off   *bajar(se)*
to get on   *subir(se)*
to give, hand over   *entregar*
late   *con retraso*
to leave   *salir*
long distance   *de largo recorrido*
luggage   *el equipaje*
luggage checkroom   *la consigna*
one-way   *sencillo, de ida solamente*
on time   *a tiempo*
to pick up (to get)   *recoger*
platform   *el andén*
porter   *el mozo, el maletero*
railroad station   *la estación de ferrocarril*
to reclaim   *reclamar, recoger*
reserved   *reservado*
round trip   *de ida y vuelta, de ida y regreso*
screen   *la pantalla*
seat   *el asiento*
schedule   *el horario*
sleeping car   *el coche cama*
suitcase   *la maleta*
ticket   *el billete, el boleto*
ticket window   *la ventanilla*
ticket machine   *la distribuidora automática*
timetable   *el horario*
track (platform)   *el andén*
waiting room   *la sala de espera*

CHAPTER 5: The automobile

accelerator   *el acelerador*
air   *el aire*
automatic transmission   *la transmisión automática*
battery   *la batería*
brake   *el freno*
to brake   *frenar*
brake fluid   *el líquido de frenos*
breakdown   *la avería, la descompostura, la pana*
bumper   *el parachoques*
by day (to rent)   *por día*
by week (to rent)   *por semana*
car   *el automóvil, el coche, el carro*
to change   *cambiar*
to charge   *cobrar*

to check (oil, etc.)   *revisar, comprobar (ue)*
choke   *el ahogador, el aire*
clutch   *el embrague, el cloche*
to clutch   *embragar*
contract   *el contrato*
credit card   *la tarjeta de crédito*
dashboard   *el tablero (de instrumentos)*
dent   *la abolladura*
deposit   *el depósito*
driver's license   *el permiso de conducir, la licencia, el carnet*
empty   *vacío*
fender   *el guardafango, la aleta*
to fill, fill up   *llenar*
first gear   *la primera velocidad*
flat tire   *el pinchazo, la llanta baja*
foot brake   *el freno de pie*
full coverage insurance   *el seguro contra todo riesgo, el seguro completo*
gas   *la gasolina, la benzina*
gas pedal   *el acelerador*
gas station   *la gasolinera, la estación de servicio*
gas tank   *el tanque, el depósito*
gear   *la velocidad*
gearshift   *la palanca*
glove compartment   *la guantera, la cajuelita, la secreta*
grease job   *el engrase, la lubricación*
hand brake   *el freno de mano*
headlight   *el faro, la luz*
to heat   *calentar (ie)*
high beams   *las luces altas, las luces de carretera*
hood   *el bonete, el capó*
horn   *la bocina, el claxon*
hubcap   *el tapón, el tapacubos*
in reverse   *en reversa(o), en marcha atrás*
knocking   *golpeando*
leaded (gasoline)   *con plomo*
leaking   *goteando*
license   *el permiso de conducir, la licencia, el título, el carnet*
license plate   *la placa, la matrícula*
low beams   *las luces bajas, las luces de cruce*
mileage   *el kilometraje*
misfiring   *fallando*
muffler   *el silenciador*
neutral (gear)   *neutro, en punto muerto*
odometer (reading in kilometers)   *el cuentakilómetros*
oil   *el aceite*
to overheat   *calentar (ie) demasiado*
radiator   *el radiador*
to rent   *alquilar, rentar, arrendar (ie)*

to repair   *reparar*
repairs   *las reparaciones*
reverse   *marcha atrás*
to shift (gears)   *cambiar de velocidad*
to sign   *firmar*
scratch   *el rayón*
spare   *de repuesto*
spare parts, replacements   *los repuestos, las piezas de recambio, de refacción*

spark plug   *la bujía*
speed   *la velocidad*
speedometer   *el velocímetro*
to stall   *calarse, morir (ue, u)*
to start   *poner en marcha, arrancar, prender*
starter   *el arranque*
steering wheel   *el volante*
to stop   *parar*
tire   *la llanta, el neumático, la goma*
to tow   *remolcar*
tow truck   *el remolque*
trunk   *el baúl, la cajuela, la maletera*
to tune up   *afinar*
tune-up   *la afinación*
turn signal   *el intermitente*
unleaded (gasoline)   *sin plomo*
vibrating   *vibrando*
wheel   *la rueda*
windshield   *el parabrisas*
windshield wiper   *el limpiaparabrisas*

CHAPTER 6: Asking for directions

avenue   *la avenida*
block (of a street)   *la cuadra, la manzana, el bloque*
bus   *el autobús, la guagua, el camión*
continue   *seguir (i,i)*
exit   *la salida*
far   *lejos*
farther on   *más allá*
to get off   *bajar*
highway   *la carretera*
intersection   *la bocacalle*
lane (of a highway)   *el carril, la banda, la vía, la pista*
left   *la izquierda*
lost   *perdido*
map (of city)   *el plano*
near   *cerca*
one-way   *de sentido único, de dirección única, de vía única*
outskirts   *las afueras*
right   *la derecha*

to run through   *recorrer*
rush hour   *la hora de mayor afluencia*
stop   *la parada*
straight   *derecho*
street   *la calle*
street corner   *la esquina*
toll   *el peaje, la cuota*
tollbooth   *la caseta de peaje, la cabina de peaje, la garita de peaje*
traffic   *el tráfico, el tránsito, la circulación*
traffic jam   *el embotellamiento, el tapón*
traffic light   *el semáforo, la luz roja*
to turn   *doblar*
to turn around   *dar la vuelta*
turnpike   *la autopista*
walk   *caminar, andar a pie, ir a pie*

Chapter 7: Making a phone or cell phone call

access e-mail   *acceder al e-mail*
again   *de nuevo*
answer   *la contestación*
to answer   *contestar*
area code   *la clave de área, el código de área*
broken   *descompuesto, estropeado, fuera de servicio*
to burn   *grabar*
button   *el botón*
busy   *ocupado*
busy signal   *la señal de ocupado, el tono de ocupado*
call   *la llamada, el llamado*
to call   *llamar*
cellular phone   *el teléfono cellular, el móvil*
collect call   *la llamada de cobro revertido, la llamada de cargo reversible*
connection   *la conexión*
country code   *el prefijo del país*
to cut someone off   *cortarle a alguien la línea*
to dial   *marcar*
dial tone   *el tono, la señal*
download   *descargar, bajar*
extension   *la extensión, el anexo, el interno*
to hang up   *colgar (ue)*
hold on!   *¡no cuelgue Ud.!*
information   *la información*
it's ringing   *está sonando*
key board   *el teclado*
later   *más tarde*
line   *la línea*
the line is busy   *la línea está ocupada, están comunicando*
local call   *la llamada local, la llamada urbana*

long-distance call *la llamada de larga distancia, la conferencia*
to make a phone call *hacer una llamada telefónica*
message *el recado, el mensaje*
operator *el (la) operador(a), el (la) telefonista*
out of order *fuera de servicio*
party *el interlocutor*
person-to-person call *la llamada personal, la llamada de persona a persona*
to phone *llamar por teléfono, telefonear*
phone book *la guía telefónica, la guía de teléfonos*
push button phone *el teléfono de (a) botones*
to put through to *poner con, comunicar con*
to pick up (the receiver) *descolgar (ue)*
to push *empujar, oprimir*
ring *el timbre*
to ring *sonar*
slot *la ranura*
sound *el sonido*
static *los parásitos*
switchboard *la central, el anexo*
the line's cutting out *la línea está cortando*
telephone *el teléfono*
to telephone *llamar por teléfono, telefonear*
telephone booth *la cabina de teléfono*
telephone call *la llamada telefónica*
telephone card *la tarjeta telefónica*
telephone number *el número de teléfono*
telephone operator *el (la) operador(a), el (la) telefonista*
telephone receiver *el auricular, la bocina*
toll call *la llamada interurbana*
to try *intentar*
Who's calling? *¿De parte de quién?*
wrong number *el número equivocado*

CHAPTER 8: Public bathroom

Refer to page 49 for possible words.

CHAPTER 9: At the hotel

additional charge *el cargo adicional*
air conditioning *el aire acondicionado*
alarm clock *el despertador*
available (in the sense of an available room) *disponible*
bathroom *el cuarto de baño, el baño*
bath towel *la toalla de baño*
bed *la cama*
bellhop *el mozo, el botones*

bill *la cuenta*
blanket *la manta, la frazada, la frisa*
breakfast *el desayuno*
burnt out (light) *fundido*
cake (or bar) of soap *la pastilla, la barra de jabón*
cashier *el (la) cajero(a)*
cashier's counter *la caja*
charge *el cargo, el cobro*
check-in desk *la recepción*
to clean *limpiar*
clogged (stopped up) *atascado*
come in *¡adelante!, ¡pase Ud.!*
complete room and board (all meals included) *la pensión completa*
concierge *el conserje*
confirmation *la confirmación*
credit card *la tarjeta de crédito*
desk clerk *el (la) recepcionista*
double bed *la cama de matrimonio*
double room *el cuarto (la habitación) doble, el cuarto (la habitación) para dos personas*
electric razor *la máquina de afeitar*
to dry-clean *lavar en seco*
to face (look out on) *dar a*
faucet *el grifo, la llave, el robinete*
to fill out *llenar*
to fix up *arreglar*
full (in the sense no rooms available) *completo*
guest *el huésped*
hair dryer *la secadora para el pelo*
hanger *la percha, el gancho, el armador*
heat *la calefacción*
hot water *el agua caliente*
to iron *planchar*
key *la llave*
laundry service *el servicio de lavado*
light *la luz*
light bulb *la bombilla, el foco*
light switch *el interruptor, la llave, el suiche*
maid *la camarera*
mountain *la montaña*
pillow *la almohada*
private *privado, particular*
reception *la recepción*
registration form *la ficha*
reservation *la reservación, la reserva*
room service *el servicio de cuartos (de habitaciones)*
sea *el mar*
service *el servicio*
shower *la ducha*

to sign   *firmar*

single room   *el cuarto sencillo (individual)*
       el cuarto para una persona, la habitación sencilla, la habitación para una persona

soap   *el jabón*

socket   *el enchufe*

street   *la calle*

swimming pool   *la piscina, la alberca, la pila*

taxes   *los impuestos*

telephone call   *la llamada telefónica*

toilet   *el retrete, el inodoro*

toilet paper   *el papel higiénico*

total   *el total*

towel   *la toalla*

twin-bedded room   *el cuarto (la habitación) con dos camas*

to vacate (hotel room)   *abandonar*

voltage   *el voltaje*

to wash   *lavar*

to work (in the sense to be in working order)   *funcionar*

washbasin   *el lavabo*

CHAPTER 10: At the bank

amount requested   *el monto pedido*

ATM   *el cajero automático*

balance   *el saldo*

bank   *el banco*

bank statement   *el estado bancario*

bill   *la cuenta, la factura*

bill (banknote)   *el billete*

bill (of high denomination or amount)   *el billete de gran valor*

cash   *el dinero en efectivo*

to cash (a check)   *cobrar (un cheque)*

change   *el suelto*

to change   *cambiar, feriar*

to charge   *cargar*

check   *el cheque*

checkbook   *el talonario, la chequera*

checking account   *la cuenta corriente*

code   *el código*

coin   *la moneda*

commission   *la comisión*

deposit   *el depósito*

to deposit   *depositar, ingresar*

down payment   *el pago inicial, el pie*

due date   *la fecha de vencimiento*

electronically   *electrónicamente*

electronic transaction   *una transacción electrónica*

to endorse   *endosar*

to exchange (money or currency)   *cambiar*

exchange bureau   *la oficina de cambio*

installment payment   *la cuota*

interest   *el interés*

interest rate   *la tasa de interés, el tipo de interés*

key   *la tecla*

key pad   *el teclado*

loan   *el préstamo*

long term   *a largo plazo*

money   *el dinero*

monthly payment   *el pago mensual*

mortgage   *la hipoteca*

to open   *abrir*

passbook   *la libreta*

to pay   *pagar*

to pay cash (in one lump sum)   *pagar al contado*

to pay off (installments)   *pagar a plazos (a cuotas)*

pin   *el pin*

to press   *oprimir, pulsar*

receipt   *el recibo*

reconcile   *conciliar*

to save (money)   *ahorrar*

savings account   *la cuenta de ahorros*

savings passbook   *la libreta*

short term   *a corto plazo*

sign   *el letrero*

to sign   *firmar*

statement   *el estado*

to take out (withdraw)   *sacar, quitar, retirar*

teller's window   *la ventanilla*

traveler's check   *el cheque de viajero*

CHAPTER 11: At the post office

address   *la dirección, las señas*

certified mail   *el correo certificado, el correo recomendado*

customs declaration   *la declaración para la aduana*

to deliver (mail)   *repartir*

to fill out   *llenar*

fragile   *frágil*

to insure   *asegurar*

letter   *la carta*

letter carrier   *el (la) cartero(a)*

mail   *el correo*

mailbox   *el buzón*

package   *el paquete*

parcel   *el paquete*

postage   *el franqueo*

postal money order   *el giro postal*

postcard   *la tarjeta postal*
post office   *el correo, la casa de correos*
post office box   *el apartado postal*
receiver (addressee)   *el (la) destinatario(a)*
regular mail   *el correo regular*
scale   *la balanza*
to send   *enviar, mandar*
sender   *el (la) remitente*
stamp   *el sello, la estampilla*
stamp machine   *la distribuidora automática*
to take (in the sense of time)   *tardar*
to weigh   *pesar*
window   *la ventanilla*
zip code   *la zona postal*

CHAPTER 12: At the hairdresser's

bangs   *el flequillo*
bobby pin   *la horquilla*
beard   *la barba*
braid   *la trenza*
brush   *el cepillo*
bun   *el moño*
clip   *la pinza*
curl   *el rizo*
curly   *rizado*
to cut   *cortar*
dryer   *el secador*
dye   *el tinte*
fingernail   *la uña*
hair   *el pelo, los cabellos*
hairdresser   *el peluquero*
haircut   *el corte*
hair spray   *la laca*
in the back   *por detrás*
kinky hair   *el pelo crespo*
manicure   *la manicura*
mustache   *el bigote*
nail polish   *el esmalte*
neck   *el cuello*
oil   *el aceite*
on the top   *arriba*
part   *la raya*
pedicure   *la pedicura*
permanent (wave)   *el (ondulado) permanente,*
     la (ondulación) permanente
pony tail   *la cola de caballo*
to raise   *subir*
razor   *la navaja*
razor cut   *el corte (el cortado) a navaja*
roller   *el rulo*
scissors   *las tijeras*
set (hair)   *el marcado, el rizado*
shampoo   *el champú*

to shave   *afeitar*
shears   *la maquinilla*
side   *el lado*
sideburns   *las patillas*
spit curl   *el bucle*
straight hair   *el pelo liso, el pelo lacio*
trim   *el recorte*
to trim (hair)   *recortar*
wash   *el lavado*
to wash   *lavar*
wave   *la onda*

CHAPTER 13: At the clothing store

bathing suit   *el traje de baño*
belt   *el cinturón*
blend (of fabrics)   *la combinación*
blouse   *la blusa*
blue jeans   *los blue jeans*
boot   *la bota*
brassiere   *el sostén*
button   *el botón*
checked   *a cuadros, cuadrado*
coat   *el abrigo, el gabán*
corduroy   *la pana*
cotton   *el algodón*
cuff   *el puño*
cuff link   *el gemelo*
denim   *el algodón asargado*
dress   *el vestido*
dressing gown   *la bata*
to fit (someone well)   *quedarle bien*
flannel   *la franela*
fly   *la bragueta*
garbardine   *la gabardina*
girdle   *la faja*
gloves   *los guantes*
half-slip   *la enagua*
handkerchief   *el pañuelo*
hat   *el sombrero*
heel   *el tacón*
hurt   *hacerle daño a*
jacket   *el saco, la chaqueta, la campera*
leather   *el cuero*
long   *largo*
to match, go well with   *hacer buen juego con*
measurement   *la medida*
narrow   *estrecho*
necktie   *la corbata*
nylon   *el nilón*
overcoat   *el abrigo*
pair   *el par*
panties   *los panties, las bragas*
pants   *el pantalón*

pants suit   *el traje pantalón*
pantyhose   *los panties*
pocketbook   *el bolso, la bolsa, la cartera*
polka dot   *el lunar*
raincoat   *el impermeable, la gabardina*
rubbers   *las gomas*
sandals   *las sandalias*
scarf   *la bufanda*
shirt   *la camisa*
shoe   *el zapato*
shoelace   *el cordón*
shoe polish   *el betún*
shorts   *los pantalones cortos*
silk   *la seda*
size (clothing)   *la talla, el tamaño*
size (shoe)   *el número*
skirt   *la falda*
sleeve   *la manga*
slip   *la combinación, las enaguas*
slipper   *la zapatilla*
sneaker   *el zapato de tenis*
sock   *el calcetín, la media*
sole   *la suela*
stockings   *las medias*
striped   *a rayas, rayada*
suede   *el ante, la gamuza*
suit (man's)   *el traje*
sweater   *el suéter*
synthetic fabric   *la tela sintética*
to take a shoe size   *calzar*
tight   *apretado*
toe   *el dedo (del pie)*
underpants   *los calzoncillos*
undershirt   *la camiseta*
wallet   *la cartera*
wide   *ancho, amplio*
wool   *la lana*
worsted   *el estambre*
wrinkle-resistant material   *la tela inarrugable*
zipper   *la cremallera, el cierre*

CHAPTER 14: At the dry cleaner's

clothing   *la ropa*
to darn   *zurcir*
dirty   *sucio*
to dry-clean   *limpiar en seco*
dry cleaner's shop   *la tintorería*
dry cleaning   *la limpieza en seco*
hole   *el hueco*
to iron   *planchar*
lining   *el forro*
to mend   *remendar (ie)*
ready   *listo*

to sew   *coser*
to sew again (mend, darn, patch)   *recoser*
to shrink   *encogerse*
stain, spot   *la mancha*
starch   *el almidón*
tailor   *el (la) sastre*
to take out, remove (a spot)   *quitar*
unstitched   *descosido*
to wash   *lavar*

CHAPTER 15: At the restaurant

aperitif   *el aperitivo*
baked   *asado al horno*
boiled   *hervido*
breaded   *empanado*
broiled   *a la parrilla, a la plancha, a la brasa*
check   *la cuenta*
cheese   *el queso*
chicken   *el pollo*
chicken breast   *la pechuga*
chicken leg, thigh   *el muslo*
chop   *la chuleta*
cold   *frío*
corner   *el rincón*
course   *el plato*
credit card   *la tarjeta de crédito*
cup   *la taza*
cutlet   *la chuleta*
deep-fried   *a la romana*
dessert   *el postre*
diced   *picado*
dirty   *sucio*
economical   *económico*
expensive   *caro*
fish   *el pescado*
fishbone   *la espina*
fixed menu   *el menú del día, los platos combinados*
fork   *el tenedor*
fowl   *las aves*
fried   *frito*
fruit   *la fruta*
glass   *el vaso*
grilled   *a la parrilla, a la plancha, a la brasa*
hors d'oeuvre   *el entremés*
house (chef's) specialty   *la especialidad de la casa*
included   *incluido*
in its juices   *en su jugo*
knife   *el cuchillo*
lamb   *el cordero*
luxurious   *de lujo*
main course   *el plato principal*

215

meat   *la carne*
medium (cooked)   *a término medio, poco roja*
menu   *el menú, la minuta, la carta*
napkin   *la servilleta*
outdoors   *afuera*
overdone, overcooked   *demasiado hecho, demasiado cocido, demasiado cocinado*
patio   *el patio*
pepper   *la pimienta*
pepper shaker   *el pimentero*
place setting   *el cubierto*
rare (not very cooked)   *casi crudo, poco asado*
raw   *crudo*
receipt   *el recibo*
recommend   *recomendar (ie)*
reservation   *la reservación, la reserva*
to reserve   *reservar*
restaurant   *el restaurante*
roasted   *asado*
salad   *la ensalada*
salt   *la sal*
salt shaker   *el salero*
salty   *salado*
saucer   *el platillo*
sautéed   *salteado*
service   *el servicio*
shellfish   *el marisco*
soup   *la sopa*
soup spoon   *la cuchara*
smoked   *ahumado*
steak   *el bistec, el biftec*
steamed   *al vapor*
stewed   *guisado, estofado*
sugar   *el azúcar*
suggest   *sugerir (ie, i)*
sweet   *dulce*
table   *la mesa*
tablecloth   *el mantel*
teaspoon   *la cucharita*
tip   *la propina*
tough   *duro*
veal   *la ternera*
vegetable   *la legumbre, la verdura*
waiter   *el (la) mesero(a), el (la) camarero(a)*
well done   *bien asado, bien cocido, bien hecho*
window   *la ventana*
wine   *el vino*
wine list   *la lista de vinos, la carta de vinos*

CHAPTER 16: Shopping for food

aisle   *el pasillo*
bag   *la bolsa, la funda, el cartucho*

basket   *la cesta, la canasta*
basket (pannier)   *el capacho*
bakery (bread store)   *la panadería*
bakery (pastry shop)   *la pastelería*
box   *la caja*
bunch   *el atado, el manojo, el racimo, el ramo*
butcher shop   *la carnicería*
can   *la lata, el bote*
cart   *el carrito*
container   *el envase*
dairy store   *la lechería*
delicatessen   *la charcutería*
dozen   *la docena*
egg store   *la huevería*
empty bottle for return   *el casco, el envase*
fish market   *la pescadería*
food   *los comestibles*
fresh   *fresco*
frozen   *congelado*
fruit and vegetable market   *la frutería*
give me   *déme, póngame*
gram   *el gramo*
groceries   *los comestibles, los abarrotes*
grocery store   *la bodega, el colmado, la tienda de ultramarinos, la tienda de abarrotes, la pulpería*
head   *el repollo*
how much is (are)?   *¿a cómo están (está)?, ¿a cuánto está(n)?*
kilo (kilogram)   *el kilo (kilogramo)*
to look good   *tener buena pinta*
milk store (for all dairy products)   *la lechería*
package   *el paquete*
to return (something)   *devolver (ue)*
seafood market (for shellfish)   *la marisquería*
slice   *rebanada, lonja, loncha, rueda, raja*
soap powder   *el jabón en polvo*
supermarket   *el supermercado*
to wrap   *envolver (ue)*

CHAPTER 17: At home

The kitchen   La cocina

baking pan (dish)   *la tortera, la tartera*
blender   *la batidora*
to boil   *hervir (i,i)*
bottle opener   *el abrebotellas, el destapador*
to bring to the boiling point   *llevar a la ebullición*
burner (of a stove)   *la hornilla, el hornillo*
can opener   *el abrelatas*
to carve   *trinchar*

carving knife   *el trinchante, el trinche*
to cook   *guisar, cocinar*
corkscrew   *el sacacorchos*
cover   *la tapa*
to cover   *tapar*
to dice   *picar, cortar*
dishcloth (towel)   *el paño, el secador*
dishrag   *el estropajo, el fregador*
dishware   *la vajilla*
drain (of a sink)   *el desagüe*
drainboard   *el escurridero, el escurreplatos*
eggbeater   *el batidor de huevos*
faucet (tap)   *el grifo, la llave, el robinete*
freezer   *la congeladora*
to fry   *freír (i,i)*
frying pan   *la (el) sartén*
garbage can   *el tarro (balde) de basura*
handle   *el asa, el mango*
kitchen   *la cocina*
kitchen cabinet   *la alacena*
kitchen stove (range)   *la cocina, la estufa*
to melt   *derretir (i,i)*
on a slow flame   *a fuego lento*
oven   *el horno*
pantry   *la despensa*
to pare   *pelar*
pot   *el pote, la olla, la cacerola, la cazuela,
      la caldera*
refrigerator   *el refrigerador, la nevera*
to roast   *asar*
to scrub   *fregar (ie)*
sink   *la pila, la pileta, el fregadero,
      el resumidero, el lavadero*
soap powder   *el polvo de lavar*
to sauté   *saltear*
stopper (for a sink)   *el tapón*
to strain   *colar, cernir*
strainer   *el colador, la cernidera*
to wash   *lavar*
to wash dishes   *lavar los platos, fregar, fregar
      la vajilla*
washing machine   *la lavadora*

The bathroom   El cuarto de baño
bath   *el baño*
bathing cap   *la gorra de baño*
bath mat   *la alfombrilla de baño*
bathrobe   *la bata*
bathroom   *el cuarto de baño*
bath towel   *la toalla de baño*
bathtub   *el baño, la bañera, la tina*
to brush one's teeth   *cepillarse los dientes*

to comb one's hair   *peinarse*
to dry oneself   *secarse*
face cloth   *el paño*
makeup   *el maquillaje*
medicine cabinet   *el botiquín*
mirror   *el espejo*
to put on   *ponerse*
razor   *la navaja*
to shave   *afeitarse*
shaving soap   *el jabón de afeitar*
shower   *la ducha*
soap   *el jabón*
soap dish   *la jabonera*
to take a bath   *bañarse, tomar un baño*
to take a shower   *ducharse, tomar una ducha*
tile   *la baldosa, (very small tile) el baldosín,
      el azulejo*
toilet   *el retrete, el inodoro*
toilet paper   *el papel higiénico*
toothpaste   *el dentífrico, la pasta dentífrica,
      la crema dental*
towel   *la toalla*
towel rack   *el toallero*
washbasin   *el lavabo, el lavamanos*
to wash oneself   *lavarse*

The dining room   El comedor
after-dinner conversation   *la sobremesa*
butter dish   *el mantequero, la mantequillera*
candelabra   *el candelabro*
to clear the table   *quitar la mesa*
cup   *la taza*
diner   *el (la) conmensal*
dining room   *el comedor*
dish   *el plato*
fork   *el tenedor*
to get up from the table   *levantarse de la mesa*
glass   *el vaso*
gravy boat   *la salsera*
knife   *el cuchillo*
napkin   *la servilleta*
pepper shaker   *el pimentero*
plate   *el plato*
plate warmer   *el calientaplatos*
salad bowl   *la ensaladera*
salt shaker   *el salero*
saucer   *el platillo*
to serve   *servir (i,i)*
serving platter   *la fuente*
to set the table   *poner la mesa*
sideboard (buffet, credenza)   *el aparador*
soup bowl   *la sopera*
soup spoon   *la cuchara*

stem glass   *la copa*
sugar bowl   *el azucarero*
tablecloth   *el mantel*
tablespoon   *la cuchara*
teaspoon   *la cucharita*
tray   *la bandeja*

The living room   La sala de estar
armchair   *la butaca, el sillón*
bookshelf   *el estante*
bookcase   *la librería, la biblioteca*
chair   *la silla*
to chat   *charlar, platicar*
curtain   *la cortina*
fireplace   *la chimenea*
floor lamp   *la lámpara de pie*
guest   *el (la) convidado(a),*
   el (la) invitado(a)
lamp   *la lámpara*
living room   *la sala, la sala de estar,*
   el living
magazine   *la revista*
newspaper   *el periódico, (daily) el diario,*
   (Sunday) el dominical
picture   *el cuadro*
picture frame   *el marco*
radio   *la radio, el radio*
record   *el disco*
rug   *la alfombra*
sofa   *el sofá*
table   *la mesa*
tape   *la cinta*
television   *la televisión*
venetian blind   *la persiana*
wall-to-wall carpeting   *la moqueta*

The bedroom   El cuarto
alarm clock   *el despertador*
bed   *la cama*
bedroom   *el cuarto, el dormitorio, la alcoba,*
   la recámara
bedspread   *la colcha, el cubrecama,*
   la sobrecama
blanket   *la manta, la frazada, la frisa*
bureau (chest of drawers)   *la cómoda*
closet   *el armario*
double bed   *la cama de matrimonio*
drawer   *el cajón*
to fall asleep   *dormirse (ue, u)*
to get up   *levantarse*
to go to bed   *acostarse (ue)*
hanger   *la percha, el gancho, el armador*
to make the bed   *hacer la cama*
mattress   *el colchón*

night table   *el velador*
pillow   *la almohada*
pillowcase   *la funda*
to set (the clock)   *poner*
sheet (for a bed)   *la sábana*
to sleep   *dormir (ue,u)*

Housework   Los quehaceres domésticos
broom   *la escoba*
cloth   *el paño*
clothes   *la ropa*
dirty   *sucio*
to dust   *quitar el polvo, limpiar el polvo*
floor   *el piso, el suelo*
garbage   *la basura*
garbage can   *el balde de basura, el basurero,*
   el cubo de basura
housework   *los quehaceres domésticos*
iron   *la plancha*
to iron   *planchar*
ironing   *el planchado*
ironing board   *la tabla de planchar*
laundry (wash)   *el lavado*
mop   *el estropajo*
to polish   *pulir*
scrub   *fregar (ie)*
scrub rag   *el trapo*
sponge   *la esponja*
to sweep   *barrer, escobar*
to vacuum   *aspirar*
vacuum cleaner   *la aspiradora*
to wash   *lavar*
washing machine   *la lavadora*

Some minor problems   Algunos problemas
to blow a fuse   *quemarse un fusible*
blown   *fundido*
clogged (plugged up)   *atascado*
drain   *el desagüe*
to drip   *gotear*
electrician   *el (la) electricista*
to empty   *vaciar*
fuse   *el fusible*
fuse box   *el cuadro de fusibles, el tablero*
   de fusibles, el panel de fusibles
light bulb   *la bombilla*
light switch   *el interruptor, la llave, el suiche*
plug (stopper)   *el tapón*
plug   *el enchufe*
to plug in   *enchufar*
plumber   *el (la) plomero(a),*
   el (la) fontanero(a)
plumbing (pipes)   *la cañería*
socket   *el enchufe hembra*

to take out   *quitar*
to turn on the light   *poner la luz, encender* (*ie*)
                        la luz
to turn out the light   *apagar la luz*

CHAPTER 18: At the doctor's office

ache   *el dolor*
allergy   *la alergia*
analysis   *el análisis*
ankle   *el tobillo*
antibiotic   *el antibiótico*
appendix   *el apéndice*
arm   *el brazo*
arthritis   *la artritis*
asthma   *el asma* (*f*)
back   *la espalda*
bandage   *el vendaje*
to bandage   *vendar*
Band-Aid   *la venda*
blood   *la sangre*
bood pressure   *la tensión arterial, la presión*
                sanguínea
blood type   *el grupo sanguíneo, el tipo sanguíneo*
bone   *el hueso*
to break   *romper, quebrar*
cancer   *el cáncer*
cheek   *la mejilla*
chest   *el pecho*
chicken pox   *la viruela*
chills   *los escalofríos*
chills and fever   *la fiebre intermitente*
cold   *el resfrío, el resfriado, el catarro,*
        (having a cold) *constipado(a)*
compound fracture   *la fractura complicada*
congestion   *la congestión, la flema*
constipated   *estreñido*
cough   *la tos*
to cough   *toser*
crutches   *las muletas*
to cut   *cortar*
diabetes   *la diabetes*
dizzy   *mareado*
doctor   *el* (*la*) *médico(a)*; (when talking to
            the person) *el* (*la*) *doctor(a)*
doctor's office   *la consulta del médico*
ear   *el oído*
electrocardiogram   *el electrocardiograma*
epilepsy   *la epilepsia*
to examine   *examinar*
to examine by auscultation
    (with a stethoscope)   *auscultar*
fever   *la fiebre*

finger   *el dedo*
flu   *la gripe*
foot   *el pie*
glands   *las glándulas*
heart   *el corazón*
heart attack   *el ataque al corazón, el ataque*
                cardíaco
hip   *la cadera*
to hurt (someone)   *hacerle daño* (*a alguien*)
illness   *la enfermedad*
injection   *la inyección*
intestines   *los intestinos*
kidneys   *los riñones*
leg   *la pierna*
liver   *el hígado*
lungs   *los pulmones*
measles   *el sarampión*
medical history   *el historial médico*
menstrual period   *el período menstrual,*
                    las reglas
mental illness   *la enfermedad mental*
mouth   *la boca*
mumps   *las paperas*
operation   *la operación, la intervención*
            quirúrgica
orthopedic surgeon   *el* (*la*) *cirujano(a)*
                    ortopédico(a)
penicillin   *la penicilina*
pill   *la pastilla, la píldora, el comprimido*
polio   *la poliomielitis*
to put in a cast   *enyesar, entablillar*
to prescribe   *recetar*
prescription   *la receta*
pulse   *el pulso*
sample   *la muestra, la prueba*
to set (a bone)   *ensalmar, acomodar*
sleeve   *la manga*
to sprain   *torcer* (*ue*)
to stitch   *tomar* (*coger*) *puntos*
stomach   *el estómago*
stool (feces)   *las heces*
to suture   *suturar*
swollen   *hinchado*
symptom   *el síntoma*
temperature   *la temperatura*
throat   *la garganta*
tonsils   *las amígdalas*
tuberculosis   *la tuberculosis*
to undress   *desvestirse* (*i,i*)
urine   *la orina*
venereal disease   *la enfermedad venérea*
to vomit   *vomitar*
waist   *la cintura*

wound *la herida*
wrist *la muñeca*
to x-ray *radiografiar*
x-rays *los rayos equis*

CHAPTER 19: At the hospital

abdominal *abdominal*
ache *dolor*
to ache *doler (ue)*
ambulance *la ambulancia*
anesthesia *la anestesia*
anesthetist *el (la) anestesista*
appendicitis *la apendicitis*
appendix *el apéndice*
attack *el ataque*
bladder *la vejiga, la vesícula*
blood pressure *la tensión arterial, la presión sanguínea*
breast *el seno*
cataracts *las cataratas*
clinic *la clínica*
colon *el colon*
cyst *el quiste*
delivery room *la sala de partos*
doctor *el (la) médico(a); (when talking to the person) el (la) doctor(a)*
emergency room *la sala de emergencia (de urgencias)*
to examine *examinar*
form (to be filled out) *el formulario*
gallbladder *la vesícula biliar, la vejiga de la bilis*
to give birth *parir, dar a luz*
hemorrhoids *las hemorroides*
hospital *el hospital*
hysterectomy *la histerectomía*
injection *la inyección*
in labor *de parto*
insurance company *la compañía de seguros*
insurance policy *la póliza*
intensive care unit *la unidad de cuidados intensivos*
intern *el (la) médico(a) residente*
intestine *el intestino*
intravenous *intravenoso*
labor pains *los dolores de parto*
nurse *el (la) enfermero(a)*
obstetrician *el (la) obstétrico(a)*
to operate *operar, hacer una intervención quirúrgica*
operating room *la sala de operaciones, el quirófano*

operating table *la mesa de operaciones*
operation *la operación, la intervención quirúrgica*
ovary *el ovario*
oxygen *el oxígeno*
oxygen tent *la tienda de oxígeno*
patient *el (la) paciente*
policy *la póliza*
polyp *el pólipo*
pregnant *encinta, preñada, embarazada*
prognosis *la prognosis, el pronóstico*
pulse *el pulso*
radiology *la radiología*
recovery room *la sala de recuperación (de restablecimiento)*
serious *grave*
sodium pentothal *el pentotal sódico*
stretcher *la camilla*
surgeon *el (la) cirujano(a)*
to take out (remove) *quitar, sacar, extraer*
tonsils *las amígdalas*
tranquilizer *el calmante, el tranquilizante*
ulcers *las úlceras*
wheelchair *la silla de ruedas*
to x-ray *radiografiar*
x-ray *la radiografía*
x-rays *los rayos equis*

CHAPTER 20: At the theatre and the movies

act *el acto*
to act (play a part) *actuar*
actor *el actor*
actress *la actriz*
applaud *aplaudir*
balcony *el balcón, la galería*
to begin *empezar (ie)*
box *el palco*
check (leave) *dejar*
cloakroom *el guardarropa, el vestuario*
comedy *la comedia*
curtain *el telón*
drama *el drama*
to dub (a film) *doblar*
enter (come on stage) *entrar en escena*
to go down, close (the curtain) *caerse (el telón)*
to go up, raise (the curtain) *levantarse (el telón)*
intermission *el intermedio*
lead (leading part or role) *el (la) protagonista*
mezzanine *el anfiteatro, el entresuelo*

movie, film *la película*
movie house, cinema *el cine*
musical (show) *la obra musical*
musical review *la revista musical*
orchestra (section of the theater) *el patio,*
                                                   la platea
to play the role *hacer el papel*
to present *presentar*
program *el programa*
row *la fila*
scene *la escena*
screen *la pantalla*
seat (in a front row) *una delantera*
seat (also ticket for a
   theater performance) *la localidad*
to shoot (a film) *rodar (ue)*
show *el espectáculo, la función*
sold out *agotado*
spectator *el (la) espectador(a)*
stage *el escenario*
stamp with the feet *patear*
subtitles *los subtítulos*
theater *el teatro*
theater seat *la butaca*
theater or movie ticket *la entrada*
theater or movie ticket window *la taquilla*
tip *la propina*
top balcony *el paraíso, el gallinero*
tragedy *la tragedia*
usher *el (la) acomodador(a)*
work (theatrical or artistic) *la obra*
zarzuela *la zarzuela* (a Spanish musical
            comedy or operetta)

hole *el hoyo*
to kick *dar una patada*
love (tennis) *nada, cero*
to make a goal *meter un gol, hacer un gol*
to miss (a shot) *fallar*
net *la red*
net ball *el net*
period *el tiempo*
to play *jugar (ue)*
player *el (la) jugador(a)*
point *el tanto, el punto*
to put in *meter*
racket *la raqueta*
to return (a ball) *devolver (ue)*
to score *marcar (hacer) un tanto*
scoreboard *el cuadro indicador,*
                        el tablero indicador
to serve *servir (i,i)*
set (tennis) *el set*
shot *el tiro*
singles (tennis) *los individuales*
soccer *el fútbol*
sport *el deporte*
to stop (block the ball) *parar*
team *el equipo*
tennis *el tenis*
to throw (shoot) *tirar*
tied (score) *empatado*
tournament *el torneo*
umpire (referee) *el árbitro*
whistle *el silbato*
to whistle *silbar*
to win *ganar*

CHAPTER 21: Sports

area (territory) (of a team) *la meta*
ball *la pelota* (a small ball), *el balón*
     (a larger ball), *la bola* (a very small
     ball such as a golf ball)
basket *la canasta, el cesto*
basketball *el baloncesto, el básquetbol*
doubles (tennis) *dobles*
end (player) *el ala*
field (course) *la cancha, el campo*
football *el fútbol*
foul *el foul*
game *el partido, el juego*
goal *la portería, la puerta* (the area), *el gol*
     (point)
goalie *el (la) guardameta, el (la) portero(a)*
golf club *el palo*

CHAPTER 22: The beach

air mattress (cushion, float) *el colchón*
                              neumático
to bathe *bañarse*
bathing suit *el traje de baño, el bañador*
beach *la playa*
beach robe *la bata*
beach sandals *las sandalias playeras*
boat *la lancha*
boat (small) *la barca*
to break (waves) *romperse, estallarse,*
                    reventarse (ie)
cabin *cabina*
calm (sea) *tranquilo, calmo, calmado,*
                  apacible
canvas beach chair *la silla de lona*
current *la corriente*

dangerous *peligroso*
to float *flotar*
to float (with hands behind the head) *hacer la plancha*
folding chair *la silla plegable*
lifeguard *el (la) salvavidas, el (la) vigilante*
lighthouse *el faro*
to ride the waves *correr las olas, montar las olas*
rock *la roca*
rough (sea) *agitado, revuelto* (in the sense of churned up, choppy), *turbulento*
sailboat *el velero*
sand *la arena*
sandal *la zapatilla, la alpargata*
to scuba-dive *bucear*
sea *el mar*
sea resort *el balneario*
shore *la orilla*
spend the summer *veranear*
to sunbathe *tomar el sol*
sun block *la bloqueadora, la crema protectora*
sunburned *quemado, tostado*
sunglasses *las gafas para el sol, los anteojos de sol*
surfboard *la plancha de deslizamiento, la tabla hawaiana*
to swim *nadar*
tanned *tostado, bronceado*
tanning lotion *la bronceadora*
tide *la marea*
undertow *la contracorriente, la resaca*
water ski *el esquí acuático*
to water-ski *esquiar en el agua, hacer el esquí acuático*
wave *la ola*
windsurf *la tabla de vela*

CHAPTER 23: Skiing

boot *la bota*
chairlift *el telesilla*
cross country skiing *el esquí de fondo, el esquí nórdico*
downhill skiing *el esquí alpino*
to go down *bajar*
parka *el anorak*
ski, skiing *el esquí*
ski lift *el telesquí*
ski pole *el bastón*
ski resort *la estación de esquí*
skier *el esquiador*
slope *la pista*

CHAPTER 24: Camping

air mattress *el colchón neumático*
bath *el baño*
battery *la batería, la pila*
bonfire *la hoguera, la fogata*
to burn (to light a fire) *encender (ie)*
burner *el hornillo*
butane gas *el gas butano*
to camp *acampar*
camper *el camper*
camping, a campsite *el cámping*
candle *la vela*
cord *la cuerda*
drinking water *el agua (f) potable*
facilities *los servicios*
first-aid kit *el botiquín*
flashlight *la linterna (eléctrica)*
folding chair *la silla plegable*
folding table *la mesa plegable*
hammer *el martillo*
hammock *la hamaca*
iodine *el yodo*
knapsack *la mochila*
match *el fósforo, la cerilla*
to park *estacionar, aparcar, parquear*
penknife *el cortaplumas, la navaja*
to pitch (put up) a tent *armar una tienda*
pole *el palo, el mástil*
portable *portátil*
shower *la ducha*
sleeping bag *el saco de dormir, la bolsa de (para) dormir*
spike *la estaca*
tank *el tanque*
tent *la tienda (de campaña), la carpa*
thermos *el termo*
to tie *atar, amarrar*
toilet *el retrete*
trailer *la casa-remolque, la caravana*

CHAPTER 25: The weather

barometric pressure *la presión barométrica (atmosférica)*
centigrade *centígrado*
clear *despejado*
to clear *despejarse*
cloud *la nube*
cloudiness *la nubosidad*
cloudy, overcast *nublado*
cold *frío*
cool *fresco*

to drizzle   *lloviznar*
fog   *la neblina, la niebla*
to hail   *granizar*
heat   *el calor*
humid   *húmedo*
lightning   *el relámpago (los rayos)*
precipitation   *la precipitación*
to rain   *llover (ue)*
rainy   *lluvioso*
to reach   *alcanzar*
scattered   *disperso*
shower   *el aguacero, el chaparrón, el chubasco*
snow   *la nieve*
to snow   *nevar (ie)*
snowstorm   *la nevasca, la nevada*
storm   *la tempestad, el temporal, la tormenta*
stormy   *tempestuoso*
sudden windstorm (cloud that brings with it a
    sudden change in weather)   *la ráfaga*
sultry   *bochornoso*
sun   *el sol*
sunny   *soleado*
temperature   *la temperatura*
thunder   *los truenos*
to thunder   *tronar (ue)*
thunderstorm   *la tronada*
unstable (changeable)   *inestable*
warm   *caliente, caluroso*
weather   *el tiempo*
weather forecast   *el pronóstico meteorológico*
wind   *el viento*

CHAPTER 26: Crime

armed robbery   *el latrocinio*
assassin   *el asesino*
assault   *el asalto*
breaking and entering   *el escalamiento*
consent   *el consentimiento*
crime   *el crimen, el delito*
death   *la muerte*
firearm   *el arma de fuego*
harm   *el daño*
homicide   *el homicidio*
gun   *la pistola*
knife   *el cuchillo*
murder   *el homicidio*
murderer   *el asesino*
perpetrator   *el autor*
person killed   *el asesinado*
physical   *físico*
pickpocket   *el carterista*
pistol   *la pistola*

police officer   *el agente de policía, el policía*
police station   *la comisaría*
property   *la propiedad*
push   *empujar*
rape   *la violación sexual*
to report a crime   *denunciar un crimen*
robber   *el ladrón*
robbery   *el robo*
to shove   *empujar*
taking   *la toma*
thief   *el ladrón*
victim   *la víctima*
weapon (with blade)   *el arma blanca*

CHAPTER 27: Education

to attend   *asistir*
auditor (of a course)   *el (la) oyente*
bachelor's degree   *el bachillerato*
ballpoint pen   *el bolígrafo*
boarder (boarding student)   *el (la) interno(a)*
book bag   *la cartera, el maletero,
                el portalibros, la mochila*
chalkboard   *la pizarra, el pizarrón*
classroom   *la sala de clase, el aula*
course   *el curso*
course of study, curriculum   *el plan de
                              estudios, plan de
                              cursos*
daily schedule   *el horario*
day student   *el (la) externo(a)*
dean   *el (la) decano(a)*
doctorate   *el doctorado*
dormitory   *el dormitorio, el colegio mayor*
elementary school teacher   *el (la) maestro(a)*
to enroll   *inscribirse*
faculty   *el profesorado*
to fail   *salir mal, ser suspendido*
failing (grade or mark)   *cate, suspendido,
                           desaprobado,
                           suspenso*
to get a doctor's degree   *doctorarse*
to get a master's degree   *licenciarse*
to give a lesson   *dar una lección*
grade (from first to twelfth)   *grado*
grade (mark)   *la calificación, la nota*
to graduate   *graduarse*
high school   *el colegio, el liceo, la escuela
               secundaria, la preparatoria*
lecture   *la conferencia*
to major in   *especializarse*
mark (grade)   *la nota, la calificación*
master's degree   *la licenciatura*

to matriculate, register *matricularse*
notebook *el cuaderno, el bloc*
nursery school *la escuela de párvulos*
opening of school *la apertura de curso*
outstanding (grade or mark) *sobresaliente*
passing, fair (grade or mark) *aprobado, regular*
preparatory school *la preparatoria*
prep school *la prepa*
principal of a school *el (la) director(a)*
pupil *el (la) alumno(a)*
reading *la lectura*
rector *el (la) rector(a)*
requirement *el requisito*
scholarship *la beca*
school *la escuela*, (division of a university)
　　　　la facultad
school book *el libro de texto, el libro escolar*
school desk *el pupitre*
secondary (high) school *la escuela*
　　　　　　　　　　secundaria
subject (in school) *la materia*
to succeed (pass an exam) *salir bien*
student *el (la) estudiante*
to take notes *tomar apuntes*
to teach *enseñar*
test, exam *el examen*
tuition *los derechos de matrícula*
uniform *el uniforme*
university *la universidad*
very good (grade or mark) *notable*

CHAPTER 28: Business

accountant *el contable*
accounting *la contabilidad*
administrator *el administrador*
advertising *la propaganda, la publicidad*
assets *los activos*
balance sheet *la hoja de balance*
Board of Directors *la junta directiva*
business *el comercio*
buyer *el comprador*
consumer *el consumidor*
corporation *la sociedad anónima,*
　　　　la corporación
cost *el costo*
decision making *la toma de decisiones*
to decrease *bajar*
department *el departamento, el servicio*
dividend *el dividendo*
enterprise *la empresa*
financial statement *el estado financiero*
goods *los bienes*

income *el ingreso, la renta*
increase *subir*
liabilities *los pasivos*
to make a decision *tomar una decisión*
market *el mercado*
marketing *el marketing, el mercadeo*
partner *el socio*
partnership *la asociación, la sociedad colectiva*
product *el producto*
production *la producción*
profit *las ganancias, las rentas*
profitable *rentable*
purchaser *el comprador*
to recuperate *recuperar*
results *los resultados*
retail *al por menor, al detal*
retailer *el menorista, el detallista*
sales rep *el vendedor*
services *los servicios*
to set a price *fijar un precio*
stock *la acción*
stockholder *el accionista*
Stock Market *La Bolsa de Valores*
supply and demand *la demanda y la oferta*
taxable *gravable*
tax *el impuesto*
wholesale *al por mayor*
wholesaler *el mayorista*

CHAPTER 29: The computer

attachment *el documento adjunto*
to burn *grabar*
button *el botón*
click on *hacer clic*
computer *el ordenador, la computadora*
to copy *copiar*
deleted items *elementos eliminados*
desktop screen *la pantalla de escritorio*
document *el documento*
to download *bajar*
to download *descargar*
drafts *los borradores*
to drag *arrastrar*
to eliminate *eliminar, borrar*
e-mail *el correo electrónico*
e-mail *el e-mail*
to erase, trash *borrar*
erased, trashed items *elementos borrados*
file *el archivo*
to file *archivar*
folder *la carpeta*
to go back *regresar, retroceder*

go online   *entrar en línea*
hard copy   *la copia dura*
hard disc drive   *la unidad de disco duro*
home page   *la página de inicio*
icon   *el ícono*
inbox   *la bandera de entradas*
internet   *el (la) internet*
junk mail   *el correo no deseado*
key   *la tecla*
keyboard   *el teclado*
to log off   *cerrar la sesión*
mouse   *el ratón*
mouse pad   *la alfombrilla*
on line   *en línea*
outbox   *la bandeja de salidas*
to press   *oprimir, pulsar*
previous site   *sitio anterior*
to print   *imprimir*
printer   *la impresora*
to respond   *responder*
return key   *el botón regresar/retroceder*
to save   *guardar*
search the web   *navegar la red*
sent items   *elementos enviados*
to start (up)   *prender*
to shut down   *apagar*
tool bar   *la barra de herramientas*
to trash   *borrar*
to turn off, shut down   *apagar*
user   *el usuario*
virus   *el virus*

CHAPTER 30: Government and politics

against   *en contra*
to amend   *enmendar (ie)*
amendment   *la enmienda*
anticlericalism   *el anticlericalismo*
to approve, accept   *aprobar (ue)*
autocratic   *autocrático*
bicameral   *bicameral*
cabinet   *el consejo de ministros, el gabinete*
chamber of deputies,
  House of Representatives   *la cámara de diputados, Cámara de Representantes, Congreso de Diputados*
chancellor   *el canciller*
citizen   *el (la) ciudadano(a)*
committee   *el comité*
communism   *el comunismo*

to concede   *conceder*
Congress   *el Congreso*
congressman (woman),
  representative in Congress   *el (la) diputado(a) al Congreso*
conservatism   *el conservatismo*
constitution   *la constitución*
control   *el control*
court   *la corte, el tribunal*
curfew   *el toque de queda*
to declare   *declarar*
to deliberate   *deliberar*
democracy   *la democracia*
democratic   *democrático*
deputy; representative   *el (la) diputado(a)*
dictator   *el (la) dictador(a)*
dictatorship   *la dictadura*
diet   *la dieta*
to discuss   *discutir*
to elect   *elegir (i,i)*
election   *las elecciones*
fascism   *el fascismo*
freedom   *la libertad*
freedom of speech   *la libertad de palabra*
freedom of the press   *la libertad de prensa*
government   *el gobierno*
governmental   *gubernamental*
human rights   *los derechos humanos*
imperialism   *el imperialismo*
to impose   *imponer*
in favor   *en favor*
interventionism   *el intervencionismo*
isolationism   *el aislacionismo*
junta   *la junta*
law   *la ley*
left (political)   *la izquierda*
leftist   *el (la) izquierdista*
liberalism   *el liberalismo*
lower chamber   *la cámara baja*
majority   *la mayoría*
to make a motion   *presentar una moción*
manifestation   *la manifestación*
martial law   *la ley marcial*
marxism   *el marxismo*
militarism   *el militarismo*
ministry of agriculture   *el ministerio de agricultura*
ministry of communication   *el ministerio de comunicaciones*
ministry of education   *el ministerio de educación (de instrucción pública)*

ministry of foreign affairs (of state)
el ministerio de relaciones exteriores
ministry of the interior   *el ministerio del interior*
ministry of justice   *el ministerio de justicia*
ministry of labor   *el ministerio de trabajo*
ministry of public
  instruction (education)   *el ministerio de instrucción pública*
ministry of state   *el ministerio de estado*
ministry of the treasury   *el ministerio de hacienda*
minority   *la minoría*
monarch   *el (la) monarca*
monarchism   *el monarquismo*
monarchist   *el (la) monarquista*
motion   *la moción*
national   *nacional*
on the other side   *del otro lado, de la otra acera, opuesto*
opposite   *opuesto, contrario*
opposition   *la oposición*
parliament   *el parlamento*
party   *el partido*
people (of a country)   *el pueblo*
people of legal age   *los mayores de edad*
person in the military   *el (la) militar*
plebiscite   *el plebiscito*
plenary session   *la sesión plenaria*

political   *político*
politics, political policy   *la política*
president   *el (la) presidente(a)*
prime minister   *el (la) primer(a) ministro(a)*
progressivism   *el progresismo*
to protect   *proteger*
quorum   *el quórum*
racism   *el racismo*
radicalism   *el radicalismo*
referendum   *el referéndum*
regime   *el régimen*
right   *el derecho*
right (political)   *la derecha*
right to vote   *el derecho al voto*
rightist   *el (la) derechista*
to second a motion   *apoyar una moción*
senate   *el senado*
senator   *el (la) senador(a)*
separatism   *el separatismo*
socialism   *el socialismo*
system   *el sistema*
to take into consideration   *tomar en consideración*
terrorism   *el terrorismo*
under   *bajo*
unicameral   *unicameral*
upper chamber   *la cámara alta*
uprising   *la sublevación*
vote   *el voto*
to vote   *votar*
vote of confidence   *el voto de confianza*

Glossary: English—Spanish
Glosario: inglés—español

abdominal *abdominal*
about (followed by an expression of time) *a eso de*
accelerator *el acelerador*
access e-mail *acceder al e-mail*
accountant *el contable*
accounting *la contabilidad*
ache *el dolor*
to ache *doler (ue)*
act *el acto*
to act *actuar*
actor *el actor*
actress *la actriz*
additional charge *el cargo adicional*
address *la dirección, las señas*
addressee *el (la) destinatario(a)*
advertising *la propaganda, la publicidad*
after-dinner conversation *la sobremesa*
afternoon *la tarde*
again *otra vez, de nuevo*
against *en contra de*
agent *el (la) agente*
agriculture control *el control de agricultura*
air *el aire*
air conditioning *el aire acondicionado*
airfare *la tarifa, el pasaje*
airline *la línea aérea, la compañía de aviación*
air mattress (cushion, float) *el colchón de aire, el colchón neumático*
airport *el aeropuerto*
air pressure *la presión del aire*
airsickness *el mareo*
airsickness bag *la bolsa para el mareo, el saco para el mareo*
aisle *el pasillo*
alarm clock *el despertador*
a little after (preceded by a number) *y pico: a las tres y pico* a little after three
allergy *la alergia*
altitude *la altura*
ambulance *la ambulancia*
to amend *enmendar (ie)*
amendment *la enmienda*
amount requested *el monto pedido*

analysis *el análisis*
anesthesia *la anestesia*
anesthetist *el (la) anestesista*
an hour *por hora*
ankle *el tobillo*
answer (to a telephone call) *la contestación*
antibiotic *el antibiótico*
anticlericalism *el anticlericalismo*
aperitif *el aperitivo*
appendicitis *la apendicitis*
appendix *el apéndice*
applaud *aplaudir*
approve *aprobar (ue)*
April *abril*
area code *la clave de área, el código de área, la zona telefónica*
arm *el brazo*
armchair *la butaca, el sillón*
armed robbery *el latrocinio*
armrest *el descansabrazos*
around the beginning of (followed by a period of time) *a principios de*
around the end of (followed by a period of time) *a fines de, a últimos de*
around the middle of (followed by a period of time) *a mediados de*
arrival *la llegada*
arriving from *procedente de*
arrow *la flecha*
arrow (computer) *el cursor*
arthritis *la artritis*
asthma *el asma (f)*
assassin *el asesino*
assault *el asalto*
assets *los activos*
ATM *el cajero automático*
attachment *el documento adjunto*
attack *el ataque*
attend (a class or function) *asistir a*
auditor (of a course) *el (la) oyente*
August *agosto*
autocratic *autocrático*
automatic transmission *la transmisión automática*

available   *disponible*
avenue   *la avenida*

bachelor's degree   *el bachillerato*
back (of a person)   *la espalda*; (of a seat) *el respaldo*
backpack   *la mochila*
backspace key   *el botón regresar*
bag   *la bolsa, la funda, el cartucho*
baggage   *el equipaje*
baggage claim   *el reclamo (la recogida) del equipaje*
baggage room   *la consigna, la sala de equipaje*
bake   *asar en el horno*
bakery (pastry shop)   *la pastelería*; (bread store) *la panadería*
baking pan   *la tartera, la tortera, el molde*
balance (of an account)   *el saldo*
balance sheet   *la hoja de balance*
balcony   *el balcón*; (in a theater) *el balcón, la galería*
ball (large, like a football)   *el balón*; (smaller, like a tennis ball) *la pelota*; (very small, like a golf ball) *la bola*
ballpoint pen   *el bolígrafo, el lapicero, la lapicera, la pluma*
bandage   *la venda*; (small) *el vendaje*
to bandage   *vendar*
bangs (hair)   *el flequillo*
bank   *el banco*
bank statement   *el estado bancario*
bar (of soap)   *la barra, la pastilla*
bar code   *el código de barra*
barometric pressure   *la presión barométrica, la presión atmosférica*
basket   *el cesto, la canasta*; (pannier) *el capacho*; (in basketball) *el cesto, la canasta*
basketball   *el básquetbol, el baloncesto*
bath   *el baño*
to bathe   *bañarse*
bathing cap   *la gorra (de baño)*
bathing suit   *el traje de baño, el bañador, el bikini*
bath mat   *la alfombrilla de baño*
bathrobe   *la bata (de baño)*
bathroom   *el cuarto de baño*; (for public bathroom, please see Chap. 8 on public bathroom facilities)
bath towel   *la toalla de baño*
bathtub   *el baño, la tina, la bañera*
battery   *la batería*; (smaller, for a flashlight) *la pila*
beach   *la playa*

beach chair   *la silla playera*; (canvas) *la silla de lona*
beach resort   *el balneario*
beach robe   *la bata*
beach sandals   *las sandalias playeras*
beach umbrella   *el parasol, la sombrilla*
beard   *la barba*
bed   *la cama*
bedroom   *el cuarto, el dormitorio, la habitación, la alcoba, la recámara*
bedspread   *el cubrecama, la sobrecama, la colcha*
to begin   *empezar (ie), comenzar (ie)*
bellhop   *el botones, el mozo, el maletero*
belt   *el cinturón*
bicameral   *bicameral*
bill   *la factura, la cuenta*; (banknote) *el billete*
birthday   *el cumpleaños*
bladder   *la vejiga, la vesícula*
blanket   *la manta, la frazada, la cobija, la frisa*
blend (of fabrics)   *la combinación*
blender   *la batidora*
block (of a street)   *la cuadra, la manzana, el bloque*
blood   *la sangre*
blood pressure   *la tensión arterial, la presión sanguínea*
blood type   *el grupo sanguíneo, el tipo sanguíneo*
blouse   *la blusa*
to blow   *soplar*; (a fuse) *quemarse un fusible*; (a horn) *tocar, sonar (ue)*
blown out (as a light bulb)   *fundido, quemado*
blue jeans   *los blue jeans, los mahones*
Board of Directors   *la junta directiva*
to board   *abordar, subir a*
boarder (at a school)   *el (la) interno(a)*
boarding   *el embarque*
boarding pass or card   *la trajeta de embarque, el pasabordo*
boat   *el barco, el bote, la lancha, la embarcación*
bobby pin   *la horquilla*
to boil   *hervir (i,i)*
bone   *el hueso*; (of a fish) *la espina*
bonfire   *la hoguera, la fogata*
book bag   *la cartera*
bookshelf   *el estante*; (complete book rack) *la librería, la biblioteca*
boot   *la bota*
bottle opener   *el abrebotellas, el destapador*
to bounce   *brincar*
box   *la caja*
box seat (at the theater)   *el palco, la butaca de palco*
braid   *la trenza*
to brake   *frenar*

brake fluid   *el líquido de frenos*
brassiere   *el sostén*
bread store (bakery)   *la panadería*
to break   *descomponer, romper*; (waves) *romperse, reventarse (ie), estallarse*
breakdown (automobile)   *la avería, la descompostura, el pane, la pana*
breakfast   *el desayuno*
breaking and entering   *el escalamiento*
breast (human)   *el seno*; (of a chicken) *la pechuga*
briefcase   *el maletín*
bring to the boiling point   *llevar a la ebullición*
broiled   *a la parrilla, a la plancha, a la brasa*
broken   *descompuesto, estropeado, roto*; (out of order) *fuera de servicio*
broom   *la escoba*
brush   *el cepillo*
to brush   *cepillar*; (one's teeth) *cepillarse los dientes*
buffet car   *la bufetería*
bumper   *el parachoques*
bun (hair)   *el moño*
bunch   *el manojo, el atado, el racimo*
to burn (comp.)   *grabar*
to burn (light something)   *encender (ie)*
burner (of a stove)   *el (la) hornillo(a), la estufa*
burnt out (light bulb)   *fundido, quemado*
bus   *el autobús, el bus, el camión, la guagua*
business   *el comercio*
business class   *clase ejecutiva*
busy   *ocupado*
busy signal (on the telephone)   *la señal de ocupado, el tono de ocupado*
butane gas   *el gas butano*
butcher shop   *la carnicería*
butter dish   *el mantequero, la mantequillera*
button   *el botón*
to buy   *comprar*; (a ticket in Spain) *sacar*
buyer   *el comprador*
by boat   *en barco*
by day (in comparison with by night)   *de día*
by the day (on a daily basis)   *por día*
by the week (on a weekly basis)   *por semana*

cabin   *la cabaña*
cabinet (of a president or prime minister)   *el consejo de diputados*; (of a kitchen) *la alacena*
cake   *el pastel, la torta, la tarta*; (of soap) *la pastilla, la barra*
to calculate   *calcular*
call   *la llamada, el llamado*
calm   *calmo, tranquilo*
to camp   *acampar*

camper   *el cámper*
camping (campsite)   *el camping*
can   *la lata, el bote*
can opener   *el abrelatas*
to cancel   *anular*
cancer   *el cáncer*
candelabra   *el candelabro*
candle   *la vela, la candela*
canvas   *la lona*
car   *el automóvil, el carro, el coche*
car (of a train)   *el coche, el vagón*
carry   *llevar*
cart   *el carrito*
to carve   *trinchar*
carving knife   *el trinchante, el trinche*
cash   *el dinero en efectivo*
to cash (a check)   *cobrar, cambiar, canjear*
cashier   *el (la) cajero(a)*
cashier's office or window   *la caja*
cataracts   *las cataratas*
cellular phone   *el teléfono celular, el móvil*
center aisle   *el pasillo central*
centigrade (Celsius)   *centígrado*
century   *el siglo*
certified mail   *el correo certificado, el correo recomendado*
chair   *la silla*
chair lift   *el telesilla*
chalkboard   *la pizarra*
chamber of deputies (House of Representatives)   *la cámara de diputados*
chancellor   *el canciller*
change (coins in comparison with bills)   *el suelto*; (that one receives after paying for something) *el vuelto, la vuelta*; (in the sense of exchange) *el cambio*
to change   *cambiar*
to change planes   *cambiar de avión*
to change trains   *transbordar*
channel   *el canal*
charge   *el cobro, el cargo*
to charge   *cobrar, cargar*
to chat   *charlar, platicar*
check (in the sense of a bill at a restaurant, hotel, etc.)   *la cuenta*; (a check in comparison with cash) *el cheque*; (a check that one receives to acknowledge receipt of, for example, a piece of luggage) *el talón*
to check (to check luggage through)   *facturar*; (to check something for a while and then pick it up) *depositar*; (to check out something such as oil in a car) *revisar, comprobar (ue), verificar, chequear*
checkbook   *el talonario, la chequera*

checked (fabric)   *a cuadros, cuadrado*
to check in   *presentarse*
check in   *la facturación*
check-in desk   *la recepción*
checking account   *la cuenta corriente*
cheek   *la mejilla*
cheese   *el queso*
chest   *el pecho*
chicken   *el pollo*
chicken breast   *la pechuga*
chicken leg or thigh   *el muslo*
chicken pox   *las viruelas*
chills   *los escalofríos*
chills and fever   *la fiebre intermitente*
choices   *las alternativas*
choke (of a car)   *el ahogador*
chop   *la chuleta*
Christmas   *la Navidad*
Christmas Eve   *la víspera de Navidad,*
              la Nochebuena
cigarette   *el cigarrillo*
citizen   *el (la) ciudadano(a)*
to claim (pick up)   *recoger, reclamar*
classroom   *la sala de clase, el aula (f)*
to clean   *limpiar*
clear   *claro; (of the sky) despejado*
to clear   *aclarar; (of the weather) aclararse,*
         despejarse; (the table) quitar la mesa
to click on   *hacer clic*
clinic   *la clínica*
cloakroom   *el guardarropa, el vestuario*
clogged   *atascado*
closet   *el armario*
cloth   *el paño*
clothes   *la ropa*
clothing   *la ropa*
cloud   *la nube*
cloudiness   *la nubosidad*
cloudy (overcast)   *nublado*
clutch   *el embrague, el cloche*
              to engage the clutch *embragar*
coat   *el abrigo, el gabán*
cockpit   *la cabina del piloto*
code   *el código, el pin*
coin   *la moneda*
cold   *frío*
cold (to have a cold)   *tener un catarro, tener un*
                       resfrío, tener un resfriado,
                       estar resfriado, estar
                       constipado
collect call   *la llamada de cobro revertido,*
              la llamada de cargo reversible
colon   *el colon*

to comb (one's hair)   *peinarse*
comb-out   *el peinado*
comedy   *la comedia*
come in   *¡pase Ud.!, ¡adelante!*
coming from (of a plane or a train)   *procedente de*
commission   *la comisión*
committee   *el comité*
communism   *el comunismo*
communist   *el (la) comunista*
compartment   *el compartimiento*
compound fracture   *la fractura complicada*
computer   *la computadora, el ordenador*
    desktop computer *la computadora de escritorio*
    laptop computer   *la computadora portátil*
    personal computer   *la computadora personal*
to concede   *ceder*
concierge   *el (la) conserje*
conductor   *el revisor, el recogedor de billetes*
              (boletos), el controlador,
              el cobrador
conference   *la reunión; (very large) el congreso*
confirmation   *la confirmación*
confirmation number   *el número (el código) de*
                       confirmación
congestion   *la congestión*
congress   *el congreso*
congressman (woman)   *el (la) diputado(a) al*
                       congreso
connection   *la conexión*
consent   *el consentimiento*
conservatism   *el conservatismo*
conservative   *el (la) conservador(a)*
consolidator   *el consolidador*
constipated   *estreñido*
constitution   *la constitución*
container   *el envase*
continue   *seguir (i,i), continuar*
contract   *el contrato*
control   *el control*
control key   *la tecla de control*
conveyor belt   *la correa*
to cook   *cocinar, asar, guisar, cocer (ue)*
cool   *fresco*
copy   *la copia*
to copy   *copiar*
cord   *la cuerda, el cordón*
cordless phone   *el teléfono inalámbrico*
corduroy   *la pana*
corkscrew   *el sacacorchos*
corner (of a street)   *la esquina; (of a room)*
                       el rincón
cotton   *el algodón*
cough   *la tos*

to cough *toser*
counter (in a store or office) *el mostrador*
country code *el prefijo del país*
course (in a school) *el curso*; (of a meal) *el plato*
course of study (curriculum) *el plan de estudios*
court *la corte, el tribunal*
cover *la tapa*
to cover *tapar*
to cover (territory) *recorrer*
crane *la grúa*
credit card *la tarjeta de crédito*
crew *la tripulación*
crime *el crimen, el delito*
cross country skiing *el esquí de fondo, el esquí nórdico*
cuff (of a shirt) *el puño*; (of pants) *el doblez, la basta*
cup *la taza*
curfew *el toque de queda*
curl *el rizo*
curly *rizado*
current *la corriente*
cursor key *la tecla de cursor*
curtain (in a theater) *el telón*; (in a home) *la cortina*
customs *la aduana*
customs agent *el (la) agente de aduana*
customs declaration *la declaración para la aduana, la declaración de aduana*
cut (haircut) *el corte (de pelo)*
to cut *cortar*
to cut off (telephone line) *cortarle a alguien la línea*
cutlet *la chuleta*
cyst *el quiste*

daily *diario*
daily newspaper *el diario*
daily schedule *el horario*
dairy store *la lechería*
dangerous *peligroso*
to darn (mend) *zurcir*
dashboard *el tablero de instrumentos*
data *los datos*
date *la fecha*
dawn *el amanecer*
day *el día*
day after tomorrow *pasado mañana*
day before yesterday *anteayer, antes de ayer*
day student *el (la) externo(a)*
dean *el (la) decano(a)*
death *la muerte*

December *diciembre*
declare *declarar*
to decrease *bajar*
deep-fried *frito, a la romana*
delay *la demora*
to delete *borrar*
deleted items *documentos eliminados, borrados*
deliberate *deliberar*
delicatessen *la charcutería, la fiambrería*
deliver (mail) *repartir*
delivery room (in a hospital) *la sala de partos*
democracy *la democracia*
democratic *democrático*
demostration *la manifestación*
denim *el algodón asargado, el hilo de saco, la tela de blue jean*
dent *la abolladura*
department *el departamento, el servicio*
departure *la salida*
deposit *el depósito*
to deposit *depositar, ingresar*
deputy (representative) *el (la) diputado(a)*
desk clerk *el (la) empleado(a)*
desktop screen *la pantalla de escritorio*
dessert *el postre, los dulces*
destination *el destino*
diabetes *la diabetes*
dial *el disco*
to dial (a telephone) *marcar, discar*
dial tone *la señal, el tono*
to dice (meat or vegetables) *picar*
dictator *el (la) dictador(a)*
dictatorship *la dictadura*
diet (of a government) *la dieta*; (for health reasons) *la dieta, el régimen*
diner (member of group dining together) *el (la) conmensal*
dining car *el coche comedor, el buffet*
dirty *sucio*
disc *el disco*
discuss *discutir*
disease *la enfermedad*
dishcloth (towel) *el paño, el secador*
dishrag *el estropajo, el fregador*
dishware *la vajilla*
dividend *el dividendo*
dizzy *mareado*
doctor (medical) *el (la) médico(a)*; (when speaking to a person with a doctorate) *doctor(a)*
doctorate *el doctorado*
doctor's office *la consulta del médico*
document *el documento*

domestic   *doméstico*; (relative to a flight) *nacional*

dormitory   *el dormitorio, el colegio mayor*

double bed   *la cama doble (de matrimonio)*

double room   *un cuarto doble, un cuarto de matrimonio, la habitación doble, la habitación de matrimonio*

doubles (tennis)   *los dobles*

to download (comp.)   *descargar, bajar*

down payment   *el pago inicial, el pie, el anticipo, el pronto*

dozen   *la docena*

downhill skiing   *el esquí alpino*

draft   *el borrador*

to drag (computer)   *arrastrar*

drain   *el desagüe*

to drain (dishes)   *escurrir*

drainboard   *el escurridero*

drama   *el drama*

drawer   *el cajón*

dress   *el vestido*

dressing gown   *la bata*

drinking water   *el agua potable*

to drip   *gotear*

to drive (computer)   *manipular*

driver   *el (la) conductor(a)*

driver's license   *el permiso de conducir, la licencia, el carnet*

to drizzle   *lloviznar*

to dry clean   *limpiar en seco*

dry cleaner's shop   *la tintorería*

dry cleaning   *la limpieza en seco*

dry oneself   *secarse*

dryer   *el secador*

dub (a film)   *doblar*

due date   *la fecha de vencimiento*

dusk   *el atardecer*

to dust   *quitar el polvo, limpiar el polvo*

duty (to be paid at customs)   *los impuestos*

dye job   *el tinte*

ear   *el oído, la oreja*

early   *temprano*

early morning hours   *la madrugada*

Easter   *la Pascua (Florida)*

economical   *económico*

economy class   *la clase económica*

egg   *el huevo*

eggbeater   *el batidor de huevos*

egg store   *la huevería*

to elect   *elegir (i,i)*

election   *la elección*

electrician   *el (la) electricista*

electric razor   *la máquina de afeitar*

electrocardiogram   *el electrocardiograma*

electronically   *electrónicamente*

electronic transaction   *transacción electrónica*

elementary school   *la escuela elemental, la escuela primaria*

elementary school teacher   *el (la) maestro(a)*

eliminate (computer)   *borrar, eliminar*

e-mail   *el e-mail, el correo electrónico*

embarkation   *el embarque*

emergency   *la emergencia*

emergency exit   *la salida de emergencia*

emergency room   *la sala de emergencia*

empty   *vacío*

to empty   *vaciar*

empty bottle (for return)   *el envase, el casco*

to endorse   *endosar*

end key   *la tecla de fin*

end player   *el ala (m or f)*

to enroll   *inscribir(se), matricularse*

enter (on stage)   *entrar en escena*

enterprise   *la empresa*

entertainment   *el entretenimiento, la diversión*

epilepsy   *la epilepsia*

escape key   *la tecla de escape*

eve   *la víspera*

exactly (time)   *en punto*

examine   *examinar*

examine with a stethoscope, examine by auscultation   *auscultar*

exchange   *el cambio*

to exchange   *cambiar*

exchange bureau   *la oficina de cambio*

exit   *la salida*

to exit   *salir*

expensive   *caro*

express (train)   *el (tren) expreso, el rápido*

extension   *la extensión, el anexo*

to face   *dar a*

face cloth   *el paño*

facilities   *los servicios*

faculty   *el profesorado*

to fail   *salir mal, ser suspendido*

failing (grade or mark)   *suspendido, suspenso, desaprobado, cate*

fair (grade or mark)   *regular, aprobado*

to fall asleep   *dormirse (ue,u)*

far   *lejos*

fare   *la tarifa, el pasaje*

farther on   *más allá, para arriba*

fascism   *el fascismo*

fascist   *el (la) fascista*

to fasten   *abrochar*
faucet   *el grifo, la llave, el robinete, la pluma*
February   *febrero*
fender   *el guardafango, la aleta*
fever   *la fiebre*
field (course where a game is played)   *el campo, la cancha*
file   *el archivo*
to file   *archivar*
to fill   *llenar*
to fill out   *llenar*
to fill up   *llenar*
financial statement   *el estado financiero*
finger   *el dedo*
fingernail   *la uña*
firearm   *el arma de fuego*
fireplace   *la chimenea*
first aid kit   *el botiquín*
first class   *la primera clase*
first gear   *la primera velocidad*
fish   *el pescado*
fishbone   *la espina*
fish store   *la pescadería*
to fit   *caber*
to fit well (clothing)   *quedarle bien (a alguien)*
to fix   *reparar*
to fix up   *arreglar*
fixed menu   *el menú del día, el menú turístico, los platos combinados*
flannel   *la franela*
flashlight   *la linterna (eléctrica)*
flat tire   *el pinchazo, la llanta reventada, el neumático desinflado, la goma ponchada, la ponchadura*
flight   *el vuelo*
flight attendant   *el (la) asistente(a) de vuelo, el (la) aeromozo(a), la azafata*
flight time   *el tiempo de vuelo*
to float   *flotar*
to float (with hands behind the head)   *hacer la plancha*
floor   *el piso, el suelo; (first, second, etc. of a building) el piso, la planta*
floor lamp   *la lámpara de pie*
floppy disc   *el disco blando, el disquete*
flu   *la gripe*
fly (on pants)   *la bragueta*
to fly   *volar (ue)*
fog   *la niebla, la neblina*
folder   *la carpeta*
folding chair   *la silla plegable*
folding table   *la mesa plegable*
food   *los comestibles*

foot   *el pie*
football (the game)   *el fútbol*; (the ball) *el balón*
foot brake   *el freno de pie*
fork   *el tenedor*
form (to be filled out)   *el formulario*
forward   *adelante*; (adj.) *delantero*
foul   *el foul*
fowl   *las aves*
fragile   *frágil*
freedom   *la libertad*
freedom of speech   *la libertad de palabra*
freedom of the press   *la libertad de prensa*
freezer   *la congeladora*
frequent flyer   *pasajero frecuente*
fresh   *fresco*
Friday   *viernes*
fried   *frito*
frozen   *congelado*
fruit   *la fruta*
fruit (and vegetable) store   *la frutería, la verdulería*
fry   *freír (i,i)*
frying pan   *la (el) sartén*
full   *lleno, completo*
full coverage insurance   *el seguro contra todo riesgo, el seguro completo*
full room and board   *la pensión completa*
fuse   *el fusible*
fuse box   *el tablero de fusibles, el cuadro de fusibles*

gabardine   *la gabardina*
gallbladder   *la vesícula biliar, la vejiga de la bilis*
game   *el juego, el partido*
garbage   *la basura*
garbage can   *el basurero, el balde de basura, el cubo de basura*
gasoline   *la gasolina, la benzina*
gas station   *la gasolinera, la estación de servicio*
gas tank   *el tanque, el depósito*
gate (at an airport)   *la puerta*
gearshift   *la palanca*
gel   *el gel*
to get a doctorate   *doctorarse*
to get a master's degree   *licenciarse*
to get off   *bajar (se)*
to get on   *subir (se)*
to get up   *levantarse*
girdle   *la faja*
give   *dar*
give birth   *dar a luz, parir*
give me   *déme, póngame*

gland   *la glándula*
glass   *el vaso*; (with a stem) *la copa*
glove   *el guante*
glove compartment   *la guantera, la secreta, la cajuelita*
to go back (computer)   *regresar, retroceder*
to go down (a slope)   *bajar*
to go down (curtain in a theater)   *caer*
to go on line   *ir (entrar) en línea*
to go to bed   *acostarse (ue)*
to go up (curtain in a theater)   *levantarse*
goal   *la meta, el gol*
goal (area)   *la puerta, la portería*
goalie   *el (la) portero(a), el (la) guardameta*
going to   *con destino a*
golf   *el golf*
golf club   *el palo*
good (grade or mark)   *bueno*
goods   *los bienes*
government   *el gobierno*
governmental   *gubernamental*
grade (school mark)   *la nota, la calificación*; (grade level) *el grado*
to graduate   *graduarse*
gram   *el gramo*
gravy   *la salsa*
gravy boat   *la salsera*
grease job   *el engrase, la lubricación*
grilled   *a la parrilla, a la plancha, a la brasa*
groceries   *los abarrotes, los comestibles*
grocery store   *la tienda de abarrotes, la bodega, la tienda de ultramarinos, el colmado, la pulpería*
ground personnel   *personal de tierra (terrestre)*
guest   *el (la) convidado(a), el huésped*
gun   *la pistola*

to hail (weather)   *granizar*
hair   *el pelo, los cabellos*
haircut   *el corte*
hairdresser   *el (la) peluquero(a)*
hair dryer   *la secadora (para el pelo)*
hair spray   *la laca, el spray*
hammer   *el martillo*
hammock   *la hamaca*
hand   *la mano*
hand brake   *el freno de mano*
hand luggage   *el equipaje de mano*
to hand over   *entregar*
handkerchief   *el pañuelo*
handle   *el asa (f), el mango*
to hang up   *colgar (ue)*

hanger (for clothes)   *la percha, el gancho, el armador, el colgador*
hard copy   *una copia dura*
hard disc   *el disco duro*
hardware   *el hardware*
hat   *el sombrero*
hatcheck room   *el guardarropa, el vestuario*
head (part of the body)   *la cabeza*; (of lettuce, etc.) *el repollo*
headlight   *el faro, la luz, el foco*
headset (for listening to music)   *el juego de audífonos, el juego de auriculares*
heart   *el corazón*
heart attack   *el ataque al corazón*
heat   *el calor*
to heat   *calentar (ie)*
heel (of a shoe)   *el tacón*
hem   *el dobladillo*
hemorrhoids   *las hemorroides*
high beams   *las luces altas, las luces de carretera*
high school   *la escuela secundaria, la escuela preparatoria, el colegio, el liceo*
highway   *la carretera*
hip   *la cadera*
hold on! (don't hang up the phone)   *¡no cuelgue Ud.!*
hole (in the ground)   *el hoyo*; (in clothing, etc.) *el hueco*
holiday   *el día de fiesta, el día festivo*
home page   *página de inicio*
hood (of a car)   *el capó, el bonete*
hook   *el gancho*
horn   *la bocina, el claxon*
hors d'oeuvre   *el entremés*
hospital   *el hospital, la clínica*
hot   *caliente*
hour   *la hora*
house speciality (at a restaurant)   *la especialidad de la casa*
housework   *los quehaceres domésticos*
how long?   *¿cuánto tiempo?*
How much is (are) (at a food store)   *¿A cómo están (son)?; ¿A cuánto está(n)?*; (for clothing, ticket, etc.) *¿Cuánto cuesta(n)?*
hubcap   *el tapón, el tapacubo*
human   *humano*
human rights   *los derechos humanos*
humid   *húmedo*
humidity   *la humedad*

hurt *hacerle daño (a alguien); doler (ue)*
hysterectomy *la histerectomía*

icon *el icono*
illness *la enfermedad*
illuminated *iluminado*
immigration *la inmigración*
imperialism *el imperialismo*
impose *imponer*
in box *la bandeja de entradas*
in case of *en caso de*
in cash *al contado*
in favor of *en favor de*
in front of *delante de*
in installments *a plazos, a cuotas, con facilidades de pago*
in its juices *en su jugo*
in labor *de parto*
in neutral (car) *en neutro, en punto muerto*
in reverse (car) *en reverso(a), en marcha atrás, en retro*
in the back *por detrás*
included *incluido*
income *el ingreso, las rentas*
increase *subir*
inexpensive *económico*
injection *la inyección*
input *la entrada*
input key *la tecla de entrada*
insert key *la tecla de insertar*
installment payment *la cuota*
installment plan *pagar a plazos*
insurance *los seguros*
insurance company *la compañía de seguros*
insurance policy *la póliza de seguros*
to insure *asegurar*
interest *el interés*
interest rate *la tasa de interés, el tipo de interés*
intermission *el intermedio*
intern *el (la) médico(a) residente*
international *internacional*
Internet *el (la) Internet, la red*
intersection *la bocacalle*
interventionism *el intervencionismo*
intestine *el intestino*
intravenous *intravenoso*
iodine *el yodo*
iron (for clothing) *la plancha*
to iron *planchar*
ironing *el planchado*

ironing board *la tabla de planchar*
isolationism *el aislacionismo*
it's ringing (telephone) *está sonando*

jacket *la chaqueta, el saco*
January *enero*
July *julio*
June *junio*
junk mail *correo no deseado*
junta *la junta*

keep *mantener*
key *la llave, la tecla*
keyboard *el teclado*
kick *dar una patada*
kidney *el riñón*
kilo(gram) *el kilo(grama)*
kinky *crespo*
kitchen *la cocina*
kitchen cabinet *la alacena*
kitchen stove *la cocina, la estufa*
knife *el cuchillo*
knocking (car) *golpeando*

label (for identification purposes) *la etiqueta*
labor pains *los dolores de parto*
lamb *el cordero*
lamp *la lámpara*
landing *el aterrizaje*
to land (a plane) *aterrizar*
lane (of a highway) *la banda, la pista, el carril, la vía*
last year *el año pasado*
late *tarde, con retraso*
later *más tarde*
laundry *el lavado*
laundry service *el servicio de lavado*
law *la ley*
lead (actor or actress in a play or movie) *el (la) protagonista*
leaded (gasoline) *con plomo*
leaking *goteando*
learn *aprender*
leather *el cuero*
to leave *salir*
to leave (something behind) *dejar*
lecture *la conferencia*
left *la izquierda*
leftist *el (la) izquierdista*
leg *la pierna*
letter *la carta*
letter carrier *el (la) cartero(a)*

liabilities   *los pasivos*
liberalism   *el liberalismo*
license (to drive a car)   *el permiso de conducir,*
                             la licencia, el carnet,
                             el título
license plate   *la placa, la matrícula*
lifeguard   *el (la) salvavidas, el (la) vigilante*
life vest (jacket)   *el chaleco salvavidas*
light   *la luz;* (of a car) *la luz, el faro, el foco*
light bulb   *la bombilla, el foco*
lighthouse   *el faro*
lightning   *el relámpago*
light switch   *el interruptor, la llave, el suiche*
line (of people)   *la fila, la cola*
(the) line is busy (telephone)   *la línea está ocupada*
(the) line is cutting out   *está cortando (la línea)*
lining   *el forro*
lit   *iluminado*
liver   *el hígado*
living room   *la sala, la sala de estar, el living*
loan   *el préstamo*
local   *local*
local call   *la llamada local, la llamada urbana*
local train   *el tren local, el tren ómnibus,*
               el tren de cercanías
lodged (staying)   *hospedado*
to log off   *cerrar la sesión*
long   *largo*
long distance   *de largo recorrido*
long-distance call   *la llamada de larga distancia,*
                      la conferencia
long term   *a largo plazo*
to look good (food)   *tener buena pinta*
lost   *perdido*
love (tennis)   *nada, cero*
low beams (car lights)   *las luces bajas, las luces*
                          de cruce
lower chamber   *la cámara baja*
luggage   *el equipaje*
luggage checkroom   *la consigna, la sala*
                     de equipaje
luggage stub   *el talón*
lung   *el pulmón*
luxurious   *de lujo*

magazine   *la revista*
maid   *la camarera*
mail   *el correo*
mailbox   *el buzón*
main   *principal*
main course   *el plato principal (fuerte)*
to major in   *especializarse en*
majority   *la mayoría*

to make a decision   *tomar una decisión*
to make a goal   *meter un gol, hacer un gol*
to make a motion   *presentar una moción*
to make a phone call   *hacer una llamada*
                        telefónica
to make the bed   *hacer la cama*
makeup (cosmetic)   *el maquillaje*
manicure   *la manicura*
man's suit   *el traje*
map (city)   *el plano*
March   *marzo*
mark (grade)   *la nota, la calificación*
market   *el mercado*
marketing   *el marketing, el mercadeo*
martial law   *la ley marcial*
marxism   *el marxismo*
master's degree   *la licenciatura*
match (to light something)   *el fósforo, la cerilla*
to match (go well with)   *hacer buen juego con*
to matriculate (register)   *matricularse*
mattress   *el colchón*
May   *mayo*
meal   *la comida*
measles   *el sarampión*
measurement   *la medida*
meat   *la carne*
medicine cabinet   *el botiquín*
medium (cooked)   *a término medio*
melt   *derretir (i,i)*
memory   *la memoria*
mend   *remendar (ie), coser*
menstrual period   *el período menstrual,*
la regla
mental illness   *la enfermedad mental*
menu   *el menú, la carta, la minuta*
message   *el recado, el mensaje*
mezzanine   *el entresuelo, el anfiteatro*
midnight   *la medianoche*
mileage (measured in kilometers)   *el kilometraje*
militarism   *el militarismo*
militarist   *el (la) militarista*
military person   *el (la) militar*
milk   *la leche*
milk (dairy) store   *la lechería*
ministry of agriculture   *el ministerio de agricultura*
ministry of communications   *el ministerio de*
                              comunicaciones
ministry of education   *el ministerio de instrucción*
   pública, el ministerio de educación
ministry of foreign affairs   *el ministerio de*
   estado, el ministerio de relaciones exteriores
ministry of the interior   *el ministerio de*
   gobernación, el ministerio del interior

ministry of justice   *el ministerio de justicia*
ministry of labor   *el ministerio de trabajo*
ministry of the treasury   *el ministerio de hacienda, el ministerio de la tesorería*
minority   *la minoría*
minute   *el minuto*
mirror   *el espejo*
misfiring (of a car)   *fallando*
to miss (a person)   *echar de menos*
to miss (a shot in a ball game)   *fallar*
to miss (a train, etc.)   *perder (ie)*
modem   *el módem, el modulador*
monarch   *el (la) monarca*
monarchism   *el monarquismo*
monarchist   *el (la) monarquista*
monarchy   *la monarquía*
Monday   *lunes*
money   *el dinero*
money order   *el giro postal*
month   *el mes*
monthly payment   *el pago mensual*
mop   *el estropajo*
morning   *la mañana*
mortgage   *la hipoteca*
motion   *la moción*
mountain   *la montaña*
mouse   *el ratón*
mouse pad   *la alfombrilla*
mouth   *la boca*
movie (film)   *la película, el filme*
movie theater   *el cine*
muffler   *el silenciador*
mumps   *las paperas*
murder   *el homicidio*
murderer   *el asesino*
musical   *musical*
musical comedy   *la comedia musical*
musical revue   *la revista musical*
mustache   *el bigote*

nail (of finger or toe)   *la uña*
nail polish   *el esmalte*
napkin   *la servilleta*
narrow   *estrecho*
narrow guage   *de vía estrecha*
national   *nacional*
near   *cerca de*
nearby area   *las cercanías*
neck   *el cuello*
necktie   *la corbata*
net   *la red*
net ball (tennis)   *el net*
neutral (gear)   *en neutro, en punto muerto*

newspaper   *el periódico*
New Year's   *el Año Nuevo*
New Year's Eve   *la víspera del Año Nuevo, la Nochevieja*
night   *la noche*
night table   *el velero, la mesa de noche*
no-smoking section   *la sección de no fumar*
no-smoking sign   *la señal de no fumar, el aviso de no fumar*
nonstop (flight)   *sin escala*
noon   *el mediodía*
notebook   *el cuaderno, el bloc*
November   *noviembre*
nurse   *el (la) enfermero(a)*
nursery school   *la escuela de párvulos*
nylon   *el nilón*

obstetrician   *el (la) obstétrico (a)*
October   *octubre*
oil   *el aceite*
on a slow flame   *a fuego lento*
on business   *de negocios*
on the other side   *al otro lado, de la otra acera*
on the top   *arriba*
on time   *a tiempo*
one-way   *de sentido único, de dirección única, de vía única*
one-way (ticket)   *sencillo*
to open   *abrir*
operate (perform surgery)   *operar, hacer una intervención quirúrgica*
operation (surgical)   *la operación, la intervención quirúrgica*
operating room   *la sala de operaciones, el quirófano*
operating table   *la mesa de operaciones*
operator (telephone)   *el (la) operador (a), el (la) telefonista*
opposite   *opuesto, contrario*
opposition   *la oposición*
orchestra (section of a theater)   *el patio, la platea*
orthopedic surgeon   *el (la) cirujano(a) ortopédico(a)*
out of order (service)   *fuera de servicio*
outbox   *la bandeja de salidas*
outdoors   *afuera*
output   *la salida*
outskirts   *las afueras*
outstanding (grade or mark)   *sobresaliente*
ovary   *el ovario*
oven   *el horno*
overcoat   *el abrigo*

overdone (cooked too much)   *demasiado hecho,*
        demasiado cocido
overhead compartment   *el compartimiento sobre*
        la cabeza (superior)
to overheat (a car)   *calentarse (ie) demasiado*
oxygen   *el oxígeno*
oxygen mask   *la máscara de oxígeno*
oxygen tent   *la tienda de oxígeno*

package   *el paquete*
pair   *el par*
panties   *los panties, los calzones, las bragas*
pantry   *la despensa*
pants   *el pantalón*
pants suit   *el traje pantalón*
paper ticket   *el boleto convencional (de papel)*
to pare   *pelar*
to park   *estacionar, aparcar, parquear*
parka   *el anorak*
parliament   *el parlamento*
part (hair)   *la raya*
partner   *el socio*
partnership   *la asociación, la sociedad colectiva*
party   *la fiesta, la tertulia; (political party)*
        el partido político
party (phone)   *el interlocutor*
passenger   *el (la) pasajero(a)*
passing (fair, of a grade or mark)   *aprobado,*
        regular
passing through   *de paso*
passport   *el pasaporte*
passport control   *el control de pasaportes*
password   *la contraseña, la palabra de paso*
patient   *el (la) paciente, el (la) enfermo (a)*
to pay   *pagar*
pedicure   *la pedicura*
penicillin   *la penicilina*
penknife   *el cortaplumas, la navaja*
people (of a country)   *el pueblo*
people of legal age   *los mayores de edad*
pepper   *la pimienta*
pepper shaker   *el pimentero*
period   *el período*
permanent wave   *la ondulación permanente,*
        el ondulado permanente
perpetrator   *el autor*
person killed   *el asesinado*
person-to-person call   *la llamada de persona*
        a persona
personal effects   *los efectos personales*
to phone   *telefonear, hacer una llamada telefónica*
phone book (directory)   *la guía telefónica, la*
        guía de teléfonos
physical   *físico*

to pick up (luggage)   *recoger, reclamar;*
    (telephone receiver)   *descolgar (ue)*
pickpocket   *el carterista*
picture (painting)   *el cuadro*
picture frame   *el marco*
pill   *la pastilla, la píldora, el comprimido*
pillow   *la almohada, la cobija*
pillowcase   *la funda*
pilot   *el piloto, el comandante, el capitán*
pin   *el pin*
pistol   *la pistola*
to pitch (a tent)   *armar*
place setting   *el cubierto*
plate (dish)   *el plato*
plate warmer   *el calientaplatos*
platform   *el andén*
to play   *jugar (ue)*
to play the role   *hacer el papel*
player   *el (la) jugador(a)*
plebiscite   *el plebiscito*
plenary session   *la sesión plenaria*
plug   *el enchufe*
plug (stopper)   *el tapón*
to plug in   *enchufar*
plumber   *el (la) fontanero(a),*
        el (la) plomero(a)
plumbing (pipes)   *la cañería*
pocketbook   *el bolso, la cartera*
point   *el punto*, (in a game) *el tanto*
pole   *el palo, el mástil*
police officer   *el agente de policía, el policía*
police station   *la comisaría*
policy   *la póliza, la política*
polio   *la poliomielitis*
to polish   *pulir*
political   *político*
politics (political policy)   *la política*
polka dot   *el lunar, la bolita*
polyp   *el pólipo*
pony tail   *la cola de caballo*
postage   *el franqueo*
postcard   *la tarjeta postal, la postal*
post office   *el correo, la casa de correos, la*
        oficina de correos
post office box   *el apartado postal, la cajilla*
        postal
pot   *la olla, la cazuela, la cacerola, la caldera,*
    el pote
precipitation   *la precipitación*
pregnant   *encinta, embarazada, preñada*
preparatory school   *la escuela preparatoria,*
        la prepa
to prescribe   *recetar*
to present   *dar, poner, presentar*

president   *el (la) presidente(a)*
to press (button)   *pulsar, oprimir;* (clothing) *planchar*
price   *el precio*
prime minister   *el (la) primer(a) ministro(a)*
principal of a school   *el (la) director(a)*
print   *imprimir*
printer   *la impresora*
private   *privado, particular*
profit   *las ganancias, las rentas*
profitable   *rentable*
prognosis   *la prognosis, el pronóstico (el prognóstico)*
program   *el programa*
progressivism   *el progresismo*
to protect   *proteger*
pulse   *el pulso*
pupil   *el (la) alumno(a)*
programmer   *el programador*
purchaser   *el comprador*
push   *empujar, jalar (halar)*
push button phone   *el teléfono de a botones*
put in   *meter, introducir*
put on   *ponerse*
put in a cast   *enyesar, entablillar*
put through to (via telephone)   *poner con, comunicar con*

quorum   *el quórum*

racism   *el racismo*
racket   *la raqueta*
radiator   *el radiador*
radicalism   *el radicalismo*
radio   *la radio*
radiologist   *el (la) radiólogo(a)*
radiology   *la radiología*
railroad   *el ferrocarril*
railroad station   *la estación de ferrocarril*
rain   *la lluvia*
to rain   *llover (ue)*
raincoat   *el impermeable, la gabardina, el encauchado*
rainy   *lluvioso*
to raise   *subir*
rape   *la violación sexual*
rare (in cooking)   *casi crudo, poco asado*
razor   *la navaja*
razor cut   *el corte a navaja*
to reach   *alcanzar*
reading   *la lectura*
ready   *listo*
rear   *trasero*
receipt   *el recibo*

receiver (addressee)   *el (la) destinatario(a)*
receiver (of a telephone)   *el auricular, la bocina*
reception   *la recepción*
to reclaim   *reclamar, recoger*
recommend   *recomendar (ie)*
to reconcile   *conciliar*
record   *el disco*
recovery room   *la sala de recuperación*
rector   *el (la) rector(a)*
referendum   *el referéndum*
refrigerator   *el refrigerador, la nevera*
refund   *el reembolso*
regime   *el régimen*
registration form   *el formulario*
regular mail   *el correo regular*
to remain   *permanecer*
to rent   *alquilar*
to repair   *reparar*
repairs   *las reparaciones*
to report (crime)   *denunciar*
requirement   *el requisito*
reservation   *la reservación, la reserva*
to reserve   *reservar*
to respond   *responder*
restriction   *la restricción*
results   *los resultados*
retail   *al por menor, al detal (detalle)*
retailer   *el detallista*
restaurant   *el restaurante*
to return (from somewhere)   *volver (ue), regresar;* (something) *devolver (ue)*
return key   *la tecla de retorno (regreso), de retroceder*
reverse (gear)   *en reverso(a), en retro, en marcha atrás*
to ride the waves   *montar las olas, correr las olas*
right (direction)   *la derecha;* (political) *la derecha;* (legal, etc.) *el derecho*
right to vote   *el derecho al voto*
rightist   *el (la) derechista*
ring   *el sonido, el timbre*
to ring   *sonar (ue)*
to roast   *asar*
robber   *el ladrón*
robbery   *el robo*
rock   *la roca*
roller (for hair)   *el rulo*
room   *el cuarto, la habitación*
room service   *el servicio de cuartos (habitaciones)*
rough (sea)   *agitado, turbulento, revuelto*
round trip   *de ida y regreso, de ida y vuelta*
route of flight   *la ruta de vuelo*
row   *la fila*

rubber   *la goma, el caucho*
rug   *la alfombra*
to run through   *recorrer*
rush hour   *la hora de mayor afluencia*

safety   *la seguridad*
sailboat   *el velero*
saint's day   *el santo, el día de santo*
salad   *la ensalada*
salad bowl   *la ensaladera*
sales representative   *el vendedor*
salt   *la sal*
salt shaker   *el salero*
salty   *salado*
sample   *la muestra, la prueba*
sand   *la arena*
sandal   *la sandalia, la zapatilla, la alpargata*
Saturday   *sábado*
saucer   *el platillo*
to sautée   *saltear*
to save   *ahorrar, guardar*
savings account   *la cuenta de ahorros*
savings book (passbook)   *la libreta*
scale   *la balanza, la báscula*
scanner   *el explorador, el scaner*
scarf   *la bufanda*
scattered   *disperso*
scene   *la escena*
schedule   *el horario*
scholarship   *la beca*
school   *la escuela*; (division of a university)
   la facultad
school book   *el libro escolar, el libro de texto*
school desk   *el pupitre*
school opening   *la apertura de curso*
scissors   *las tijeras*
score   *el tanto*
to score   *marcar*
scoreboard   *el tablero indicador, el cuadro
   indicador*
scratch   *el rayón*
screen   *la pantalla, el monitor*
to scrub   *fregar (ie)*
scrub rag   *el estropajo, el fregador*
to scuba-dive   *bucear*
sea   *el mar*
seafood   *el pescado*
seafood market   *la pescadería*; (for shellfish)
   la marisquería
sea resort   *el balneario*
sealed bag   *la bolsa sellada*
to search (computer)   *navegar*
seat   *el asiento*; (in a theater) *la localidad*
seat (in a front row of a theater)   *la delantera*

seat back   *el respaldo*
seat bed   *la butaca-cama*
seat pocket   *el bolsillo del asiento*
second   *el segundo*
to second a motion   *apoyar una moción*
secondary   *secundario*
security check   *el control de seguridad*
self check in   *la autofacturación*
senate   *el senado*
senator   *el (la) senador(a)*
send   *enviar, mandar*
sender   *el(la) remitente*
sent items   *documentos enviados*
separatism   *el separatismo*
September   *septiembre*
serious   *serio, grave*
to serve   *servir (i,i)*
service   *el servicio*
serviceman (woman)   *el (la) militar*
serving platter   *la fuente*
set   *el juego*; (in tennis) *el set*
set (hair)   *el peinado, el rizado, el marcado*
to set (a broken bone)   *ensalmar, acomodar;
   (the table) poner
   la mesa*
to set a price   *fijar un precio*
sew   *coser*
shampoo   *el champú*
to shave   *afeitar*
shaving soap   *el jabón de afeitar*
sheet (for a bed)   *la sábana*
shellfish   *el marisco*
to shift (gears)   *cambiar de velocidad*
shirt   *la camisa*
shoe   *el zapato*
shoelace   *el cordón, el pasador*
shoe polish   *el betún, el lustre*
shoot (a film)   *rodar (ue)*
shore   *la orilla*
short pants   *los pantalones cortos*
short term   *a corto plazo*
shot   *el tiro*
show   *la función, el espectáculo*
shower (rain)   *el aguacero, el chubasco,
   el chaparrón*; (to wash oneself)
   la ducha
to shove   *empujar*
to shrink   *encogerse*
to shut down (computer)   *apagar*
side   *el lado*
sideboard (buffet, credenza)   *el aparador*
sideburn   *la patilla*
sign   *el letrero, el aviso, la señal*
to sign   *firmar*

silk   *la seda*
single room   *el cuarto sencillo, la habitación sencilla*
singles (in tennis)   *los singles, los individuales*
sink   *el fregadero; la pila, la pileta, el resumidero;* (in the bathroom) *el lavamanos, el lavabo*
size (clothing)   *la talla;* (shoes) *el número;* (in general) *el tamaño*
ski   *el esquí*
ski lift   *el telesquí*
ski pole   *el bastón*
ski resort   *la estación de esquí*
skier   *el esquiador*
skirt   *la falda*
to sleep   *dormir (ue, u)*
sleeping bag   *el saco de dormir*
sleeping car (on a train)   *el coche cama*
sleeve   *la manga*
slice   *la tajada, la loncha, la lonja, la rebanada, la raja, la rueda*
slip (half-slip)   *las enaguas; la combinación*
slipper   *la zapatilla*
slope   *la pista*
slot   *la ranura*
smoked   *ahumado*
snack   *la merienda*
sneaker   *el zapato de tenis*
snow   *la nieve*
to snow   *nevar (ie)*
snowstorm   *la nevasca, la nevada*
soap   *el jabón*
soap dish   *la jabonera*
soap powder   *el polvo de lavar, el jabón en polvo*
soccer   *el fútbol*
socialism   *el socialismo*
sock   *el calcetín, la media*
socket   *el enchufe*
sodium pentothal   *el pentotal sódico*
sofa   *el sofá*
soft disc   *el disco blando, el disquete*
sold out (all gone)   *agotado*
sole (of a shoe)   *la suela*
soup   *la sopa*
soup bowl   *la sopera*
soup spoon   *la cuchara*
spare   *de repuesto, de refacción*
spare parts   *los repuestos, las refacciones*
spark plug   *la bujía*
spectator   *el (la) espectador(a)*
speed   *la velocidad*
speedometer   *el velocímetro*
spend the summer   *veranear*
spike   *la estaca*

spit curl   *el bucle*
sponge   *la esponja*
sport   *el deporte*
to sprain   *torcer (ue)*
stage   *el escenario*
stain (spot)   *la mancha*
to stall   *calarse, morirse (ue, u)*
stamp   *la estampilla, el sello*
stamp machine   *la distribuidora automática*
to stamp the feet   *patear*
starch   *el almidón*
to start   *empezar (ie), comenzar (ie);* (a car) *poner en marcha, arrancar, prender*
to start up (computer)   *prender, encender*
starter   *el arranque*
statement   *el estado*
static   *los parásitos*
steak   *el biftec, el bistec*
steamed   *cocido al vapor*
steering wheel   *el volante*
stem glass   *la copa*
stereophonic music   *la música estereofónica*
stewed   *guisado, estofado*
to stitch   *tomar puntos, suturar*
stock   *la acción*
stockholder   *el (la) accionista*
stocking   *la media*
stomach   *el estómago*
stool (feces)   *las heces*
stop   *la parada;* (on a plane) *la escala*
to stop   *parar*
stopper   *el tapón*
to store   *almacenar*
store   *la tienda*
storm   *la tempestad, la tormenta, el temporal;* (a sudden windstorm that brings a rapid change in weather) *la ráfaga*
stormy   *tempestuoso*
straight   *derecho*
straight hair   *el pelo liso, el pelo lacio*
to strain   *colar (ue)*
strainer   *el colador, la cernidera*
street   *la calle*
street corner   *la esquina*
stretcher   *la camilla (rodante)*
striped   *a rayas, rayado*
student   *el alumno(a), el (la) estudiante*
subtitle   *el subtítulo*
suede   *el ante, la gamuza*
sugar   *el azúcar*
sugar bowl   *el azucarero*
suggest   *sugerir (ie, i)*
suit (man's)   *el traje*
suitcase   *la maleta, la valija*

sultry   *bochornoso*

sun   *el sol*

to sunbathe   *tomar el sol*

sun block   *la bloqueadora, la crema protectora*

sunburned   *quemado, tostado*

Sunday   *domingo*

sunglasses   *las gafas para el sol, los anteojos de sol*

sunny   *soleado*

supermarket   *el supermercado*

surfboard   *la plancha de deslizamiento, la tabla hawaiana*

surgeon   *el (la) cirujano(a)*

sweater   *el suéter*

to sweep   *barrer, escobar*

sweet   *dulce*

to swim   *nadar*

swimming pool   *la piscina, la alberca, la pila*

switchboard   *la central*

swollen   *hinchado*

symptom   *el síntoma*

synthetic material or fabric   *la tela sintética*

system   *el sistema*

table   *la mesa*

tablecloth   *el mantel*

tablespoon   *la cuchara*

tailor   *el (la) sastre*

take (in the sense of time)   *tardar;* (a bath) *bañarse, tomar un baño;* (into consideration) *tomar en consideración;* (notes) *tomar apuntes;* (a shower) *ducharse, tomar una ducha*

takeoff   *el despegue*

to take a shoe size   *calzar*

to take off   *quitar;* (of an airplane) *despegar*

to take out   *quitar, sacar;* (in the sense of withdraw) *quitar, retirar*

tan   *bronceado, tostado*

tank   *el tanque, el depósito*

tanning lotion   *la bronceadora*

tape   *la cinta*

tax   *el impuesto*

taxable   *gravable*

teach   *enseñar*

team   *el equipo*

teaspoon   *la cucharita*

technical problem   *el problema técnico*

telephone   *el teléfono*

telephone book   *la guía telefónica, la guía de teléfonos*

telephone booth   *la cabina de teléfono*

telephone call   *la llamada telefónica*

telephone card   *la tarjeta telefónica*

telephone number   *el número de teléfono*

telephone operator   *el (la) operador(a), el (la) telefonista*

telephone receiver   *el auricular, la bocina*

telephone switchboard   *la central*

television   *la televisión*

teller   *el (la) cajero(a)*

teller's window   *la ventanilla*

temperature   *la temperatura*

tennis   *el tenis*

tennis court   *la cancha de tenis*

tennis racket   *la raqueta (de tenis)*

tent   *la tienda (de campaña), la carpa*

terminal   *la terminal*

terrorism   *el terrorismo*

terrorist   *el (la) terrorista*

test   *el examen, la prueba*

theater   *el teatro*

theater seat   *la butaca, la localidad*

theater ticket   *la entrada, la localidad*

theater ticket window   *la taquilla*

thermos   *el termo*

thief   *el ladrón*

thigh   *el muslo*

throat   *la garganta*

to throw   *tirar*

thunder   *el trueno*

to thunder   *tronar (ue)*

thunderstorm   *la tronada*

Thursday   *jueves*

ticket   *el boleto, el billete;* (for the theater) *la entrada, la localidad*

ticket window (at a train station)   *la ventanilla;* (at a theater) *la taquilla*

to tie   *atar, amarrar;* (the score) *empatar*

tide   *la marea*

tied (score)   *empatado*

tile   *el baldosín, la baldosa, el azulejo*

tip   *la propina*

tire   *la llanta, la goma, el neumático, el caucho*

tobacco   *el tabaco*

today   *hoy*

toe   *el dedo (del pie)*

toenail   *la uña*

toilet   *el retrete, el inodoro* (Please see Chap. 8.)

toilet paper   *el papel higiénico*

token   *la ficha*

toll   *el peaje, la cuota*

toll booth   *la caseta de peaje, la cabina de peaje, la garita de peaje*

tomorrow   *el mañana*

tomorrow morning   *mañana por la mañana*

tonsils   *las amígdalas*
tool bar (computer)   *la barra de herramientas*
tooth   *el diente*
toothpaste   *la pasta dentífrica, el dentífrico*
top balcony (of a theater)   *el gallinero,
                                 el paraíso*
total   *el total, el monto*
touch screen   *pantalla táctil*
tough (meat)   *duro*
tourism   *el turismo*
tourist card   *la tarjeta de turista*
tournament   *el torneo*
to tow   *remolcar*
tow truck   *el remolque*
towel   *la toalla*
towel rack   *el toallero*
trade   *comerciar*
traffic   *el tráfico, el tránsito, la circulación*
traffic light   *el semáforo, la luz de tráfico*
tragedy   *la tragedia*
trailer   *la casa-remolque*
train   *el tren*
train ticket   *el boleto, el billete*
train station   *la estación de ferrocarril*
tranquilizer   *el tranquilizante, el calmante*
transit passengers   *los pasajeros en tránsito*
to trash (computer)   *borrar*
trashed items   *documentos borrados*
traveler's check   *el cheque de viajero*
tray   *la bandeja*
trim (of hair)   *el recorte*
to trim (hair)   *recortar*
trunk   *el baúl; (of a car) el baúl, la cajuela,
           la maletera*
to try   *tratar de, intentar*
tuberculosis   *la tuberculosis*
Tuesday   *martes*
tuition   *los derechos de matrícula*
tune-up (of a car)   *la afinación*
to turn   *doblar*
turn around   *dar la vuelta*
turn off (the light)   *apagar (la luz)*
to turn on (the light)   *poner (la luz), encender
                           (ie) (la luz)*
turn signal (on a car)   *el (la) intermitente,
                           el direccional*
turnpike   *la autopista, la autovía*
twin-bedded   *con dos camas*

ulcer   *la úlcera*
umpire   *el árbitro*
under   *debajo de*
underpants   *los calzoncillos*

undershirt   *la camiseta*
undertow   *la contracorriente, la resaca*
underwear   *la ropa interior*
to undress   *desvestirse (i,i)*
unexpected   *inesperado*
unicameral   *unicameral*
uniform   *el uniforme*
university   *la universidad*
unleaded (gasoline)   *sin plomo*
unstable (changeable)   *inestable*
unstitched   *descosido*
upper and lower chambers (Spain)   *las Cortes*
upper chamber   *la cámara alta*
uprising   *la sublevación*
urine   *la orina*
user   *el usuario*
usher   *el (la) acomodador(a)*

to vacate (a hotel room)   *abandonar*
to vacuum   *aspirar*
vacuum cleaner   *la aspiradora*
veal   *la ternera*
vegetable   *la legumbre, el vegetal, la verdura*
venereal disease   *la enfermedad venérea*
Venetian blind   *la persiana*
very good (grade or mark)   *notable*
vibrating   *vibrando*
victim   *la víctima*
video   *el vídeo*
to view   *visualizar*
virus   *el virus*
visa   *el visado, la visa*
voltage   *el voltaje*
vote   *el voto*
to vote   *votar*
vote of confidence   *el voto de confianza*

waist   *la cintura*
waiter   *el mesero, el camarero*
waiting room   *la sala de espera*
walk   *andar, caminar, ir a pie*
wall   *la pared*
wallet   *la cartera*
wall-to-wall carpeting   *la moqueta*
warm   *caliente*
wash   *el lavado*
to wash   *lavar*
washbasin   *el lavabo, el lavamanos*
washing machine   *la lavadora*
water   *el agua (f)*
water ski   *el esquí acuático*
to water-ski   *esquiar en el agua, hacer el
                 esquí acuático*

wave   *la ola, la onda*
weather   *el tiempo*
weather forecast   *el pronóstico meteorológico,*
                   el prognóstico meteorológico
Wednesday   *miércoles*
week   *la semana, ocho días*
weekday   *el día de entre semana*
weekend   *el fin de semana*
to weigh   *pesar*
weight   *el peso*
to welcome aboard   *dar la bienvenida abordo*
well done (in cooking)   *bien hecho, bien asado,*
                         bien cocido
wheel   *la rueda*
wheelchair   *la silla de ruedas*
whiskey   *el whisky*
whistle   *el silbato*
wholesale   *al por mayor*
wholesaler   *el mayorista*
Who's calling?   *¿De parte de quién?*
wide   *ancho, amplio*
win   *ganar*
wind   *el viento*
window   *la ventana;* (small) *la ventanilla*
windshield   *el parabrisas*
windshield wiper   *el limpiaparabrisas*
windsurf board   *la tabla de vela*
wine list   *la lista de vinos, la carta de vinos*
wing   *el ala* (f)

to withdraw   *quitar;* (money from an account)
              retirar
wool   *la lana*
word processing   *el procesamiento de textos*
work (labor)   *el trabajo;* (of art) *la obra*
to work   *trabajar;* (be in working order)
          funcionar
workday   *el día laborable*
worsted   *el estambre*
wound   *la herida*
to wrap   *envolver* (ue)
wrinkle   *la arruga*
wrinkle-resistant material   *la tela inarrugable*
wrist   *la muñeca*
wrong number   *el número equivocado*

x-ray   *el rayo equis, la radiografía*
to x-ray   *tomar unos rayos equis,*
           radiografiar

year   *el año*
yesterday   *ayer*

zarzuela (a Spanish musical comedy or
   operetta)   *la zarzuela*
zip code   *la zona postal, el código postal*
zipper   *la cremallera*

Glossary: Spanish—English
Glosario: español—inglés

¿A cómo están (son)? How much is (are)? (usually with food)

a corto plazo short term

a cuadros checked (of clothing or fabric)

¿A cuánto está(n)? How much is (are)? (usually with food)

a eso de about

a fines de around the end of

a fuego lento on a slow flame

a la brasa grilled (usually over coals)

a la parrilla grilled

a la plancha grilled (usually on a flat surface)

a la romana deep-fried

a largo plazo long term

a mediados de around the middle of

a plazos in installments, on time (with payments)

a principios de around the beginning

a rayas striped (with clothing or fabric)

a término medio medium (cooking preparation)

a tiempo on time

a últimos de around the end of

abandonar to leave, vacate (hotel room)

los abarrotes groceries

abdominal abdominal

la abolladura dent

abordar to board, get on

el abrebotellas bottle opener

el abrelatas can opener

el abrigo overcoat

abril April

abrir to open

abrochar to fasten

acampar to camp, go camping

acceder al e-mail access e-mail

la acción stock

el (la) accionista stockholder

el aceite oil

el acelerador accelerator

el (la) acomodador(a) usher

acomodar to set (a bone)

los activos assets

el acto act

el actor actor

la actriz actress

actuar to act

acostarse (ue) to go to bed

adelante ahead ¡adelante! come in !

la aduana customs

el (la) aduanero(a) customs' agent

el (la) aeromozo(a) flight attendant

el aeropuerto airport

afeitar to shave

afeitarse to shave oneself

la afinación tune-up

afuera outside

las afueras outskirts

el (la) agente agent

el agente de policía police officer

agitado rough

agosto August

agotado all gone, sold out

el agua (f) water

el agua potable drinking water

el aguacero shower

el ahogador choke (in a car)

ahorrar to save (money, etc.)

ahumado smoked

el aire air

el aire acondicionado air conditioning

el aislacionismo isolationism

al contado in cash, in one lump sum

al detal (detalle) retail

al por mayor wholesale

al por menor retail

el ala (f) wing; end (player in a football game)

la alacena kitchen cabinet

la alberca swimming pool

alcanzar to reach

la alcoba bedroom

la alergia allergy

la aleta fender

la alfombra rug, carpet

la alfombrilla mouse pad

la alfombrilla de baño bath mat

el algodón cotton

el algodón asargado denim

almacenar to store

el almidón starch
la almohada pillow
alquilar to rent
la alternativa option
la altura altitude
el (la) alumno(a) pupil
el amanecer dawn
amarrar to tie
la ambulancia ambulance
las amígdalas tonsils
amplio wide
el análisis analysis, test
la anestesia anesthesia
el (la) anestesista anesthetist
ancho wide
andar to walk
el andén platform
el anexo extension
el anfiteatro mezzanine
el anochecer dusk, nightfall
el anorak parka
el ante suede
anteayer the day before yesterday
los anteojos de sol sunglasses
el antibiótico antibiotic
el anticlericalismo anticlericalism
anular to cancel
el año year
el Año Nuevo New Year
el año pasado last year
el año que viene next year
apacible calm
apagar to turn off (a light), (comp.) shut down
el aparador sideboard, buffet; credenza
aparcar to park
el apartado post office box
el apéndice appendix
la apendicitis appendicitis
el aperitivo aperitif
la apertura de curso the beginning of classes, the opening of school
aplaudir to applaud
apoyar una moción to second (support) a motion
aprender to learn
aprobado passing, approved (grade or mark)
aprobar (ue) to approve
el (la) árbitro(a) umpire, referee
archivar to file
el archivo file
la arena sand
el arma blanca weapon with a blade; *de fuego* firearm
el armador hanger

armar to pitch, to put up (a tent)
el armario closet
arrancar to start (a car)
el arranque starter
arrastrar to drag
arreglar to fix, fix up, arrange
arriba on the top, up
la artritis arthritis
asado roasted
asado al horno baked
el asalto assault
asar to roast
asegurar to insure
el asesino murderer
el asiento seat
el (la) asistente(a) de vuelo flight attendant
asistir a to attend
el asma (f) asthma
la asociación partnership
la aspiradora vacuum cleaner
aspirar to vacuum
el atado bunch
el ataque attack
el ataque al corazón heart attack
atar to tie
atascado clogged, stopped up
el aterrizaje landing (of a plane)
aterrizar to land
el audífono earphone
el aula (f) classroom
el auricular telephone receiver, earphone
el autobús bus
autocrático autocratic
la autofacturación self check-in
la autopista superhighway, turnpike
el autor perpetrator
la avenida avenue
la avería breakdown (of a car)
las aves fowl
el aviso de no fumar no-smoking sign
ayer yesterday
la azafata flight attendant
el azúcar sugar
el azucarero sugar bowl

el bachillerato bachelor's degree
bajar to get off (as a bus); to go down, descend; to decrease; (comp.) to download
el balcón balcony
el balde de basura garbage can
la baldosa tile
el baldosín small tile
el balneario bathing resort
el balón ball (of a larger size such as football)

el baloncesto basketball
el banco bank
la banda lane (of a highway)
la bandeja tray
la bandeja de entradas in box
  de salidas outbox
el bañador bathing suit
bañarse to bathe, to take a bath
la bañera bathtub
el baño bath
la barba beard
la barra de herramientas tool bar
barrer to sweep
la báscula scale
el básquetbol basketball
la basta cuff (on pants)
el bastón pole, cane
la basura garbage
el basurero garbage can
la bata dressing gown, beach wrap
la bata de baño bathrobe
la batería battery
el batidor de huevos eggbeater
la batidora mixer, blender
el baúl trunk, trunk of a car
la beca scholarship
el betún shoe polish
la biblioteca library; set of bookshelves
bicameral bicameral
bien asado well done (of meat, in comparison
  to rare)
bien cocido well done (of meat, in comparison
  to rare)
los bienes goods
el biftec (*bistec*) steak
el bigote mustache
el billete ticket; banknote, bill; *de ida y vuelta*
  round trip, *de ida solo* one way;
  electrónico electronic; *de papel*
  paper
el billete de gran valor large bill, banknote of
  high denomination
blando soft
el bloc writing pad
el bloque block of a street
la bloqueadora sun screen
los blue jeans blue jeans
la blusa blouse
la boca mouth
la bocacalle intersection
la bocina horn; phone receiver
bochornoso sultry
la bodega grocery store
la bola ball (small like a golf ball)

el boleto ticket,
el boleto ticket, *de ida y regreso* round trip,
  de ida solo one way; *electrónico*
  electronic; *de papel* paper
el bolígrafo ballpoint pen
la bolita polka dot
la bolsa bag
la bolsa sellada sealed bag
el bolsillo pocket
el bolsillo del asiento seat pocket (on an
  airplane)
el bolso pocketbook
la bombilla light bulb
el bonete hood (of a car)
el borrador draft
borrar to erase, scratch, (comp.) trash
la bota boot
el bote can
el botiquín medicine cabinet, first aid kit
el botón button
el botones bellhop
las bragas panties
la bragueta fly (on pants)
el brazo arm
brincar to bounce
bronceado tan(ned)
la bronceadora tanning lotion
bucear to scuba-dive
el bucle spit curl
la bufanda scarf
el buffet dining car, snack car
la bufetería buffet car
la bujía spark plug
la butaca armchair; seat in a theater
la butaca-cama seat that makes into a bed
el buzón mailbox

la cabaña cabin
caber to fit
la cabina de peaje toll booth
la cabina de teléfono telephone booth
la cabina del piloto cockpit
la cacerola type of pot
la cadera hip
la caducidad expiration
caerse to fall down
la caja box; cashier's counter or window
el (la) cajero(a) cashier
el cajero automático ATM
el cajón drawer
la cajuela trunk of a car
la cajuelita glove compartment
calarse to stall
el calcetín sock

calcular to calculate
la calefacción heat, heating system
calentar (ie) to heat, to warm up
calentar demasiado to overheat
el calientaplatos plate warmer
la calificación grade, mark
calmado calm
el calmante tranquilizer
calmo calm
el calor heat
caluroso warm, hot
los calzoncillos underpants, briefs
los calzones panties
la calle street
la cama bed
la cámara alta upper house, upper chamber
la cámara baja lower house, lower chamber
la cámara de diputados chamber of deputies,
                   House of Representatives
la camarera maid
el (la) camarero(a) waiter (waitress)
cambiar to change, exchange, cash (a check)
cambiar de avión to change planes
cambiar de velocidad to shift gears
el cambio change (when breaking a large bill into
         smaller bills; see also *vuelto, vuelta,*
         suelto); exchange, exchange rate
la camilla stretcher
caminar to walk
la camisa shirt
la camiseta undershirt, T shirt
el cámper camper
el camping camping site
el campo country; playing field, course
el canal channel
la canasta basket
el cáncer cancer
el canciller chancellor
la cancha playing field, course
el candelabro candelabra
canjear to cash (a check)
la cañería plumbing, pipes
el capacho basket, pannier
el capó hood of a car
cargar to charge
el cargo charge
la carne meat
la carnicería butcher shop
caro expensive
la carpeta folder
la carretera highway
el carril lane (of a highway)
el carrito cart

el carro car
la carta letter
la carta de vinos wine list
la cartera briefcase, wallet, pocketbook
el (la) carterista pickpocket
el (la) cartero(a) letter carrier
el cartucho bag
el casco empty bottle to be returned
la caseta de peaje toll booth
casi crudo rare (pertaining to cooking)
las cataratas cataracts (in eyes)
el catarro cold (illness)
cate failing grade or mark
el caucho rubber, tire
la cazuela type of pot
ceder to concede
centígrado Celsius (centigrade)
la central switchboard
cepillarse to brush
el cepillo brush
cerca near
la cerilla match (for lighting something)
la cernidera strainer
cero zero; love (in tennis)
cerrar la sesión (comp.) log off
el cesto basket
el cierre zipper
el cigarrillo cigarette
el cine movie house, cinema
la cinta tape
la cintura waist
el cinturón belt
la circulación traffic
el (la) cirujano(a) surgeon
el (la) cirujano(a) ortopédico(a) orthopedic
                       surgeon
el (la) ciudadano(a) citizen
la clase económica economy class (on an
                    airline)
la clase ejecutiva business class
la clave de área area code
el claxon horn of a car
la clínica clinic, hospital
el cloche clutch
la cobija blanket
cobrar to charge
cobrar un cheque to cash a check
cocer (ue) to cook
cocido al vapor steamed
la cocina kitchen; kitchen stove; cuisine
cocinado(a) cooked
cocinar to cook
el coche car; car of a train

el coche cama   sleeping car
el coche comedor   dining car
el código de área   area code
el código de barra   bar code
el código de confirmación   confirmation
number
coger puntos   to stitch
la cola   line (of people)
la cola de caballo   pony tail
el colador   strainer
colar (ue)   to strain (in food preparation)
la colcha   bedspread
el colchón   mattress
el colchón neumático   air mattress
el colegio   secondary school
el colegio mayor   dormitory
colgar (ue)   to hang, to hang up
el colmado   grocery store
el colon   colon
el (la) comandante   captain, commander, pilot
la combinación   slip (women's underwear); blend
(of fabrics)
la comedia   comedy
comerciar   to trade, do business
el comercio   business
los comestibles   food
la comida   meal, food
la comisaría   police station
la comisión   commission
el comité   committee
la cómoda   bureau, chest of drawers
la compañía   company
la compañía de aviación   airline
la compañía de seguros   insurance company
el compartimiento   compartment
el compartimiento sobre la cabeza   overhead
compartment
completo   full, completely occupied
el comprador   buyer, purchaser
el comprimido   pill
comprobar (ue)   to check
la computadora   computer; *de escritorio*
desktop computer; *personal*
personal computer; *portátil*
laptop computer
comunicar (se) (con)   to communicate with,
put through to, connect
el comunismo   communism
el (la) comunista   Communist
con   with
conciliar   to reconcile
con destino a   to (destination), going to
con plomo   leaded (of gasoline)

con retraso   late
la conexión   connection
la conferencia   lecture; long-distance phone call
la confirmación   confirmation
congelar   to freeze
la congeladora   freezer
la congestión   congestion
el congreso   congress; convention
el (la) conmensal   member of a group dining
together
el consejo de ministros   cabinet (of a president
or prime minister)
el consentimiento   consent
el (la) conserje   concierge
la conserjería   concierge desk
conservador   conservative
la consigna   luggage checkroom
el consolidador   consolidator
constipado   (with *estar*) to have a cold
la constitución   constitution
la consulta del médico   doctor's office
la contabilidad   accounting
el contable   accountant
la contestación   answer
la contracorriente   undertow
contrario   contrary, opposite
la contraseña   password
el contrato   contract
el control   control
el control de pasaportes   passport control
el control de seguridad   security control
el (la) convidado(a)   guest
la copa   stem glass
la copia dura   hard copy
copiar   to copy
el corazón   heart
la corbata   necktie
el cordero   lamb
el cordón   shoelace
la correa   conveyor belt
el correo   mail; post office; local train that makes
many stops
el correo certificado (recomendado)   certified
mail
el correo electrónico   e-mail
el correo no deseado   junk mail
la corriente   current
el corte a navaja   razor cut
el cortaplumas   penknife
cortar   to cut, dice
cortarle a alguien la línea   to cut off (a telephone
call)
el corte   cut (such as a haircut)

la corte court
las Cortes upper and lower houses of the Spanish parliament
la cortina curtain
coser to sew
la crema protectora sunblock
la cremallera zipper
crespo kinky
el crimen crime
crudo raw, rare
el cuaderno notebook
la cuadra block (of a street)
cuadrado checked
el cuadro picture, painting
el cuadro de fusibles fuse box
el cuadro indicador scoreboard
¿Cuánto tiempo? How long? (pertaining to time)
el cuarto room (of a house); bedroom
el cuarto de baño bathroom (please see Chap. 8)
el cuarto doble double room
el cuarto sencillo single room
el cubierto place setting; cover charge
el cubo de basura garbage pail
el cubrecama bedspread, quilt
la cuchara tablespoon
la cucharita teaspoon
el cuchillo knife
el cuello neck
la cuenta check, bill, account
la cuenta corriente checking account
la cuenta de ahorros savings account
la cuerda cord, rope
el cuero leather
el cumpleaños birthday
la cuota toll; installment payment
el curso course
el cursor cursor
el chaleco salvavidas life vest
el champú shampoo
el chaparrón rain shower
la chaqueta jacket
la charcutería delicatessen
charlar to chat
el cheque check
el cheque de viajero traveler's check
chequear to check
la chequera checkbook
la chimenea fireplace
el chubasco rain shower
la chuleta cutlet, chop

dar a to face
dar a luz to give birth
dar la bienvenida to welcome

dar la vuelta to turn around
dar una lección to give a lesson, to teach
dar una patada to kick
los datos data
de of, from
de dirección única one-way (street)
de ida y regreso round trip
de ida y vuelta round trip
de lujo luxurious
de negocios on business
de nuevo again
¿De parte de quién? Who's calling?
de parto in labor
de paso (with *estar*) passing through
de repuesto spare
de vía estrecha narrow gauge
debajo de under
el (la) decano(a) dean
la declaración de (para la) aduana customs declaration
declarar to declare
el dedo finger
el dedo del pie toe
dejar to leave (something behind)
delante de in front of
la delantera seat in a front row of a theater
delantero forward
deliberar to deliberate
el delito crime
demasiado hecho overcooked
la democracia democracy
la demora delay
el dentífrico toothpaste
denunciar to report a crime
el departamento department, apartment
el deporte sport
depositar to deposit
el depósito deposit; tank
la derecha right (direction and political orientation)
el (la) derechista person with right-wing political leanings
el derecho right (civil, legal, etc.)
el derecho al voto right to vote
los derechos de matrícula tuition
los derechos humanos human rights
derretir (i,i) to melt
el desagüe drain
desaprobado failing (mark or grade)
el desayuno breakfast
el descansabrazos arm rest
descargar (computer) to download
descolgar (ue) to pick up (receiver of a telephone)
la descompostura breakdown

descompuesto broken
descosido unstitched
despegar to take off (of an airplane)
el despegue takeoff
despejado clear (describing the sky)
despejarse to clear, to clear up (of weather)
la despensa pantry
el despertador alarm clock
el destapador bottle opener
el (la) destinatario(a) addressee
el destino destination
desvestirse (i,i) to undress
el detallista retailer
devolver (ue) to return (something)
el día day
el día de entre semana weekday
el día de santo saint's day
el día festivo holiday
el día laborable workday
la diabetes diabetes
diciembre December
el (la) dictador(a) dictator
la dictadura dictatorship
la dieta diet (government body); diet
    (food regimen)
el dinero money
el dinero en efectivo cash
el diputado deputy, representative
el (la) diputado(a) al congreso representative
        to Congress (U.S.)
la dirección direction; address
el (la) direccional turn signal
el (la) director(a) principal (of a school);
    director
discar to dial
el disco dial (of a telephone), record; disc,
    record
  blando soft disc, floppy disc;
  duro hard disc
discutir to discuss, to argue
disperso scattered
disponible available
el disquete soft disc, floppy disc
la distribuidora automática automatic
             dispensing machine
la diversión entertainment
el dividendo dividend
el dobladillo hem
doblar to dub (a film); to fold
los dobles doubles (in tennis)
el doblez cuff (on pants)
la docena dozen
el doctorado doctorate degree
doctorarse to get a doctorate

el documento document
    adjunto attachment
    borrado trashed item
    eliminado eliminated item
    enviado sent item
el dolor pain, grief, sorrow
los dolores de parto labor pains
domingo Sunday
dormir (ue, u) to sleep
dormirse (ue, u) to fall asleep
el dormitorio bedroom
el drama drama
la ducha shower
ducharse to take a shower
dulce sweet
el dulce candy
duro hard, tough

económico economical, inexpensive
las elecciones elections
el (la) electricista electrician
el electrocardiograma electrocardiogram
electrónicamente electronically
elegir (i, i) to elect
eliminar eliminate, erase
el e-mail e-mail
embarazada pregnant
el embarque embarkation, boarding
embragar to engage the clutch
el embrague clutch
la emergencia emergency
empatado tied (score)
empezar (ie) to begin
la empresa enterprise
empujar to push, shove
en barco by boat
en caso de in case of
en contra against
en favor in favor
en punto exactly (with time expressions)
en retro in reverse
en reverso(a) in reverse
las enaguas half-slip (apparel)
el encauchado raincoat
encender (ie) to burn, to light
encinta pregnant
encogerse to shrink
enchufar to plug in
el enchufe plug
el enchufe hembra socket
endosar to endorse
enero January
la enfermedad illness, disease
la enfermedad mental mental illness

la enfermedad venérea venereal disease
el (la) enfermero(a) nurse, patient
el engrase grease job (on a car)
enmendar (ie) to amend
la enmienda amendment
la ensalada salad
la ensaladera salad bowl
ensalmar to set (a bone)
enseñar to teach
entablillar to put in a cast
la entrada entrance; ticket (for a theater or movie); input (computer)
entrar en escena to enter on stage
entregar to hand over, to turn in
el entremés hors d'oeuvre, appetizer
el entresuelo mezzanine
el entretenimiento entertainment
el envase container; an empty bottle to be returned
enviar to send
envolver (ue) to wrap
enyesar to put in a cast
la epilepsia epilepsy
el equipaje baggage, luggage
el equipaje de mano hand luggage
el equipo team
la escala stop (on an airplane)
el escalamiento breaking and entering
el escalofrío chill
la escena scene, stage
el escenario scenery, stage
la escoba broom
escobar to sweep
la escuela school
la escuela de párvulos nursery school
la escuela preparatoria prep school
la escuela primaria elementary school
la escuela secundaria secondary school
el escurridero drainboard
escurrir to drain
el esmalte nail polish
la espalda back (of a person)
la especialidad de la casa house specialty
especializarse to specialize, to major in
el espectáculo show
el (la) espectador(a) spectator
el espejo mirror
la espina fishbone
la esponja sponge
el esquí ski, skiing; *alpino* down hill skiing; *de fondo* cross-country skiing; *nórdico* cross-country skiing
el esquí acuático water skiing

esquiar en el agua to water-ski
la esquina corner (of a street)
la estaca spike
la estación season; station
la estación de esquí ski resort
la estación de ferrocarril railroad station
la estación de servicio service station, gas station
estacionar to park
el estado bancario bank statement; *financiero* financial statement
estallarse to break (rather violently)
el estambre worsted
la estampilla stamp
está comunicando the line is busy
el estante bookshelf
estofado stewed
el estómago stomach
estrecho narrow
estreñido constipated
el estropajo dishrag, mop
estropeado broken
el (la) estudiante student
la estufa kitchen stove
la etiqueta label
el examen exam
examinar to examine
la extensión extension
el (la) externo(a) day student
extraer to extract, to take out

la factura bill
la facturación check-in
facturar to check (luggage, a parcel, etc.)
la facultad school (division of a university)
la faja girdle
la falda skirt
fallar to miss (a shot), (said also of a car engine)
el faro headlight, lighthouse
el fascismo fascism
febrero February
la fecha date
la fecha de caducidad expiration date
la fecha de vencimiento due date
la ficha token
la fiebre fever
la fiebre intermitente chills and fever
la fila line, row
el fin de semana weekend
firmar to sign
físico physical
la flecha arrow
la flema congestion
flotar to float

el foco light bulb; headlight
la fogata bonfire
el (la) fontanero(a) plumber
el formulario form (to fill out)
el forro lining (of clothing)
el fósforo match (to light something)
el foul foul (in a game)
la fractura complicada compound fracture
frágil fragile
la franela flannel
el franqueo postage
la frazada blanket
el fregador dishrag
el fregadero sink (in a kitchen)
fregar (ie) to wash the dishes, to scrub
freír (i,i) to fry
frenar to put on the brakes
el freno brake
el freno de mano hand brake
el freno de pie foot brake
fresco cool, fresh
frío cold
la frisa blanket
frito fried
la fruta fruit
la frutería fruit and vegetable store
la fuente serving platter
fuera de servicio out of order
la función show
funcionar to work, to be in working condition
la funda pillowcase, bag
fundido blown out (as a light bulb or fuse)
el fusible fuse
el fútbol soccer

el gabán coat
la gabardina gabardine, raincoat
el gabinete cabinet
las gafas eyeglasses
las gafas para el sol sunglasses
la galería gallery, balcony (of a theater)
el gallinero top balcony of a theater
la gamuza suede
las ganancias profit
ganar to earn, to win
el gancho hook, hanger
la garita de peaje toll booth
la garganta throat
el gas butano butane gas
la gasolina gasoline
la gasolinera gas station
el gel gel
el gemelo cuff link

el giro postal money order
la glándula gland
el gobierno government
golpeando knocking (of a car engine)
la goma rubber, tire
la gorra cap
la gorra de baño bathing cap
goteando leaking, dripping
grabar (computer) to burn; to record
grado grade (level)
graduarse to graduate
el gramo gram
granizar to hail (weather)
gravable taxable
grave serious
el grifo faucet, tap
la gripe flu
la grúa crane
el grupo sanguíneo blood type
el guante glove
la guantera glove compartment
el guardafango fender
el (la) guardameta goalie
el guardarropa checkroom, cloakroom
la guía telefónica (guía de teléfonos) telephone directory
guisar to cook
guisado stewed
el guiso stew

la habitación room, bedroom
la habitación doble double room
la habitación sencilla single room
hacer to do, to make
hacer la cama to make the bed
hacer clic to click on
hacerle daño (a alguien) to hurt, to harm (someone)
hacer el esquí acuático to water-ski
hacer un gol to make a goal
hacer una intervención quirúrgica to perform surgery
hacer juego con to match
hacer una llamada to make a call
hacer el papel to play the part, to play the role
hacer la plancha to float with one's hands behind the head
la hamaca hammock
el hardware hardware
las heces feces
las hemorroides hemorrhoids, piles
la herida injury
hervir (ie, i) to boil

el hígado   liver
el hilo de saco   denim
hinchado   swollen
la hipoteca   mortgage
la histerectomía   hysterectomy
la hoguera   bonfire
la hoja de balance   balance sheet
la hora   hour, time
la hora de mayor afluencia   rush hour
el horario   schedule, timetable
el (la) hornillo(a)   burner (of a stove)
el horno   oven
la horquilla   bobby pin
hospedado   lodged, staying at
el hospital   hospital
hoy   today
el hoyo   hole (in the ground)
el hueco   hole (in cloth, etc.)
el hueso   bone
el huésped   guest
la huevería   egg store
la humedad   humidity
húmedo   humid

el icono   icon
la identidad gubernamental   government
    identity
iluminado   lit, illuminated
el imperialismo   imperialism
el impermeable   raincoat
imponer   to impose
la impresora   printer
imprimir   to print
los impuestos   taxes, duty (at customs)
incluido   included
los individuales   singles (in tennis)
inestable   unstable, changeable
ingresar   to deposit (e.g., money in a bank)
iniciar el funcionamiento   to boot (computer)
la inmigración   immigration
el inodoro   toilet
inscribir   to enroll
intentar   to try
el interés   interest
el interlocutor   party (on telephone line)
el intermedio   intermission
el (la) intermitente   turn signal
internacional   international
el (la) Internet   Internet
el (la) interno(a)   boarding student
el interruptor   light switch
la intervención quirúrgica   operation, surgery
el intestino   intestine, bowel
invitados   guests

la inyección   injection
ir a pie   to go on foot, to walk
ir en línea   to go on line
la izquierda   left (direction and political
    orientation)
el (la) izquierdista   leftist, person with leftwing
    political leanings

el jabón   soap
el jabón de afeitar   shaving soap
el jabón en polvo   soap powder
la jabonera   soap dish
el juego   game, match, set
el juego de audífonos   set of earphones, headset
jueves   Thursday
el (la) jugador(a)   player
jugar (ue)   to play
julio   July
junio   June
la junta   junta
la junta directiva   Board of Directors

el kilo(gramo)   kilo(gram)

la laca   hair spray
lacio   straight
el lado   side
el ladrón   thief
la lámpara   lamp
la lámpara de pie   floor lamp
la lana   wool
la lancha   boat, launch
el (la) lapicero(a)   ball point pen
largo   long
la lata   can
el latrocinio   armed robbery
el lavabo   washbasin, sink (in the bathroom)
el lavadero   sink
el lavado   wash, laundry
la lavadora   washing machine
la lavadora (de platos, de vajilla)   dishwasher
el lavamanos   washbasin, sink (in the bathroom)
lavar   to wash
lavar en seco   to dry clean
lavarse   to wash oneself
la lectura   reading
la leche   milk
la lechería   dairy store
la legumbre   vegetable
lejos   far
el letrero   sign
levantarse   to get up; to go up (of the curtain
    at a theater)
la ley   law

la ley marcial martial law
el liberalismo liberalism
la libertad freedom
la libertad de palabra freedom of speech
la libertad de prensa freedom of the press
la librería bookstore; bookcase
la libreta passbook (for a savings account)
el libro de texto textbook
la licencia license, driver's license
licenciarse to get a master's degree
la licenciatura master's degree
el liceo secondary school
el limpiaparabrisas windshield wiper
limpiar to clean
limpiar el polvo to dust
limpiar en seco to dry clean
la limpieza en seco dry cleaning
la línea line
la linterna (eléctrica) flashlight
el líquido liquid
el líquido de frenos brake fluid
liso straight
la lista de vinos wine list
listo ready
el living living room
la localidad theater seat or ticket
la loncha slice
la lonja slice
la lubricación lubrication
las luces altas high beams
las luces bajas low beams
las luces de carretera high beams
las luces de cruce low beams
las luces intensas high beams
lunes Monday
el lunar polka dot
la luz light, headlight
la (el) llamada(o) call
la llamada con cobro revertido collect call
la llamada de cargo reversible collect call
la llamada de larga distancia long-distance call
la llamada de persona a persona person-to-person call
la llamada interurbana toll call
la llamada local local call
la llamada telefónica telephone call
la llamada urbana local call
llamar to call
llamar por teléfono to call on the telephone
la llanta tire
la llave key, light switch, faucet
la llegada arrival
llenar to fill, to fill up, to fill out
lleno full

llevar to take, to carry, to wear
llevar a la ebullición to bring to the boiling point
llover (ue) to rain
lloviznar to drizzle
la lluvia rain
lluvioso rainy

la madrugada early morning hours
el (la) maestro(a) elementary school teacher
los mahones blue jeans
la maleta suitcase
la maletera trunk of a car
el maletero book bag, briefcase, baggage handler
el maletín small suitcase, briefcase
la mancha spot, stain
mandar to send
la manga sleeve
el mango handle
la manicura manicure
la manifestación demonstration (usually political)
manipular to drive (computer)
el manojo bunch
la manta blanket
el mantel tablecloth
mantener to keep, to maintain, to stay
el mantequero butter dish
la mantequilla butter
la mantequillera butter dish
la manzana block (of a street)
la mañana morning
mañana por la mañana tomorrow morning
mañana tomorrow
el maquillaje makeup (cosmetics)
la máquina de afeitar electric shaver
el mar sea
marcar to dial
el marco picture frame
(en) marcha atrás in reverse (gear)
la marea tide
mareado seasick, airsick, dizzy
el mareo sea or airsickness
el marisco shellfish
la marisquería seafood market
martes Tuesday
el martillo hammer
el marxismo Marxism
marzo March
más allá farther on
más tarde later
la máscara de oxígeno oxygen mask
la materia subject
la matrícula matriculation, license plate
matricularse to matriculate, register

el matrimonio   married couple

mayo   May

el (la) mayor de edad   one who is of legal age

la mayoría   majority

el mayorista   wholesaler

la medianoche   midnight

las medias   stockings

el (la) médico(a)   medical doctor

la medida   measurement

el mediodía   noon

la mejilla   cheek

el mensaje   message

la memoria   memory

el menú   menu

el menú del día   full menu, tourist menu

el mercadeo   marketing

el mercado   market

la merienda   snack

el mes   month

la mesa   table

la mesa de operaciones   operating table

la mesa plegable   folding table

el (la) mesero(a)   waiter, waitress

la meta   goal

meter   to put in

meter un gol   to make a goal

miércoles   Wednesday

el (la) militar   serviceman (woman)

el militarismo   militarism

el ministerio de agricultura   ministry of agriculture

el ministerio de comunicaciones   ministry of communications

el ministerio de educación   ministry of education

el ministerio de estado   ministry of state

el ministerio de gobernación   ministry of the interior

el ministerio de hacienda   ministry of the treasury

el ministerio de instrucción pública   ministry of education

el ministerio del interior   ministry of the interior

el ministerio de justicia   ministry of justice

el ministerio de relaciones exteriores   ministry of foreign affairs

el ministerio de trabajo   ministry of labor

la minoría   minority

la minuta   menu

el minuto   minute

la moción   motion

la mochila   backpack

el módem   modem

el modulador   modem

el (la) monarca   monarch

el monarquismo   monarchism

el (la) monarquista   monarchist

la moneda   coin

el moño   bun (hair)

la montaña   mountain

montar las olas   ride the waves

el monto pedido   amount requested

la moqueta   wall-to-wall carpeting

morir (ue, u)   to die; (of a car) to stall

morirse (ue, u)   to stall (of a car)

el mostrador   counter

el móvil   mobile, cell phone

el mozo   bellhop, porter

la muerte   death

la muestra   sample

las muletas   crutches

la muñeca   wrist

la música estereofónica   stereophonic music

el muslo   thigh (leg of a chicken)

nacional   national, domestic

nada   nothing; love (in tennis)

nadar   to swim

la navaja   razor; penknife

navegar (computer)   to search

la Navidad   Christmas

la neblina   fog

el net   net ball (in tennis)

el neumático   tire

neutro   neutral

la nevada   snowfall, snowstorm

nevar (ie)   to snow

la nevasca   snowstorm

la niebla   fog

la nieve   snow

el nilón   nylon

¡No cuelgue Ud.!   Hold on! Don't hang up!

la noche   night

la Nochebuena   Christmas Eve

la Nochevieja   New Year's Eve

la nota   mark, grade

notable   very good (grade or mark)

noviembre   November

la nube   cloud

la nubosidad   cloudiness

nublado   cloudy, overcast

el número   number; size (for shoes)

el número de confirmación   confirmation number

el número de teléfono   telephone number

el número equivocado   wrong number

la obra   work (of art)
la obra musical   musical composition
el (la) obstétrico(a)   obstetrician
octubre   October
ocupado   busy, occupied
la oficina   office
la oficina de cambio   exchange bureau
el oído   ear
la ola   wave
la olla   type of pot
la ondulación permanente   permanent (wave)
el ondulado (permanente)   permanent (wave)
la operación   operation
el (la) operador(a)   operator
operar   to operate
la oposición   opposition
oprimir   to press
opuesto   opposite
el ordenador   computer
la orilla   shore
la orina   urine
el ovario   ovary
el oxígeno   oxygen
el (la) oyente   auditor (of a course)

el (la) paciente   patient
pagar   to pay, pay for
pagar a plazos   to pay in installments
pagar al contado   to pay cash, pay in one lump sum
la página de inicio (inicial)   home page
el pago   payment
el pago inicial   initial payment, down payment
el pago mensual   monthly payment
la palabra de paso   password
la palanca   gearshift
el palco   box seat
el palo   pole; golf club
la pana   corduroy; breakdown
la panadería   bread store, bakery shop
el panel de fusibles   fuse panel, fuse box
el pantalón   pants
los pantalones cortos   short pants
la pantalla   screen
la pantalla de escritorio (comp.)   desktop
la pantalla táctil   touch screen
los panties   panties
el paño   cloth
el pañuelo   handkerchief
el papel higiénico   toilet paper
las paperas   mumps
el paquete   package, parcel
el par   pair

el parabrisas   windshield
el parachoques   bumper
la parada   stop
el paraíso   top balcony in a theater
los parásitos   static
el parasol   beach umbrella
parar   to stop; to block (a ball)
parir   to give birth
el parlamento   parliament
parquear   to park
particular   private
el partido   game
pasado mañana   day after tomorrow
el pasador   shoelace
el pasaje   fare, passage
el (la) pasajero(a)   passenger
el (la) pasajero(a) en tránsito   transit passenger
el (la) pasajero(a) frecuente   frequent flyer
el pasaporte   passport
la Pascua (Florida)   Easter
¡Pase Ud.!   Come in!
el pasillo   aisle
el pasillo central   middle (center) aisle
los pasivos   liabilities
la pasta dentífrica   toothpaste
la pastelería   bakery, pastry shop
la pastilla   pill; bar (of soap)
patear   to stamp the feet
la patilla   sideburn
el patio   patio; orchestra (in a theater)
el peaje   toll
el pecho   chest
la pechuga   breast (of a chicken)
la pedicura   pedicure
peinarse   to comb one's hair
pelar   to pare, to peel
la película   film, movie
peligroso   dangerous
el pelo   hair
la pelota   ball
el (la) peluquero(a)   hairdresser
la penicilina   penicillin
la pensión completa   complete room and board
el pentotal sódico   sodium pentothal
la percha   hanger
perder (ie)   to lose; to miss (a bus, train, etc.)
el periódico   newspaper
el período menstrual   menstrual period
permanecer   to remain, stay
el permiso de conducir   driver's license
el perpetrador   perpetrator
la persiana   venetian blind
el personal de tierra (terrestre)   ground personnel

pesar   to weigh
la pescadería   fish market
el pescado   fish
el peso   weight
picado   diced, minced
picar   to dice, to mince
el pie   foot; down payment
la pierna   leg
la pila   sink (in a kitchen); swimming pool; small battery
la píldora   pill
la pileta   sink (in a kitchen)
el piloto   pilot
el pimentero   pepper shaker
la pimienta   pepper
el pin   pin
el pinchazo   flat tire
la piscina   swimming pool
el piso   floor
la pista   runway; lane (of a highway); ski slope
la pistola   gun; pistol
la pizarra   chalkboard
el pizarrón   chalkboard
la placa   license plate
la plancha   iron (for ironing); flat grill
la plancha de deslizamiento   surfboard
el planchado   ironing
planchar   to iron, press
el plan de estudios   course of study, curriculum
el plano   city map
la platea   orchestra (in a theater)
platicar   to chat
el platillo   saucer
el plato   plate; course (of a meal), dish
el plato principal   main course
los platos combinados   tourist menu
la playa   beach
el plebiscito   plebiscite
el (la) plomero(a)   plumber
la pluma   faucet, tap, pen
poco asado   rare (of meat)
poco roja   medium rare (of meat)
el policía   police officer
la poliomielitis   polio
el pólipo   polyp
la política   politics; policy
político   political
la póliza   policy
el polvo de lavar   soap powder
el pollo   chicken
poner   to put, to turn on
poner con   to put through to (via telephone)
poner en marcha   to start

poner la luz   to turn on the light
poner la mesa   to set the table
ponerse   to put on (clothing)
póngame   give me
por detrás   in the back
por día   on a daily basis
por hora   an hour; hourly
por vía intravenosa   intravenously
por semana   weekly; on a weekly basis
el portalibros   book bag
portátil   portable
la portería   goal post
el (la) portero(a)   goalie
el postre   dessert
el precio   price
la precipitación   precipitation, rain
el prefijo del país   country code
preñada   pregnant
prender   to start up
la preparatoria   preparatory school
presentar una moción   to make a motion
presentarse   to check in
el (la) presidente(a)   president
la presión atmosférica   atmospheric pressure
la presión barométrica   barometric pressure
la presión del aire   air pressure
la presión sanguínea   blood pressure
el préstamo   loan
el (la) primer(a) ministro(a)   prime minister
la primera velocidad   first gear
principal   main
el problema   problem
procedente de   coming from
el procesamiento de textos   word processing
el profesorado   faculty
la prognosis   prognosis
el prognóstico (pronóstico)   prognosis; forecast
el programa   program
el programador   programmer
el pronóstico meteorológico   weather forecast
la propaganda   advertising
la propina   tip
el (la) protagonista   one with the lead role
proteger   to protect
la prueba   sample, test
la publicidad   advertising
el pueblo   town; all the people of a country
la puerta   door; goal post
pulir   to shine, to polish
el pulmón   lung
la pulpería   grocery store, general store
pulsar   to press
el pulso   pulse

el punto   point, stitch, suture
punto muerto   neutral gear
el puño   cuff (of a shirt or blouse)
el pupitre   school desk

quedarle bien (*a alguien*)   to fit (someone) well
los quehaceres   chores
los quehaceres domésticos   housework
quemarse   to burn out
el queso   cheese
el quirófano   operating room
el quiste   cyst
quitar   to take out, to withdraw
quitar el polvo   to dust
quitar la mesa   to clear the table
el quórum   quorum

el racismo   racism
el radiador   radiator
el radicalismo   radicalism
la radio   radio
la radiografía   x-ray
radiografiar   to x-ray
la radiología   radiology
el (*la*) *radiólogo*(*a*)   radiologist
la ráfaga   sudden windstorm accompanied by a
        cloud that brings a sudden change
        in weather
la ranura   slot
el rápido   express train
la raqueta   racket
el ratón   rat
la raya   part (in hair)
rayado   striped
el rayón   scratch (on car)
los rayos equis   x-rays
el recado   message
la recámara   bedroom
la recepción   reception or check-in area
el (*la*) *recepcionista*   receptionist
la receta   prescription
recetar   to prescribe
el recibo   receipt
reclamar   to reclaim, to pick up
el reclamo de equipaje   baggage claim
el (*la*) *recogedor*(*a*) *de billetes*   conductor
recoger   to collect, to pick up, to claim
la recogida de equipaje   baggage claim
recomendar (*ie*)   to recommend
recortar   to trim
el recorte   trim
recorrer   to run through, to cover (kilometers)
recto   straight, straight ahead

el (*la*) *rector*(*a*)   rector
la red   net, Internet, network
el redondo   round trip ticket
el reembolso   payback, refund
et referéndum   referendum
el refrigerador   refrigerator
el régimen   regime; diet
regresar   to return (from somewhere)
el regreso   return
regular   regular
los relámpagos   lightning
remendar (*ie*)   to mend
el (*la*) *remitente*   sender
remolcar (*ue*)   to tow
el remolque   tow truck
rentable   profitable
las rentas   profit, income
las reparaciones   repairs
reparar   to repair
repartir   to distribute; to deliver (e.g., mail)
el repollo   head (of lettuce, cabbage, etc.)
los repuestos   spare parts
el requisito   requirement
la resaca   undertow, hangover
la reserva   reservation
la reservación   reservation
reservar   to reserve
resfriado   cold (illness)
el resfrío   cold (illness)
el respaldo   back (of a seat or chair)
responder   to respond
el restaurante   restaurant
la restricción   restriction
el resultado   result
retirar   to withdraw (funds from an account)
el retrete   toilet (please see Chap. 8)
retroceder   to go back
reventarse (*ie*)   to break (of waves)
revisar   to check
la revista   magazine
la revista musical   musical revue
revuelto   rough, choppy (of the sea); scrambled
        (of eggs)
el rincón   corner (of a room)
el riñón   kidney
rizado   curly
el rizo   curl
la roca   rock
rodar (*ue*)   to shoot (a film)
romper   to break
la ropa   clothing
la ropa interior   underwear
la rueda   wheel; tire

el rulo hair roller
la ruta de vuelo route of flight; flight plan

sábado Saturday
la sábana bed sheet
el sacacorchos corkscrew
sacar to take, to take out; to buy
sacar un billete to buy a ticket
el saco jacket; bag
el saco de dormir sleeping bag
la sal salt
la sala large room, living room
la sala de clase classroom
la sala de emergencia emergency room
la sala de equipaje baggage room
la sala de espera waiting room
la sala de estar living room
la sala de operaciones operating room
la sala de partos delivery room
la sala de recuperación recovery room
salado salty
el saldo balance (in an account)
el salero salt shaker
la salida exit; departure; output (computer)
la salida de emergencia emergency exit
salir to leave; to depart
salir bien to turn out well; to succeed; to pass (an exam)
salir mal to fail
la salsera gravy boat
salteado sautéed
saltear to sautée
el (la) salvavidas lifeguard
la sandalia sandal
la sangre blood
el sarampión measles
la (el) sartén frying pan
el (la) sastre tailor
el secador dishcloth; dryer
la secadora para el pelo hair dryer
secar to dry
la sección section
la sección de no fumar no-smoking section
la secreta glove compartment
la seda silk
seguir (i,i) to follow
el segundo second
la seguridad safety; security
el seguro completo full-coverage insurance
el seguro contra todo riesgo full-coverage insurance
el sello stamp
el semáforo traffic light

la semana week
el senado senate
el (la) senador(a) senator
sencillo easy; one-way (of a ticket); single (of a hotel room)
el seno breast (of a human)
sentado seated
(de) sentido único one-way (of a street)
la señal sign; signal; dial tone
la señal de no fumar no-smoking light
la señal de ocupado busy signal
las señas address
el separatismo separatism
septiembre September
ser suspendido to fail
el servicio service, department
el servicio de cuartos (habitaciones) room service
el servicio de lavado laundry service
los servicios facilities
la servilleta napkin
servir (i,i) to serve
la sesión plenaria plenary session
el set set (in tennis)
el siglo century
el silbato whistle
el silenciador muffler
la silla chair
la silla de lona canvas chair
la silla de ruedas wheelchair
la silla plegable (portátil) folding chair
el sillón armchair
sin escala nonstop (flight)
sin plomo unleaded (of gasoline)
el síntoma symptom
el sistema system
la sobrecama bedspread
la sobremesa after-meal conversation, dessert
sobresaliente outstanding (mark or grade)
el socialismo socialism
el socio partner
la sociedad anónima corporation
la sociedad colectiva partnership
el sofá sofa
el sol sun
soleado sunny
el sombrero hat
sonar (ue) to ring
el sonido ring, sound
la sopa soup
la sopera soup bowl
el sostén brassiere
subir to go up; to climb on; to board

la sublevación uprising
el subtítulo subtitle
sucio dirty
la suela sole (of a shoe)
el suelo floor
el suelto change (in comparison to bills)
el suéter sweater
sugerir (ie, i) to suggest
el suiche switch
el supermercado supermarket
el suplemento supplement
suspendido failing; suspended
suspenso failing

el tabaco tobacco
la tabla de planchar ironing board
la tabla de vela wind sail board
la tabla hawaiana surfboard
el tablero de fusibles fuse box
el tablero (de instrumentos) dashboard panel
el tablero indicador scoreboard
el tacón heel
la tajada slice
el talón check, receipt, stub
el talonario checkbook
la talla size
el tanque tank
el tanto point, score
la tapa cover
tapar to cover
el tapacubo hubcap
el tapón stopper (for a sink); hubcap
la taquilla ticket window (at a theater or movie house)
tardar to take (time)
tarde late
la tarde afternoon
la tarifa fare
la tarjeta de crédito credit card
la tarjeta de embarque boarding card, boarding pass
la tarjeta de turista tourist card
la tarjeta postal postcard
la tarjeta telefónica telephone credit card
el tarro de basura garbage can
la tasa rate
la tasa de interés interest rate
la taza cup
el teatro theater
la tecla key; *de control* control key; *de cursor* cursor key; *de entrada* input key; *de escape* escape key; *de fin* end key; *de inicio* home key; *de insertar*

insert key; *de retorno* return key; *de retroceso* backspace key
el teclado keyboard
la tela fabric, material
la tela inarrugable wrinkle-resistant fabric or material
la tela sintética synthetic fabric
telefonear to telephone
el (la) telefonista telephone operator
el teléfono telephone; *celular* cellular phone; *de a botones* touchtone phone; *inalámbrico* cordless phone
el telesilla chair lift
la televisión television
el telón curtain (at a theater)
la temperature temperature
la tempestad storm
tempestuoso stormy
el temporal storm
temprano early
el tenedor fork
tener buena pinta to look good (especially for food)
el tenis tennis
la tensión arterial blood pressure
la terminal terminal; station
el termo thermos
la ternera veal
el terrorismo terrorism
el tiempo time; weather
el tiempo de vuelo flight time
la tienda store; tent
la tienda de abarrotes grocery store
la tienda de campaña tent
la tienda de oxígeno oxygen tent
la tienda de ultramarinos grocery store
las tijeras scissors
el timbre bell, ring
la tina bathtub
el tinte dye; dye job
la tintorería dry cleaner's shop
el tipo de interés interest rate
el tipo sanguíneo blood type
tirar to throw, to shoot
el tiro shot
la toalla towel
la toalla de baño bath towel
el toallero towel rack
el tobillo ankle
tomar apuntes to take notes
tomar el sol to sunbathe
tomar en consideración to take into consideration
tomar puntos to stitch (surgical)

tomar una decisión   to make a decision
el tono   dial tone
el toque de queda   curfew
torcer (ue)   to sprain
la tormenta   storm
el torneo   tournament
la tortera (tartera)   baking pan
la tos   cough
toser   to cough
tostado   tan
el total   total
el tráfico   traffic
la tragedia   tragedy
el traje   suit
el traje de baño   bathing suit
el traje pantalón   pants suit
el tranquilizante   tranquilizer
tranquilo   calm, still
la transacción bancaria   bank transaction
la transacción electrónica   electronic transaction
el tránsito   traffic
la transmisión automática   automatic transmission

el trapo   rag
trasero   rear
la trenza   braid
el tribunal   court
el trinchante   carving knife
trinchar   to carve
el trinche   carving knife
la tripulación   crew
la tronada   thunderstorm
tronar (ue)   to thunder
el trueno   thunder clap
la tuberculosis   tuberculosis
la turbulencia   turbulence
la turbulencia inesperada   unexpected turbulence
turbulento   turbulent, rough
el turismo   tourism

las úlceras   ulcers
unicameral   unicameral
el uniforme   uniform
la universidad   university
la uña   nail (of a finger or toe)
el usuario   user

vaciar   to empty
vacío   empty
la vajilla   dishes, dishware
la valija   suitcase, valise
el vaso   glass (for drinking)
el vegetal   vegetable

la vejiga   bladder
la vejiga de la bilis   gallbladder
la vela   candle
el velador   night table
el velero   sailboat
la velocidad   speed; gear
el velocímetro   speedometer
la venda   bandage
el vendaje   bandage
vendar   to bandage
el vendedor   sales representative
la ventana   window
la ventanilla   any type of small window
veranear   to spend the summer
verificar   to check
la vesícula   gallbladder
la vesícula biliar   gallbladder
el vestido   dress
el vestuario   cloakroom; hat check
vibrar   to vibrate
la víctima   victim
el vídeo   video
el viento   wind
viernes   Friday
el (la) vigilante   lifeguard
la violación sexual   rape
las viruelas   chicken pox
el virus   virus
la visa   visa
el visado   visa
la víspera   eve
visualizar   to view
el volante   steering wheel
volar (ue)   to fly
el voltaje   voltage
votar   to vote
el voto   vote
el voto de confianza   vote of confidence
el vuelo   flight

el whisky   whiskey, spirits

el yodo   iodine
la zapatilla   slipper, sandal
el zapato   shoe
el zapato de tenis   sneaker
la zarzuela   Spanish musical comedy or operetta
la zona   zone
la zona postal   zip code
la zona telefónica   area code
zurcir   to mend, to darn